For the Jazz of Tomorrow

現代ジャズのレッスン

1959年から考える

Koji Murai　村井康司

ARTES

はじめに——新版の刊行にあたって

この『現代ジャズのレッスン——１９５９年から考える』は、二〇〇〇年四月に刊行された『ジャズの明日《あした》へ——コンテンポラリー・ジャズの歴史』（河出書房新社）を底本に、「二〇一八年二月、ジャズはどこにいるのか？：二〇年後のジャズのゆくえ」「ビル・フリゼールとダニー・マッキャスリン：ふたつのインタビュー」の二章を加えたものです。

復刊にあたって、『ジャズの明日へ』の内容は、ごく細かな表現と誤植・誤記を修正し、初版刊行時に主にページ調整の都合で削った数十行を復活させた以外は変更を加えていません。ですので、物故者が生きていたり、採り上げているミュージシャンがその後たくさんのアルバムをリリースしていたりしなかったりしているわけですが、書かれた当時の自分の認識をそのまま残しておきたいと思い、あえて加筆修正はしませんでした。ご了承ください。

一八年も前に出た本のどこが「現代ジャズ」なのか？　というご意見は当然あるとは思いますが、今回読み返してみて、一九五九年から始まる「それまでとは違うジャズ」の歩みは、そのまま二〇一八年のジャズへと続いているのでは、と感じています。

そうした九〇年代以降の現代のジャズについては、今回の復刊にあたって書き下ろしたふたつの章とともに、二〇一七年九月に刊行した拙著『あなたの聴き方を変えるジャズ史』（シンコーミュージック・エンタテイメント）、同年一一月に刊行した後藤雅洋・柳樂《なぎら》光隆両氏との共著『100年のジャズを聴く』（同）をお読みいただければ幸いです。

なお、参考音源を集めた『現代ジャズのレッスン』のためのプレイリストをスポティファイに作成しました。本書のカバー折り返しのQRコードを読み取るとお聴きいただけます。

長い間品切れになっていた『ジャズの明日へ』を復刊しましょう、と提案してくださったアルテスパブリッシングの鈴木茂さん、他社からの復刊を快諾してくださった河出書房新社、ブックデザインの名井昌代さん、推薦のコメントを書いてくださった柳樂光隆さん、そして『ジャズの明日へ』初版の編集者である三島綾さんと山本濱賜さんに感謝します。

二〇一八年二月

村井康司

Part 2 フュージョンとファンクの時代 1970's

Part 3

伝統とオルタナティヴ 1980's

※本書は二〇〇〇年に河出書房新社より刊行された村井康司『ジャズの明日へ　コンテンポラリー・ジャズの歴史』に書き下ろしを加えて改題した新版です。

装丁・カバー写真　名井昌代

楽器略号表

arr	アレンジ	**g-syn**	ギター・シンセサイザー
as	アルト・サックス	**hca**	ハーモニカ
b	ベース	**hrn**	ホルン
b-cl	バス・クラリネット	**kb**	キーボード
cho	コーラス	**org**	オルガン
cl	クラリネット	**per**	パーカッション
comp	作曲	**p**	ピアノ
cond	指揮	**sax**	サックス
cor	コルネット	**ss**	ソプラノ・サックス
ds	ドラムス	**syn**	シンセサイザー
el-b	エレクトリック・ベース	**tb**	トロンボーン
el-g	エレクトリック・ギター	**tp**	トランペット
ep/el-p	エレクトリック・ピアノ	**ts**	テナー・サックス
fh	フリューゲルホーン	**va**	ヴィオラ
fl	フルート	**vib**	ヴィブラフォン
frh	フレンチホルン	**vn**	ヴァイオリン
g	ギター	**vo**	ヴォーカル

プロローグ

0

「ジャズの世紀」の終わりに

Prologue:
At the End of the
Century of Jazz

勤め先からの帰宅途中、新宿駅南口のタワー・レコードをうろうろする。ファッション・ビルの七階から一〇階を占めるこの巨大なCDショップで、僕はまずロックのフロアをぐるっと回り、ブラック系音楽の場所をチェックし、次に世界各地の音楽をひととおり眺め、カントリーの棚も一応見て、ジャズのコーナーを念入りに点検した後クラシックの棚をざっと眺め、最後は「アヴァンギャルド」の小部屋をじっくり見て最上階の書籍売場へと向かった。気が多いというか好奇心が強いのか、聴き手としても書き手としても「ジャズ」がメインだと思ってはいても、それ以外のおもしろい音楽を聴かずにはいられない。

十数枚のCDが入った袋を提げて駅に向かう階段を登りながら、自分がこんなに多様なジャンルの音楽を聴くようになったのはどうしてなのだろう、とぼんやり考える。それはたぶん、何でも呑み込んでしまう「ジャズ」というジャンルに長くつきあってきたせいだ。ではなぜ、僕はジャズをメインとして音楽とつきあっているのだろう。それはもちろん、ジャズと呼ばれるジャンルに多様な拡がりが含まれているからだ。あ、これ循環論法になってますか？　でもまあ、そういうことだ。

ディキシーランドからノイズ・ミュージックまで、甘いストリングスに乗って美人が色っぽくささやく音楽から屈強な男たちが汗みどろになって数十分も楽器と格闘するフリー・ジャズまで、南アフリカのアフリカン・ジャズ・パイオニアーズからロシアのセルゲイ・クリョーヒンまで、ジャズに関わりを持たなかったら一生聴かなかったかもしれない多種多様な「音」たちに僕は出会い、それらを足がかりとして興味の対象を拡げてきたのだと思う。どんなタイプの音楽でも包摂してしまう「雑食性」と、さまざまな音楽と出会ってはそれらの刺激によって形態を変化させてきた「雑種性」を持つ、ジャズという音楽。

　多様な音楽からの刺激や影響が混じり合った末に化学変化を起こし、奇跡的な「美酒」となったものが、一九五〇年代に完成した、いわゆる「モダン・ジャズ」なのだろう。そのうっとりするような味わいはすばらしいが、他の雑多なものを切り捨てて、それだけを再生産していくことは「ジャズの明日と明日のジャズ」のためにならないはずだ。そう、何事も「洗練は衰退の第一歩」なのだから。

　というわけで、その日タワーで買ったＣＤや、その数日前にディスク・ユニオンお茶の水店で購入したＣＤや、さらにその数日前にある雑誌の編集者と待ち合わせのついでに渋谷ＨＭＶジャズ売場で買ったＣＤが、今、目の前に乱雑に積み上げてある。この中から気に入った一〇枚ほどを、来週収録する予定の「ギンギン・ニュー・ディスク」という四時間ぶっつづけのラジオ番組のために持っていくことにしよう。「ミュージック・バード」というＣＳ－ＰＣＭ放送のジャズ・チャンネルで、安原顯《けん》さんがホスト、中条省平さんと僕が一回ずつ交代の「レギュラー・ゲスト」という形で（僕が出る回には、ほぼ二回に一度ずつ杉田宏樹さんにも来てもらっている）、金曜の夜八時から一二時まで放送されているこの番組は、出演者たちが調達してきた新しいCDをかけながら、ほとんど何の規制もなしに好き勝手をしゃべりまくる、という、出演者にとっては実に楽しい、そして数少ない（のだろうなあ、たぶん）聴取者にとっては「？」であるかもしれない不思議なプログラムだ。

いちおう「ジャズ」の新譜をかける、という枠組みはあるはずなのだが、きわめておおらかで話の分かるディレクター氏のもと、現代音楽やらバルカン半島のブラス・バンドやらロバート・フリップの新作やらバッハの「ゴルトベルク変奏曲」やら詩の朗読やら、まあとにかく出演者がおもしろがったものなら何でもかんでも電波に乗せてしまうのだから、ジャズの新譜をチェックしようとしてこの番組を聞いたリスナーは、呆れ果ててしまっているのかもしれない。

ちなみに、一九九九年の一年間に安原氏もしくは僕が持ってきて盛り上がった「非ジャズ」盤には、猿山修のコントラバス・ソロによる完全即興、現代音楽ばかりをレパートリーにしているピアニスト向井山朋子のCD二枚（どちらもジャケットがかっこいい!）、スティーヴ・ライヒの音源をDJたちがリミックスした『ライヒ・リミックス』、ライヒやフィリップ・グラスなどのミニマル・ミュージックをデルタ・サキソフォン・カルテットが演奏したもの、ロック・ミュージシャンのデヴィッド・シルヴィアンがビル・フリゼールやマーク・リボーを従えたソロ作、ブルガリア東部のロマたちによるブラス・バンド、八四歳の女性ピアニスト、ロザリン・テューレックのメジャー・デビュー作であるバッハの『ゴルトベルク変奏曲』、「路上」の詩人ジャック・ケルアックの朗読、ポップでいて複雑な音響に情けないヴォーカルが乗るジム・オルークの『ユリイカ』、などがあった。

こうしたものが、二人が輸入盤店のジャズ・フロアで見つけてきた、甘いヴォーカルからノイズ系まで、ソロやデュオからビッグバンドまでの幅を持つ、「いわゆるジャズ」の新作CD

に交じってどんどんオンエアされる、という趣向なわけだ。

　ここまで極端ではないにしろ、今の時代に「音楽を聴く」ということは、大なり小なりこういう、ジャンルにこだわらずおもしろそうなものはどんどん聴いてしまうこと、なのではないか、と僕には思える。僕の場合、もともとロックやソウル・ミュージックとジャズを並行して聴いてきたのだが、こんなに多様な音楽を平気で聴くようになったのは八〇年代の後半からのことだ。現象としてそのきっかけとなったのは、あの「ワールド・ミュージック」ブームと、ジョン・ゾーンをキー・パースンとするアンダーグラウンドな音楽の拡がりに、聴き手として熱心につきあったせいだったようだ。タワー・レコードやＨＭＶ、ヴァージン・メガストアなどの、そこへ行けばありとあらゆる音楽が入手できてしまう大型店が数多くオープンしたことも、わが「ジャンルレス・リスニング」に拍車を掛けたのだと思う。そして、八〇年代以降、「いかにもジャズらしいジャズ」の新作の中に、こちらの心身がぞくぞくと震えたり、既成の感覚が変容していったりする、「アートとしての強度」を感じさせるものが少なくなったから、というのが、実はいちばんの理由であるのかもしれない。これはジャズのせいか、それとも聴き手である僕のせいなのか？

＊

　大手輸入盤店でジャズ仕入れを担当している人に話を聞いてみると、現在ジャズの輸入盤を熱心に買っているファンに最も人気のあるジャズの傾向は、「一般的なレベルではマイナーな存在の、叙情的なタイプのピアノ・トリオ」、たとえばエンリコ・ピアラヌンツィ、ビヴァン・マンソン、エスビョルン・スヴェンソン、ウラジミール・シャフラノフなどなど、だとのことだ。国内盤ではCDが発売されず、ジャズ雑誌のカラー・グラビアで大きくフィーチュアされることもまずない、「ジャズのマス・メディア」では無名だと言えるミュージシャンのCDが、レコード会社が大々的にプロモーションする作品に負けないぐらい多く売れている、ということの事実はなかなかに興味深い。たしかに彼らはいいミュージシャンたちだと思うし、われらが「ギンギン・ニュー・ディスク」でも、この手のピアノ・トリオは「定番」的によくかかってはいるのだが……。こういうものを熱心に聴いている人たちのほとんどは、とっちらかった聴き方をしている僕などとは違う、「ジャズ」一筋の純粋ジャズ・ファンなのだろうか。

つまりは、我が国の熱心な「輸入盤ジャズ・ファン」たちは、ジャーナリズムの扱いや歴史的評価よりも、自分とその仲間たちの「本音の好き嫌い」を重視し、雑誌の記事や広告に惑わされずにCDを選んでいる、と言えるのだろう。それ自体は非常に健全なことだ。趣味で音楽を聴くのに、なぜ歴史的評価をいちいち気にする必要があるのか、チャーリー・パーカーでもセロニアス・モンクでもマイルス・デイヴィスでもジョン・コルトレーンでも、嫌いなものは嫌いでいいじゃないか、それに好きでもないフリー・ジャズを我慢して聴くのは知的スノビズムでしかない、という意見は、言われてみればまったくその通りなのだから。もっとも、パーカーやモンクが嫌いなのが「本音」だと言うジャズ・ファンのことを、僕は心が狭くて「アート」のすごさを理解できない、気の毒な人たちだと思うけど。

日本のジャズ・ファンのこうした本音を最初に高らかに宣言したのは、吉祥寺のジャズ喫茶「メグ」店主、寺島靖国氏だ。八七年に発売された寺島氏の著書『辛口JAZZノート』は、「ジャズは、自分が好きなもの、自分が分かるものを、好きなように好きなだけ聴けばいいのだ」という或る意味で当然のことを、生き生きとした文章で綴った画期的な本だった。それ以後の寺島氏は、オーディオにのめりこみつつフォービート系の若手ミュージシャンを積極的に聴きまくり、オーソドックスな「ジャズ」という大枠の中でのフレッシュなプレイと、彼らが楽器から発する迫力ある「音」の再生を両輪としてジャズを評価する、というスタンスで、熱心なジャズ好き（その中心に位置しているのは「輸入盤ファン」であるだろう）から絶大な支持を受けている。

九九年の秋、僕はある雑誌の取材で寺島氏のオーディオ・ルームにお邪魔した。巨大なレイ・オーディオのスピーカーを中心としたシステムから発せられる音は、等身大の、いやもしかしたらそれ以上に迫力あるドラムス、特にシンバルの音が眼前に炸裂する、実にすさまじいものだった。これは間違いなく、寺島氏の欲望がそのまま乗り移ったサウンドなのだ。「ニュートラル」な状態というものを信じずに、自分の聴きたい部分を大胆に拡大させて再生する、という氏の態度は、彼がイコライザーやトーン・コントロールを使用していないにもかかわらず、「リミックス」や「ダブ」という、いっけん寺島氏とは対極のところにあるように思える音楽のアプローチと共通するものがあるのではないだろうか。

ここであえて俯瞰《ふかん》的な物言いをしてみると、寺島氏の登場と人気は、わが国のジャズ・ファンが「ジャズの大きな物語」——たとえば歴史主義的なジャズ解釈、たとえば「我慢」してジャズを聴くこと、たとえばジャズの偉人たちの神格化——を信じられなくなった時代の到来を体現したものだった、と言えるだろう。あるいは「本音」の時代、または「おたく」の時代の到来、と言い換えてもいい。オーソドックスなジャズしか認めない寺島氏はいやな顔をするだろうが、僕のようにさまざまなジャンルの音楽を悪食《あくじき》してしまうこと、クラブのＤＪたちのようにそれまでの「歴史的評価」とはまったく別の視線でジャズを捉えてレコードを「演奏」すること、そして寺島氏に代表される「ジャズというジャンルの中での本音主義」は、そのどれもが、聴き手にとっての「ジャズをめぐる大きな物語」が、いつのまにかぐずぐずに崩れてしまったことの現れ、なのだと思う。もちろんその「物語の崩壊」は、聴き手にとってだけの問題ではないはずだ。

＊

ジャズは二〇世紀とともに生まれ、二〇世紀とともに育ってきた音楽だ。二〇世紀が終わる今、ジャズはどんな状態にあるのか？　そして二一世紀のジャズのゆくえは？

そう簡単には答えられそうもないこの問いを念頭に置きつつ、その答えを見いだすための準備作業として、一九五九年から後のジャズの歩みをたどっていこうと思う。僕は、五〇年代がジャズの「近世」であるとしたら、「近代」は六〇年代であり、七〇年代以降現在に至るまでが「ジャズにとっての現代」ではないか、と思っている。ジャズにとっての「楽園」としての五〇年代からリアルでハードな六〇年代へ、そしてある「断層」を経てからの「現代」へ……、という流れを俯瞰してみたいのだ。

いくら「音楽のすばらしさは時代とは関係ない！」と言い張ってみても、ミュージシャンの、そして聴き手の感覚と認識は、深いところでそれを規定する「時代のくびき」（それを「パラダイム」とか「エピステーメー」といった用語で言い換えてもいい）から自由になりきることはできない。「ジャズ」と呼ばれる音楽を衝き動かしてきた「時の重力」のありさまを、ジャズの動きをなるべく具体的に観察することによって透視する、ということも、この本の重要な目的のひとつだ。

とはいえ、網羅的な歴史を記述することはできそうにないので、あるトピック、ムーヴメント、ミュージシャンなどをテーマとした文章をほぼ年代順に並べ、それぞれの文章内では、テーマについて、必ずしも配列された年代のみにこだわらずに自由に書く、というスタイルをとっている。だからこの本は現代ジャズの通史ではなく、七〇年代前半からジャズを聴きはじめて、今はずいぶんと興味がとっちらかってしまっている男の目から見た、もしかしたらいびつで遠近法が乱れているかもしれない、「ジャズ」そして「時代」という二つの装置の、ここ四〇年ほどの動きについての報告書だ。

なお、各々の文章の下段に、そこで登場した、あるいは直接登場はしないがそのテーマにとって重要だと思われるアルバムを紹介している。コメントを添えたアルバムの多くは、本文の中で詳しく言及できなかったものだ。本文の補足として、また本文のテーマを「音」として体感するためのガイドとしてご覧いただきたい。

というわけでまずはほぼ四〇年前、ファンキー・ジャズが高らかに鳴り響いていた「ジャズの幸福な時代」へと、タイムマシンをセットすることにしよう。あまり性能のよくないこのタイムマシン、間違ってとんでもない時代に到着する可能性もあるのだが……。

二〇〇〇年一月

村井康司

Part 1

モードからフリーへ

60's

ある「失楽園」

1 「ファンキー・ジャズ」からリアルな世界へ

A Paradise Lost: When Funky Jazz Gets Blue

あれは八〇年代のおしまいか九〇年代の初めだったから、もう一〇年も前のことだ。深夜のとあるジャズ飲み屋に一〇人ほどの酩酊したジャズ・ファンがとぐろを巻き、いつもの如き「ジャズ論争」を続けていた、とお考えください。

そのときの話題は、当時最先端だった何人かのミュージシャンの評価について、だったと思う。やれジョン・ゾーンはニセモノだいやあれはすごい、だの、スティーヴ・コールマンのやってることは頭でっかちだいやそんなことはない、だの、ウィントン・マルサリスのあのレコードの最後に入っている演説はいったい何なんだバカヤロウ、だの、ラルフ・ピーターソンの新作はかっこいい、いやあんなものはインチキだ、だの。

アルコールの回りとともに呂律も回らなくなり、みんなの論理（最初からそんなものはなかった、のかもしれない）もめちゃくちゃになりはじめたころ、店主が突然ヴォリュームを上げて一枚のレコードをかけた。ドナルド・バード（トランペット）の『フュエゴ』。五〇年代から六〇年代初頭にかけての「ファンキー・ジャズ」ブームを象徴する、実に乗りがよくって爽快な演奏がぎっしり詰まっているアルバムだ。

ドナルド・バード

フュエゴ (Blue Note, 1959)

Donald Byrd(tp), Jackie Mclean(as), Duke Pearson(p), Doug Watkins(b), Lex Humphries(ds)

「ほらみんな、偉そうなことがたがた言ってるけどさあ、こういうのが大好きでジャズ・ファンになったんだろ結局。とりあえずこれ聴いて盛り上がろうぜ！」

不毛な言い合いにうんざりしたのかもしれない店主の放ったこの一発は効果的だった。年齢分布で言うと二〇代後半から四〇代前半まで、ジャズに接した時期も好みもまちまちな酔っぱらいどもは、それまでのいがみ合いモードはどこへやら、やっぱりいいよなあドナルド・バードは、ねえ次はジャズ・メッセンジャーズ聴こうよお、などと騒ぎつつ、実にたわいもなくハッピーになっちゃったのだ。

え、僕ですか？　そりゃもう気持ちよく盛り上がりましたよ。だってかっこいいもん、『フュエゴ』も『サン・ジェルマンのジャズ・メッセンジャーズ』も。

しかし、実を言えば僕は、「ファンキー・ジャズ」の代表作であるこの二枚を聴いて、ああなんてファンキーなんだっ！　と思ったことは一度もないのだった。いや、これらの演奏がつまらない、と言っているわけではない。ただ、ここでの音楽の雰囲気は、僕が漠然と思っている「ファンキー」な感じに比べて、ずいぶんとおとなしくって知的なものだなあ、と思ってしまうのだ。

なぜそう思うのか、という疑問について考えてみることで、六〇年代以降現代に至るまでの「ジャズの歩み」をたどるこの旅の、とりあえずの第一歩としてみよう。七〇年代前半にジャズを聴きはじめた一人のジャズ・ファンにとっての「ファンキーなサウンド」についての体感と、五〇年代後半にジャズ・メッセンジャーズやドナルド・バードの演奏を「ファンキーなジャズ」だと命名した人たちの体感のずれは、おそらくは「ジャズ」というジャンルが六〇年代以降に体験した何事かと、決して無関係ではないだろうから。

アート・ブレイキー＆ジャズ・メッセンジャーズ

サン・ジェルマンのジャズ・メッセンジャーズ (RCA, 1958)

Lee Morgan(tp), Benny Golson(ts), Bobby Timmons(p), Jymie Merritt(b), Art Blakey(ds)

ファンキー・ジャズの聖典というべき、ひたすら熱く燃えるライヴ作。「モーニン」のピアノ・ソロの最中に、客席にいた歌手のヘイゼル・スコットが感動のあまり「ロード、ハヴ・マーシー！」とうめくのだからすごい。日本でのファンキー・ジャズ・ブームの火付け役もこのアルバムだった。

＊

本題に入る前に、大急ぎで「ファンキー・ジャズ」に至るまでのジャズの歩みを確認しておこう。

二〇世紀に入るころにニューオリンズで生まれ、短期間にアメリカの広い地域に伝わったジャズという音楽は、第二次大戦とほぼ同時期に、それまでと大きく異なった新しい表現「ビ・バップ」を生み出す。チャーリー・パーカー（アルト・サックス）とディジー・ガレスピー（トランペット）を中心人物として展開し、一九四五年ごろにはほぼ完成されたビ・バップは、一言でいうと「難しいハードルを設定した上での即興の対決」だ。それ以前のジャズに比べて、飛躍的に複雑化されたコード進行とリズムによって縦横に張り巡らされた障害物を、いかにスリリングに、いかに華麗にすり抜けてアドリブ・ソロを演奏しうるか、を、パーカーやガレスピーたちは競い合ったわけだ。

後続世代のジャズ・ミュージシャンに対するパーカーの影響力は圧倒的なものがあった。サックス奏者に限らず、「パーカー以降」にジャズを志したミュージシャンのほとんどは、意識したかどうかにかかわらず、パーカーによって体現されたビ・バップのスタイルを身につけることとなる。

では「ビ・バップのスタイル」とは何か。それを言葉だけで説明するのは難しいし、楽理的なことを延々書くのもつまらないので、たとえば「レスター・ヤングとパーカー」（サックス）、「テディ・ウィルソンとバド・パウエル」（ピアノ）、「ロイ・エルドリッジとガレスピー」（トランペット）の演奏を、それぞれ聴き比べてみることをお薦めする。旧世代のジャズメンの代表

レスター・ヤング＆テディ・ウィルソン
プレス＆テディ　(Verve, 1956)
Lester Young(ts), Teddy Wilson(p), Gene Ramey(b), Jo Jones(ds)

的演奏として『プレス&テディ』、ビ・バップの代表として『ジャズ・アット・マッセイ・ホール』を挙げておくが、特に音の遣い方とリズムの乗り方に注意して聴いてみると、楽器による共通点とは別に、ビ・バップのミュージシャンたちが共通の感覚と認識を持っていることが体感できるはずだ。

ビ・バップのスタイルで演奏することを会得した後続のミュージシャンたち、特にニューヨークで活動する黒人ミュージシャンたちは、五〇年代の半ばくらいから、ビ・バップそのものとはややニュアンスの違ったジャズを演奏しはじめる。アート・ブレイキーの『バードランドの夜』、マイルス・デイヴィスの『バグス・グルーヴ』、クリフォード・ブラウン～マックス・ローチの『スタディ・イン・ブラウン』、ソニー・ロリンズの『サキソフォン・コロッサス』などに代表されるその表現は、ビ・バップの方法論を継承しつつも、曲の構成やアンサンブルに気を遣い、よりゆったりとして堅固な音楽を目指したもの、と言えるだろう。これをアメリカの批評家が「ハード・バップ」と名付け、そのスタイルは五〇年代後半の黒人ジャズの主流となった。

そして、ハード・バップにくくりうる演奏の中で、特にブルースやゴスペル（アメリカ黒人の宗教的音楽）のフィーリングが強く、おお、いかにも黒人のやっているジャズだなあ、と聴き手が感じるものを、五〇年代後半の批評家やジャズ・ジャーナリズムは「ファンキー・ジャズ」と呼んだのだった。以上、超駆け足の説明終わり。

＊

さて。さっき僕は「ファンキー・ジャズはファンキーじゃない」と書いた。なぜそういう畏《おそ》

パーカー、ガレスピー、パウエル、ミンガス、ローチ
ジャズ・アット・マッセイ・ホール (Debut, 1953)
Dizzy Gillespie(tp), Charlie Parker(as), Bud Powell(p), Charles Mingus(b), Max Roach(ds)

れ多いことをほざくかというと、それはもちろん、僕が七〇年代にジャズやブラック・ミュージックの洗礼を受け、そこで聴いたものこそが「ファンキー」だ、という刷り込みを受けてしまったからだ。たとえばバーナード・パーディー（ドラムス）とチャック・レイニー（ベース）のビートに、コーネル・デュプリーのギターが絡んでくる瞬間とか、マレーナ・ショウ（ヴォーカル）の『フー・イズ・ディス・ビッチ・エニウェイ』一曲目の、16ビートとフォービートが瞬時に入れ替わるところとか、ハービー・ハンコック『ヘッド・ハンターズ』での、心臓をわしづかみにされるようなポール・ジャクソン（ベース）とハーヴェイ・メイソン（ドラムス）の乗り、だとか、スライ&ザ・ファミリー・ストーン「ファミリー・アフェア」や「ランニング・アウェイ」の不気味なクールさ、だとか、カーティス・メイフィールドのファルセット・ヴォイスがワウワウ・ギターの上に乗り、そこにストリングスがかぶさってくるときのくらっとする感じ、とか。

これを言葉で説明するとこうなる。まずはやはりブルージーな雰囲気、というのも雑な言い方だけど、ブラック・アメリカンのルーツ・ミュージック的な匂いが感じられる、ということは必須だろう。さらに、リズムの乗りが粘っこくてタメが効いていること。すべての音が目に見えない糸で結ばれていて、それを誰かがぐいっ、ぐいっとスナップを利かせてコントロールしている、みたいな感覚だ。そして、熱くぎらりとした、まるでラードみたいなギトギト感をみなぎらせつつも（こういう感覚を「ファットバック」というらしい）、点目になってのイキっぱなしではなく、どこかクールに抑制する部分が感じられること。もうひとつ、ユーモラスなおどけた雰囲気のまったくないものを「ファンキー」だとは何となく呼びにくい。

というわけで、何だかややこしいけど「ブルージー」で、粘っこくて、タメが効いていて、脂

マレーナ・ショウ

フー・イズ・ディス・ビッチ・エニウェイ (Blue Note, 1974)

Marlena Shaw(vo), David T. Walker, Larry Carlton(g), Mile Lang, Larry Nash(p), Chuck Rainey(b), Harvey Mason(ds), King Errison(per) and others.

冒頭、男女の会話を突き破って登場するシャープでファンキーなバンド・サウンドのかっこよさでまずノックアウトされる。マレーナのはすっぱで官能的な、それでいてジャズ・ヴォーカリストとしての技量も見事なうたいっぷりも、名手がずらりと揃ったバックの音に負けていない。

っこくてホットなくせにどこかクールで、どことなくユーモラスな、さまざまな相反する要素が複雑に絡み合った音楽」を、僕は今まで「アメリカ黒人的なアメリカ黒人音楽」の典型的なものとして捉え、それを「ファンキー」と呼んできたのだった。これは明らかに七〇年代以降の感覚なのだと思う。その時代から後の「ファンキーな音楽」は、16ビートのリズムと切って切れない関係にあるはずだし、リズムについての「粘っこくてタメの効いた」という表現は、エレクトリック・ベースとバスドラム、ハイハット、スネアのコンビネーションによる16ビートについて、最も当てはまる比喩なのだろうから。

ちなみに、僕がこうした「ファンキーな音楽」に夢中になりはじめたころに『ニューミュージック・マガジン』誌で読んだ、中村とうよう氏の「ファンキーを考える」（『大衆音楽としてのジャズ』一九九九年、ミュージックマガジン、所収）は、「ファンキー」という雰囲気とは何か、について、さまざまな批評家の意見を紹介しつつ、実に深いところまで到達した名論文だ。ここで中村氏は、「それは黒人の土俗性をふまえながらも現代社会の倦怠感を表現する、微妙なムードをもった、クールな感覚だった」と、「ファンキー」を定義し、「ウォーやスライは、ぼくにはすごくオドケていて、クールなように聞こえる。彼らにみられるクールネスは、まわりまわってアフリカ音楽のもつクールネスと同じ地点に向かいつつあるようにもぼくは思うのだ」と、当時（一九七四年だ）の僕からすれば驚くべき結論に達する。あれから二五年経ち、それなりにいろいろな音楽を聴いてきて、この中村氏の結論の正しさを、僕は深く確信するのだ。

＊

というわけで、まあもういっぺん「ファンキー・ジャズ」を聴いてみることにしよう。まず

カーティス・メイフィールド
バック・トゥ・ザ・ワールド (Curtom, 1973)
Curtis Mayfierd(vo,g) and others.

タイトルは「ベトナムからアメリカへの帰還」のこと。メロウできめ細やかなサウンドに乗せて、社会的問題を鋭く衝いた歌詞を、カーティスは優しいファルセットでうたう。そのサウンドと歌のメロウな耳へのマッサージが、聴き手の脳に「ファンキー物質」をひたひたと分泌させるのだ。

はファンキー・ジャズの代名詞とも言えるホレス・シルヴァー（ピアノ）だ。彼の作る明快でキャッチーなメロディは楽しいし、左手の低音部でごりっごりっとアクセントを入れながらのピアノも、明るい乗りのよさの中に陰影が感じられて実にかっこいいのだが、これを「ファンキー」と呼ぶには、あまりに音楽が端正でおとなしいもののように感じられるのだ。

アート・ブレイキー（ドラムス）とジャズ・メッセンジャーズの『モーニン』はどうか。ゴスペルにアイディアを得たコール・アンド・レスポンス形式のテーマや、くいっくいっと語尾にアクセントを付けるリー・モーガン（トランペット）のプレイ、鍵盤をこねくり回すボビー・ティモンズ（ピアノ）の演奏は、なるほど確かに「ファンキー」と呼びたくなるようなものだ。しかしアルバム全体を聴いてみると、やはりこれも知的でさらりとした感触の音楽、と言えるのではないだろうか。冒頭で登場したドナルド・バード『フュエゴ』にしても、「ファンキーな感触」という点で言えば、それから十数年後にバードが発表した『ブラックバード』の方がはるかに勝っているし、キャノンボール・アダレイ（アルト・サックス）だって、五〇年代末の『イン・サンフランシスコ』よりも、それから数年後にジョー・ザヴィヌル（ウィーン出身のオーストリア人！）がエレクトリック・ピアノを弾きだしてからのサウンドの方が、圧倒的に「ファンキー」なのだった。

九四年五月に出た『スイングジャーナル』増刊『ハードバップ熱血事典』で、後藤雅洋氏がシルヴァーの『シックス・ピーシズ・オブ・シルヴァー』について次のように書いていた。

「ハードバップって奴はジャズの文脈の中では十分に黒いが、もっと視点を広げてブラック・ミュージック全体の中に置いてみれば、相対的に『白い』のである。（略）白いって言い方は誤解を招く。むしろこの際は、インテレクチュアルと言っておこう」

ホレス・シルヴァー
シックス・ピーシズ・オブ・シルヴァー (Blue Note, 1956)
Donald Byrd(tp), Hank Mobley(ts), Horace Silver(p), Doug Watkins(b), Louis Hayes(ds)

そして後藤氏は、五六年録音の『シックス・ピーシズ〜』よりも、五九年の『ブローイン・ザ・ブルース・アウェイ』や六一年の『ドゥーイン・ザ・シング』の方が圧倒的に雰囲気が黒っぽく、それを「パウエルからスタートしたシルヴァーは、ハードバップ真っ盛りの五六年(たとえば『サキソフォン・コロッサス』が録音された年だ)にはまだ純正ハード・バッパーであり、そこから六〇年代にかけて次第にファンキー臭を身に付けていく」と総括している(ちなみに、氏は九八年に出版された著書『ジャズ百番勝負』の中で、「ジャズにおける黒人性」についてさらに深く掘り下げた論を展開している)。

そう、ハード・バップという音楽は、アメリカのブラック・ミュージック全体の中では知的で端正な、妙な言い方をすると「お上品な」音楽なのである。いや、「ファンキー・ジャズ」にしても、程度の差こそあれ、やはり端正で上品な芸術音楽、という面が大きいのだろう。そして、後藤氏が「ジャズ」の文脈の中で、それも短いスパンで言った「シルヴァーは五〇年代から六〇年代に向けて『黒く』なっていった」という分析は、もっと大きなレベルでも当てはまるはずだ。すなわち、こうなる。

「ジャズは、そしてブラック・アメリカン・ミュージックは、五〇年代から六〇年代にかけて、どんどん『黒く』なっていった。そして、ジャズに関して言えば、六〇年代半ばの『ソウル・ジャズ』と『フリー・ジャズ』によって、その『黒さ』は対照的な形で飽和状態にまで達することになる」と。

ブラック・アメリカンの大衆性をジャズの中にごてっとぶちこんだソウル・ジャズと、黒人解放運動の先鋭化とリンクしたかのように過激に「恐く」なっていくフリー・ジャズの「黒さ」は、異質なようでどこか繋《つな》がっている。

ホレス・シルヴァー
ドゥーイン・ザ・シング (Blue Note, 1961)
Blue Mitchell(tp), Junior Cook(ts), Horace Silver(p), Gene Taylor(b), Roy Brooks(ds)

なんたってオープナーの「フィルシー・マクナスティ」のごりごりした迫力が聴きもの。シルヴァーのピアノはユーモラスな味わいが特徴だが、左手のドスの効いたアクセントの案配が実にファンクしてる。ホーンズの熱演も、シルヴァーのピアノに背中をどやされてますますパワーアップ。

補足しておけば、ハード・バップが色濃く持っていた知的な部分は、六〇年代には、いわゆる「新主流派」という流れとして先鋭化することとなる。そして、ジャズのインテレクチュアルでクールな部分を代表していたかのようなマイルス・デイヴィスが、フリー・ジャズが自家中毒を起こし、ソウル・ジャズがマンネリ化してしまった六〇年代末期に、それらの要素を自分の音楽の中に取り込んだところで、ジャズはまた新しい展開を迎えた……というストーリーが考えられるのだが、それは先の話だ。

＊

「五〇年代は、ジャズが最もジャズらしかった時期だ」という言い方をよく耳にする。保守的なジャズ・ファンの身びいきやノスタルジーとして捉えられやすい発言だが、冷静に考えてみても、やはりそうなのだと思う。ビ・バップの音楽的な成果を踏まえつつも、アドリブのスリルだけではない、曲としての完成度やアンサンブルのまとまりを指向し、リラックスした余裕を感じさせるサウンドでありながら、ソロや曲作りの音楽的な水準はきわめて高度である、という「ハード・バップ」の形態は、ジャズがビ・バップで獲得したアイデンティティを損なうことなく、より成熟した段階に至ったもの、と定義付けることができるはずだ。実験室で作られたビ・バップを一般市場向けに「商品化」したものがハード・バップだ、と言うべきか。

もちろん、ハード・バップの持つ美意識は、おそらく非常に限定されたミュージシャンのコミュニティの中で培われてきたものだろうし、五〇年代末のハード・バップ・ジャズがリアルタイムで大きな商業的成功を収めたわけではなかったのだが、後から眺めてみると、ビ・バップよりはるかに多くのリスナーに受ける要素を、いわゆる「ハード・バップ」が持ち合わせて

ドナルド・バード

ブラックバード (RCA, 1972)

Donald Byrd(tp, vo), Fonce Mizell(tp, vo), Roger Glenn(fl, sax), Joe Sample(ep, p), Fredd Perren(ep, syn, vo), David.T.Walker(g), Chuck Rainey(b), Harvey Mason(ds), Stephanie Spruill(per), Larry Mizell(vo, arr)

いることは事実だ。誤解を招きそうな言い方だが、「芸術性」と「大衆性」が、ジャズ自身にとって最も理想的な形でバランスしたものが、五〇年代の「ハード・バップ＝モダン・ジャズ」なのである。だから、ハード・バップが、大多数のジャズ好きにとっての「心のふるさと」であるのは当然だろう。

そして、ハード・バップ・ジャズが、アメリカ黒人としての民族的アイデンティティを求めようとする黒人社会の風刺と歩調を合わせて、いわゆる「黒人的なもの」を求めていくと、それは「ファンキー・ジャズ」と呼ばれる音楽になるはずだ。ゴスペルやブルースの雰囲気を採り入れ、より黒人大衆に受け入れられやすい、親しみのもてるリフとリズム感覚を持つようになった「ファンキー・ジャズ」は、それでもやはり黒人音楽全体の中では、圧倒的にインテレクチュアルな、高度に洗練された技法に裏付けされた音楽だったわけだが。「ファンキー・ジャズなんかちっともファンキーじゃないぞ」という暴言を吐いた僕だが、「ジャズ」の幸せのためには、あの程度のアーシーな味付けがちょうどよかったのだ、という気がしなくもない。

アメリカ社会がどんどんシビアになり、黒人運動も先鋭化していくのと時を同じくして、ジャズもまた「幸せなバランス」を失って、言ってみれば身も蓋もない「リアル」な場へと突入していく。

オルガン、ギター、サックスを中心とした、六〇年代半ば以降にブルーノート・レーベルに大量録音された「ソウル・ジャズ」や、六〇年代後半にプレスティッジ・レーベルなどがごちゃまんと出したファンク・ジャズの諸作は、ブラック・ミュージックとしてのファンキーさ、という点では五〇年代ファンキー・ジャズなどよりはるかに強力なのだが、「モダン・ジャズの幸せな瞬間」とは、何と無縁の音楽であることか。それは、過激化していく「フリー・ジャ

キャノンボール・アダレイ
マーシー、マーシー、マーシー (Capitol, 1966)
Nat Adderley(tp), Canonball Adderley(as), Joe Zawinul(p), Victor Gaskin(b), Roy Mccurdy(ds)

ズ」の果てしない荒野と同じ程度に、「モダン・ジャズ」というファンタジーから遠ざかった音楽なのだと思う。

ニューヨークを中心としたジャズ・シーンにとっての五〇年代後半は、個人としてはヒップでファンキーな個性をたっぷりと持ったミュージシャンたちが、「モダン・ジャズ」というある種インテレクチュアルな枠組みの中で、その個性がきらきらと光る演奏を聴かせていた数年間だった、と言えるだろう。たいして経済的に恵まれなくとも、ヘロイン中毒のミュージシャンが少なからずいても、それが「ジャズの楽園」だったことは、たとえばブルーノートの一五〇〇番台半ばから四〇〇〇番台初期の作品群（五六～六〇年ぐらい）にみなぎる高揚感と充実感を感じとれる聴き手には明らかにわかるはずだ。

その「楽園」を出てからの「ジャズ」がどこをどう遍歴し、今はどんな顔をしてどこにいるのか、を、これからしばらく語ってみようと思う。

キャノンボール・アダレイ
イン・サンフランシスコ (Riverside, 1959)
Nat Adderley(tp), Canonball Adderley(as), Bobby Timmons(p), Sam Jones(b), Louis Hayes(ds)

2

「一九五九年」を聴く［1］

『カインド・オブ・ブルー』とモード

Listening to 1959, part 1 : "Kind of Blue" and Mode Jazz

おそらくどのジャンルでもそうなのだろうが、ジャズにおいても、力作・傑作・問題作が集中する「特異年」とも言うべき年がときどきある。たとえば一九五六年。ソニー・ロリンズ（テナー・サックス）『サキソフォン・コロッサス』、クリフォード・ブラウン（トランペット）～マックス・ローチ（ドラムス）『ベイズン・ストリートのブラウン＝ローチ・クインテット』、セロニアス・モンク（ピアノ）『ブリリアント・コーナーズ』、チャールズ・ミンガス（ベース）『直立猿人』、そしてマイルス・デイヴィス（トランペット）のマラソン・セッション四部作（『クッキン』『リラクシン』『ワーキン』『スティーミン』）が録音されたこの年は、チャーリー・パーカーを頂点とする「瞬間燃焼の美学＝ビ・バップ」とは異質な、創造性あふれる即興演奏を緊密な構成が支えるような、あるいは各人のアドリブ・ソロがそのまま全体構造の重要なパーツであるような傾向のジャズが、完成されたかたちで一挙に現れた一年、と呼ぶことができるだろう。

コンポーザーとしての意識が強いミンガスやモンクの作品はもちろんのこと、いっけん「セーの」でセッション的に録音されたようなロリンズの『サキコロ』にしても、LPフォームが可能にした長時間演奏の利点を活かしたロリンズのソロは、いきなり全開で勝負には出ず、じ

ソニー・ロリンズ
サキソフォン・コロッサス (Prestige, 1956)
Sonny Rollins(ts), Tommy Flanagan(p), Doug Watkins(b), Max Roach(ds)

わじわとドラマティックに盛り上げていく、という点できわめて「構成的」だ。すべての曲をワン・テイクで仕上げたというマイルスのセッションや、ライヴ録音であるブラウン〜ローチの場合もしかり。レギュラー・バンドとして毎日のように演奏していたメンバーならではの緩急自在な演奏は、すっきりと整理されたバランスのよさを聴き手に強く感じさせるのだ。

続く五七、五八年は、五六年の段階で噴出した「緊密な構成の中での即興演奏」をより一般化した、いわゆる「ハード・バップ」の名盤が次々と録音された時期だ。五六年のような驚天動地のアルバムは少ないが、ジャズ・ファンが日常的に愛聴するタイプの作品はこの二年間に録音されたものが多い。その象徴というべきはブルーノート・レーベルの諸作だろう。

たとえばポール・チェンバース（ベース）『ベース・オン・トップ』、ジョン・コルトレーン（テナー・サックス）『ブルー・トレイン』、ソニー・クラーク（ピアノ）『ソニー・クラーク・トリオ』、ロリンズ『ヴィレッジ・ヴァンガードの夜』、リー・モーガン（トランペット）『キャンディ』（以上五七年録音）、ソニー・クラーク『クール・ストラッティン』、キャノンボール・アダレイ（実質的にはマイルス）『サムシン・エルス』、アート・ブレイキー&ジャズ・メッセンジャーズ『モーニン』、バド・パウエル『ザ・シーン・チェンジズ』（以上五八年録音）などなど……。

そして一九五九年がやってくる。五六年から三年しか経っていないこの年を「特異年」と呼ぶのは不自然かもしれないが、この時期のジャズはそれほどまでに熱く沸騰し、目まぐるしく変化していた、ということだ。五九年は、五〇年代後半に確立されたハード・バップという「様式の楽園」、そしてそれをより大衆的にした「ファンキー・ジャズ」が隆盛を極めつつも、それを食い破り、ジャズを「六〇年代」へと連れ去るさまざまな動きが連続して起こった一年なのだった。五九年にジャズの世界に起こった事件をじっくりと観察することによって、われ

セロニアス・モンク

ブリリアント・コーナーズ (Riverside, 1956)

Ernie Henry(as), Sonny Rollins(ts), Thelonious Monk(p), Oscar Pett˙ford, Paul Chambers(b), Max Roach(ds)

ヘンリーとロリンズという超個性派がフロントなのに、これは100％モンクの音楽だ。乾いてよじれていてリリカルな、この世にひとつしかない不思議なサウンド。巨大なハンマーで杭をぶったたくようなタイトル曲の迫力には大笑いしてしまう。中でもロリンズの低音の迫力にしびれます。

われは六〇年代のジャズ、あるいはジャズの六〇年代とはいったい何なのか、という疑問に対する答えの原型を見つけることができるはずだ。

*

五九年のジャズ・シーンを語るにあたって、話を見えやすくするために、とりあえずの「主役」と、ランドマークとなるべきアルバムを設定しておこう。主役はマイルス・デイヴィスと彼のバンドのメンバーたち、特にコルトレーンとビル・エヴァンスの二人。そしてランドマークはもちろん、マイルスの『カインド・オブ・ブルー』。五九年三月と四月の二度のセッションで制作されたこのアルバムは、六〇年代ジャズの幕開けを静かに（高らかに、ではない）告げる役目を担いつつも、その前後のマイルス・コンボの音楽やジャズ全体の音楽的傾向からぽつんと切り放されて孤立しているようにも思え、そこに参加したミュージシャンたちに深いところで大きな影響を与えているのに違いないくせに、表面的にはその影響が見えにくい、という、ある意味できわめてやっかいな作品だ。

そのやっかいさ、あるいは「幸せなジャズの共同体」との遠さを実感するために、まずは『カインド・オブ・ブルー』の一ヵ月前、五九年二月三日に、マイルス抜きのマイルス・バンドのメンバーたち、キャノンボール・アダレイ、ジョン・コルトレーン、ウィントン・ケリー、ポール・チェンバース、ジミー・コブの五人によってレコーディングされた一枚のアルバムを召喚することにしよう。『キャノンボール・アダレイ・イン・シカゴ』だ。

チャールズ・ミンガス
直立猿人 (Atlantic, 1956)
Jackie McLean(as), J.R.Monterose(ts), Mal Waldron(p), Charles Mingus(b), Willie Jones(ds)

『キャノンボール・アダレイ・イン・シカゴ』について

五九年二月、マイルス・デイヴィス・セクステットはコンサート・ツアーでシカゴを訪れていた。このアルバムは二月三日に、マイルス・バンドのサイドメン五人がマーキュリー・レコードの求めに応じて、キャノンボール・アダレイを名目上のリーダーとして録音したものだ。

五八年一一月にビル・エヴァンスがグループを抜け、エヴァンスの前任者だったレッド・ガーランドが臨時に参加したのち、五九年一月にマイルスはウィントン・ケリーをレギュラー・ピアニストとして起用した。だからシカゴでのこの仕事は、ケリーにとってはマイルス・バンドの一員としてのほとんど初仕事であったわけだ。

五九年一月からアトランティック・レコードとリーダー契約を結んだコルトレーンは、自分の音楽を本格的に演奏するために、そろそろマイルスの元を去るべく準備をしていたし、キャノンボール・アダレイも、弟のナット・アダレイとの双頭グループ結成の心づもりを固めつつあった。結果的にキャノンボールはこの年の秋にマイルス・バンドを脱退し、コルトレーンは六〇年春のヨーロッパ・ツアーが終わった後にマイルスの元を去る。というわけで、当時のマイルス・バンドはなんとなくあわただしい状況にあったのだが、これだけ個性の強い実力者が集まり、しかもマイルス自身の演奏力や音楽的な構想がきわめて充実していたこの時期のマイルス・バンドは、マイルスが生涯に持った数多いレギュラー・グループの中でも、屈指の実力を持つ名バンドだったと言えるだろう。

ベースのポール・チェンバースは、五五年以来マイルス・バンドをがっちりと支えてきた、信頼性抜群の「ミスター・モダン・ジャズ・ベース」。ドラムスのジミー・コブは、前任者の

リー・モーガン
キャンディ (Blue Note, 1957/58)
Lee Morgan(tp), Sonny Clark(p), Doug Watkins(b), Art Taylor(ds)

モーガンがいかにキュートでやんちゃな、抱きしめたくなるようなラッパ吹きかがよーく分かる、ワン・ホーン・カルテットの大傑作。タイトル曲後半、輝かしいトランペット・ソロの後で、モーガンが突然低音で繰り出す「ほげーほげー」という変なフレーズが大好きです、わたくしは。

フィリー・ジョー・ジョーンズのようなワイルドな迫力にはやや欠けるが、よりサトルで端正な、それでいて実に気持ちよくスウィングするリズムが魅力のドラマーだ。そして、このリズム・コンビと最も相性のいいピアニストは、ビル・エヴァンスでもレッド・ガーランドでもなく、やはりウィントン・ケリーである。ファンキーな三連符を強調した乗りと、とめどなくあふれ出るブルージーなフレージングの印象から、「コテコテのファンキー・ピアニスト」と思われがちなケリーだが、同時代のいわゆるハード・バップ・ピアニストたちと比較してみると、実はケリーの演奏には非常にモダンな音遣いが目立つ。言ってみれば、モダンで複雑な音遣いをそれと気づかせないほどに、ケリーはスウィンギーな乗りのよさとあふれんばかりの歌心を持ち合わせていた、ということなのだろう。

ともあれ、ハード・バップをメインとしつつ、「ジャイアント・ステップス」的な複雑なコードの曲も、コード進行を極力簡略にした「ソー・ホワット」のようなモード・チューンもそつなくこなしてしまう、という点で、このトリオは同時代的には最も柔軟性をもつリズム・セクションだったはずだ。

フロント・ラインを飾る二人のサックス奏者は、まさに好対照としか言いようのない個性を持った巨人たちだ。アルトのジュリアン・キャノンボール・アダレイは、ニューヨークのシーンに登場したとき「チャーリー・パーカーの再来」と呼ばれたとてつもないテクニシャン。太く、大きく、明るい輝きにあふれた音色と、スケールの大きいタイム感、そしてビ・バップのフレージングを基調とした、あくまでもナチュラルな「歌」を感じさせるアドリブ・ラインを特徴とする、徹底的に「陽」のタイプのミュージシャンだ。

キャノンボールが「陽」だとすると、ジョン・コルトレーンの音楽は明らかに「陰」の部類

ソニー・クラーク
クール・ストラッティン (Blue Note, 1958)
Art Farmer(tp), Jackie McLean(as), Sonny Clark(p), Paul Chambers(b), Philly Joe Jones(ds)

に属する。リズムに対して不安定なゆさぶりをかけるアプローチや、意図的に音程をはずし気味にして緊張感を高める手法、ビ・バップのフレーズを解体して再構成するような唐突なフレージングなど、コルトレーンの演奏技法は、常に現状に対する「違和」を強く感じさせるものだ。この時期のコルトレーンは、原曲のコード進行を複雑化させた代理コードを想定し、その進行に従っておびただしい数の音を撒き散らす、いわゆる「シーツ・オブ・サウンド」の手法をはじめ、複数の音を同時に発するマルチフォニックス奏法、アラビアやインドの音楽や、バルトーク、ストラヴィンスキーなどの近代音楽からヒントを得た「モード」的アプローチ、ブルースのヴォーカルやギターとの類縁性を感じさせるハードなブルース解釈など、ハード・バップ～モダン・ジャズの枠組を超えた音楽性を自分のものとしつつあった。とはいえ、コルトレーンの音楽の本質は、彼のバラード演奏に典型的に現れているような「誠実な不器用さ」だったのでは、という気もするのだが。

　圧倒的にスウィングする極上のリズム・セクションに乗って、キャノンボールとコルトレーンが、見事なまでに対照的な、それでいて微妙なところで互いの影響を受けたサックス・バトルをたっぷりと聴かせる……という点が、このアルバムの最大の聴きどころなわけだが、日常的に共演しているメンバーによる演奏ならではのまとまりのよさと、いつもとは違うシチュエーションが与えた新鮮な緊張感、それと裏表の関係にある「マイルスがいない」ことによる解放感が理想的なバランスでブレンドしたことが、これほどまでに充実した内容の作品が録音されたいちばんの理由なのだと思う。

　「ライムハウス・ブルース」でのスリリングな八小節～四小節交換、コルトレーンの難曲「グランド・セントラル」でのフロントふたりのシリアスなソロ、それとは対照的にリラック

キャノンボール・アダレイ・クインテット

キャノンボール・アダレイ・クインテット・イン・シカゴ (Mercury, 1959)

Cannonball Adderley(as), John Coltrane(ts), Wynton Kelly(p), Paul Chambers(b), Jimmy Cobb(ds)

スした曲想で、二人がそれぞれの本領を発揮する「ワバッシュ」、ソロを取る三人が三様のブルース解釈を提示する「ザ・スリーパー」と、「これぞジャズ」の醍醐味が、このアルバムにはぎっしりと詰まっている。そして、キャノンボールをフィーチュアした「星降るアラバマ」の暖かい土の匂いと、コルトレーンのとつとつとした吹奏が胸を打つ「ユーアー・ア・ウィーヴァー・オブ・ドリームス」の、まったく対照的な、しかしどちらもが信じられないほどにすばらしいバラード演奏も。

このセッションの翌月、マイルスは一曲を除いてピアノにビル・エヴァンスを起用して、できるだけ曲の構造を簡略化することによって新しい可能性を見いだそうとする『カインド・オブ・ブルー』を録音する。そしてコルトレーンは四月から五月にかけて、複雑かつメカニカルなコード進行の極み、とも言うべき『ジャイアント・ステップス』のためのセッションをおこなった。いっけん対照的に見えるこの二つの試みは、しかしどちらも「幸せな五〇年代のジャズ＝ハード・バップ」からの飛躍と訣別を告げるものだった。その直前に当事者たちによって録音されたこの『イン・シカゴ』は、ジャズにとっての「五〇年代」と「六〇年代」の境目に位置する作品だ。そして、人脈的にも時期的にもきわめて近いこのアルバムと『カインド・オブ・ブルー』の間には、本質的に超えがたい認識の断層が存在するように思える。いったいその「断層」とは何なのかを考えるために、今度は『カインド・オブ・ブルー』そのものをあれこれ観察しなくてはならない。

マイルス・デイヴィス
カインド・オブ・ブルー (Columbia, 1959)
Miles Davis(tp), Cannonball Adderley(as), John Coltrane(ts), Bill Evans, Wynton Kelly(p), Paul Chambers(b), Jimmy Cobb(ds)

『カインド・オブ・ブルー』をめぐって

ちょっと意外な事実だが、『カインド・オブ・ブルー』は、今まで最も多く売れたジャズ・アルバムであるらしい。九九年の段階で世界中でつごう一二百万枚売れ（二〇一八年現在は一〇〇〇万枚以上）、日本においても再発するたびに数万枚は売れる、というからすごい。つまり、このアルバムは少なくとも数の上では「マイルスの代表作」であり、もしかしたら「ジャズというジャンルの代表作」でもある、ということになるのだが、さて、どんなものだろうか。

僕の感覚からすると、『カインド・オブ・ブルー』は「マイルスにとっての代表作のひとつ」であり、「きわめて重要なジャズ・アルバム」であり、「信じがたいほどに美しいアート」であり、しかし「ジャズというジャンルの代表作とは呼べない一枚」なのだが、この辺の機微を分かってもらえるかどうか、うまく説明できる自信がない。

自信がないままおずおずと筆を進めていくと、まず「ジャズ史上の重要作品」という点については、今までさんざんこのアルバムを語るときの枕詞とされ、今となっては「書くことがなくなった評論家がページを埋めるために分かりもせずに書いている」と受け取られてしまいそうな、「モード奏法のさきがけ」ということがある。マイルスは五八年二月に録音された『マイルストーンズ』のタイトル曲で、すでにモードのコンセプトをはっきりと打ち出しているわけだし、和音よりも単音の水平的な連なりを重視する考え方に基づく演奏は、それ以前にもレニー・トリスターノやジョージ・ラッセルなどによって実現されているのだから、『カインド・オブ・ブルー』だけに「モードの開祖」という評価を与えるのは無理があるのだが、「モード」というコンセプトが大きく注目されるに至った象徴として、『カインド・オブ・ブルー』

マイルス・デイヴィス
マイルストーンズ (Columbia, 1958)
Miles Davis(tp), Cannonball Adderley(as), John Coltrane(ts), Red Garland(p), Paul Chambers(b), Philly Joe Jones(ds)

を挙げることは、妥当な選択なのだと思う。では「モード」とは何か？　という質問については、のちほどなるべく分かりやすい形で説明を試みよう。

　しかし、これは考えてみれば当然のことだが、マイルスにとって「モード」はあくまで手段であって目的ではなかったはずだ。マイルスがここで目指したものは、ひとつは演奏する上での、そして聴感上の「風通しのよさ」であり、もうひとつは「伝統的な西洋音楽のルールからの離脱」であり、そして何よりも「クールで静謐《せいひつ》な『ブルーな感覚』」だったのではないか。マイルスの音楽活動を俯瞰してみると、彼は自分の持つリリカルでブルーな個性をサウンド全体に拡大して提示する時期／作品と、ハードで熱いサウンドを構築して、その中で自身も熱くブロウしつつ、絶妙のバランスでブルーな個性をきらりと輝かせる時期／作品を、ほぼ交互に迎えていることに気づく。

　たとえばアート・ブレイキーをドラムスに熱く燃える『ディグ』（五一年）の前の『クールの誕生』（四九、五〇年）、『ビッチェズ・ブリュー』（六九年）に始まって『アガルタ』『パンゲア』（七五年）まで続くハードでフリーな時期の前の『イン・ア・サイレント・ウェイ』（六九年）。メンバー調達の問題でその後の四年ぐらいは曖昧な時期が続いたものの、『カインド・オブ・ブルー』の静けさは、ハービー・ハンコック（ピアノ）〜ロン・カーター（ベース）〜トニー・ウィリアムス（ドラムス）という「新人類」たちを迎えて圧倒的に熱い演奏を聴かせた六三、四年の活動と対比されるべきなのではないだろうか。

　マイルスが『カインド・オブ・ブルー』の前後に録音した作品（七〇年代になってリリースされたライヴ『ジャズ・アット・ザ・プラザ』を除く）は、ギル・エヴァンスの編曲によるオーケストラとの共演作品『ポーギーとベス』（五八年七、八月録音）と『スケッチ・オブ・スペイン』（五九年

マイルス・デイヴィス

ポーギーとベス (Columbia, 1958)

Miles Davis(tp,fh), with orchestra arranged and conducted by Gil Evans

知名度では『スケッチ・オブ・スペイン』が上だけど、マイルスとギルとの共演で一番感動的なのはこれです。ガーシュウィンの旋律を完全に自分のものとして消化し、夢幻的なサウンドを創造したギル、その上で口ごもり、すすり泣き、かき口説き、歌い上げ、つぶやくマイルス。

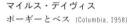

一一月、六〇年三月録音）だ。実は僕自身、マイルスのコンボによる作品とギルとのコラボレーションによる大編成アルバムは別物、という意識があるせいか、その事実に何か意味があるかどうか、などということを先日までまったく考えもしなかった。しかし、改めてこれらの三枚を続けて聴いてみると、『カインド・オブ・ブルー』は、まるでギルとのコラボレーションをそのまま小編成にしたようなテイストを持つ音楽だったのだ、ということをひしひしと感じてしまった。まったくもって今まで何を聴いていたのだ、と我ながら呆れてしまうのだが。

ギル＝マイルスの諸作と『カインド・オブ・ブルー』に共通する要素は、まずもってその「音」の佇《たたず》まい、である。古い教会を改造したというコロンビア・レコードの巨大なスタジオで録音されたせいか、このアルバムからはたっぷりとしたアンビエンス（空気感）が聴き取れる。特に管楽器三本の柔らかでクリーミーなブレンド具合は、当時ブルーノートやプレスティッジのほとんどのジャズ・アルバムでエンジニアを務めていたルディ・ヴァン・ゲルダーのストレートでハードな、まるで耳元で楽器が鳴っているようなサウンドの対極に位置するものだ。そして、ハーモニーを聴かせるパートのほとんどすべてにおいて、マイルス＝アダレイ＝コルトレーンのトリオは、細心の注意を払って、できるだけソフトに楽器を鳴らそうと努力しているのだった。それは、しばしば「エーテル状」という形容で語られるギル・エヴァンスのハーモニーを、三本の管楽器だけで再現しようとしているようにも思える。

「ソー・ホワット」「フレディ・フリーローダー」「オール・ブルース」の、できるだけ装飾を取り払ったシンプルな構造（後者二曲はブルース進行だが、ビ・バップ～ハード・バップで日常的に使われていた、いわゆる「ジャズっぽい」コード付けはまったくおこなわれていない）、個々のコードを「機能」ではなく「色」として使用しているかのような「ブルー・イン・グリーン」、『スケッチ・

オブ・スペイン』の前哨戦であったことは間違いない「フラメンコ・スケッチズ」と、ここで採り上げられている曲のどれもが、そのままギルがオーケストラに拡大しても何の不思議もない雰囲気を湛えている。

そして何よりも、どこを探してもまったく無駄な音が存在せず、すべての音があるべきところにあるべきタイミングとバランスで納まっている、という点で、『カインド・オブ・ブルー』のサウンドは、同時期のギル・エヴァンスのアレンジメントによく似ているのだ。実はこれはすべてギルが書いた譜面通りの演奏なのだ、とある日教えられても、僕はついうなずいてしまうかもしれない。実際はもちろんそうではなく、マイルスが書いたほんのスケッチ程度の譜面だけによって、ほとんどワン・テイクで録音されたものなのだが。原盤のライナーでビル・エヴァンスが「日本の墨絵のような音楽」だと述べているように、ここでの「一回性による抑制の美学」は、もしかしたら本人たちの思惑よりはるかに高い次元に達してしまっている。だから、これは「信じがたいほどに美しいアート」なのだ。

にもかかわらず、いや、そうであるからこそ、『カインド・オブ・ブルー』は「ジャズというジャンルの代表作」にはなり得ないのではないか。これは僕の個人的感想なのかもしれないが、このアルバムは、ある「ジャンル」という文化的枠組みの中で語るには、あまりにも「アート」としての完結度が高すぎるように思えるのだ。モード・コンセプトの自在な解釈や演奏レベルの技術的高さ、といったテクニカルな局面を見ると、たとえば『フォア・アンド・モア』や『マイルス・イン・ベルリン』などの演奏の方が圧倒的にすぐれていることは明らかだ。だから『カインド・オブ・ブルー』を「モード手法の発展史」という角度だけで評価すると、「それが登場した、という歴史的意義」のみが語られる、ということになりかねない。そして、この作品が聴き手を感動させてしまう理由は、もちろんこれが「モードという手法のさきがけ」であるから、ではない。

『カインド・オブ・ブルー』という作品に収録された音楽は、たとえば『キャノンボール・アダレイ・イン・シカゴ』に代表される、この時点での最もすぐれた「共同体的ジャズ」から遠く離れた何かだ。その異質性の多くは、マイルスという「ジャズの共同体」にとっての明白な異端者によってもたらされたものだろう。しかし、ジャズの歴史は常に「異端者」によって書き換えられてきた。そして、六〇年代のジャズは、このアルバムの参加者たちがその直後にそれぞれのやり方で行なった「五〇年代的ジャズへの異端活動」と、マイルスの知らないところでこのアルバムの録音とほぼ同時に遂行されたもう一人のとんでもない「異端者」、オーネット・コールマンの手によってくっきりと姿を現したのだった。

その姿を、常に形式への回収とレッテル付けをして安心したがるジャズ界は、「モード」、そして「フリー」と呼んだ。

「モード早分かり」を目指して

「モード」について、いつも分かったような分からないような説明を読まされて、いい加減アタマにきているジャズ・ファンは少なくないだろう。以下はそのご不満にお応えすべく『スイングジャーナル』誌に連載した「解明！　ジャズ素朴な疑問」という欄で、三回にわたってモードについて書いたものを基に書き直した「モード早わかり」だ。さあ、これでどうだ！

*

ジャズについて書かれた文章に「モード」「モーダル（モード的な）」という言葉がよく出てくる。なんとなく分かったような気になっていても、「モード」っていったい何のことで、それはジャズにとってどんな意味があるのか、という基本的な疑問がわだかまっている人、意外と多いのではないかしら。

「モードでやるジャズ」の反対には「モードでないジャズ」があるわけだが、大体五〇年代までの「ふつうのジャズ」は大部分が「非モード・ジャズ」だ。サッチモもパーカーもパウエルも、マイルスの『ラウンド・アバウト・ミッドナイト』もロリンズの『サキソフォン・コロッサス』も。これらを「和声進行の体系」という点だけで乱暴に一括すると、西洋音楽の基本的構造である「ドミソ→ソシレ（ファ）→ドミソ」、ほらあの「きりつ、れい、ちゃくせき」ってやつと基本的には変わらない、安定した和音があって、不安定な和音に進んで、安定した和音に戻る、というパターンになっている、と言えるわけ。もちろん、実際には和音の動きやハーモニーの響きはどんどん複雑になってきたわけだけど、大枠としては「きりつ、れい、ちゃくせき」なんですね。そいでもってスウィング・ジャズ時代は単純だった和音の進行は、ビ・バップの時期に飛躍的に複雑化し（その典型として『ジ・アメイジング・バド・パウエル Vol.1』の「異教徒の踊り」を挙げておこう）、その枠の中での、和音の動きをよりどころにしたアドリブがだんだんマンネリ化するようになってきた、と。なんか、息苦しいのですな。そのマンネリに対して、五〇年代末ぐらいに登場した対抗策は、

バド・パウエル

アメイジング・バド・パウエル Vol.1 (Blue Note, 1949/51)

Fats Navaro(tp), Sonny Rollins(ts), Bud Powell(p), Tommy Potter, Curly Russell(b), Roy Haynes, Max Roach(ds)

［1］とにかく好きにやっちゃうフリー・ジャズ
［2］ルーツに戻ってコテコテに迫るファンキー・ジャズ
［3］西洋音楽的な「はじめに和音ありき」の姿勢をチャラにして、一定の音の連なり（これをモード＝旋法と言う）だけをよりどころに演奏するモード・ジャズ

の三つがあったのだが、さてモードとは？

最もシンプルな「初期モード・ジャズ」のサンプルは、マイルスの「ソー・ホワット」。この曲でのアドリブの決まりは「レミファソラシドレ」という音の並び（これはDドリアン・モード）を使って一六小節、それを半音上げて八小節、元に戻って八小節、となっている。そのソロを伴奏するピアノはどんな和音（コード）を弾くかというと、基本的には「そのモード内の音を、ソロの音遣いを聴きつつ適宜組み合わせて」だ。つまり、「このコードに合わせてソロを取る」という従来の考え方とは正反対に、「ソロの音遣いがこうだからコードはこうしよう」ということになるわけ。ピアニストの弾いたコードに反応してソロイストが次に新しい展開をすることもあり、モードの考え方は、より自在なインタープレイへの可能性を与えたのだった。

しかし、モードの「自由」を自在に享受できるのは、非常にすぐれた感覚を持った人だけ。だって、たった一種類の音階でソロを延々と続けるのだから、凡庸《ぼんよう》な人にはすぐマンネリがやってくるに決まってるのだ。そう、「下手なモードはマンネリのもと」なのであります。

そのマンネリを何とかする手段として導入された方法は、「基本の音（「ソー・ホワット」ならD。これを「トーナル・センター」という）だけ決めておいて、そこからはじまる音列（モード）は勝手に変えていい」という考え方。こうなると伴奏をする人たちにも、ソロイストが出した音

に今まで以上に瞬時に反応することが要求されるようになるし、あるモードの半音上や下に行って戻ってきたり、わざとソロの人とはずれるように和音をつけたり、もうほとんど火事場の喧嘩みたい。この際リズムも好きにやるか、てんでマイルス・バンドのトニー・ウィリアムスやコルトレーン・バンドのエルヴィン・ジョーンズは「ポリリズム」でどたばた始めるし、かくしてジャズはそれ以前と違った表現法を得て、新しい道を歩むことになったのだった。

さてさてしかし、このままとことんラディカルに「何でもあり」を追究していくと、そこには「フリー・ジャズ」という恐ろしい音楽が出現する。この回路をたどって、モードからフリーへ、という道を最も徹底して進んだミュージシャンはコルトレーン。彼のサイドメンだったマッコイ・タイナーとエルヴィン・ジョーンズは、トレーンの突き進むフリー・ジャズへの道が、あまりにも「労多くして功少なし」だということを直感的に察知して、トレーンの元を去ったのかもしれない。

その流れとは別に、モードの考え方を理詰めで理論解析した結果として、「オクターヴ内の一二音はすべて使ってかまわない」という結論に達し、一種のフリー・ジャズ的音楽へと進んだジョージ・ラッセルのような人もいる。しかしまあ、フリー・ジャズもまた、感覚の鋭さや才能が厳しく問われる音楽なわけで、むしろカタチが決まっていない分、よりストレートにセンスが見えてしまうだけに、「下手なフリーはマンネリのもと」なのだった。ああ。

その点、マイルスと彼のサイドメンたちは賢かった。単純なモードでもなく、やみくもなフリーでもなく、従来のビ・バップの方法を残しつつ、そこにフリーやモードの手法を織りまぜ、クラシックの印象派以降の和声にヒントを得た斬新《ざんしん》なコードも遣い、きわめて知的で抑制された緊張感が漂う、新しい「ジャズの響き」を生み出したのだから。マイルスたちが六〇年代半

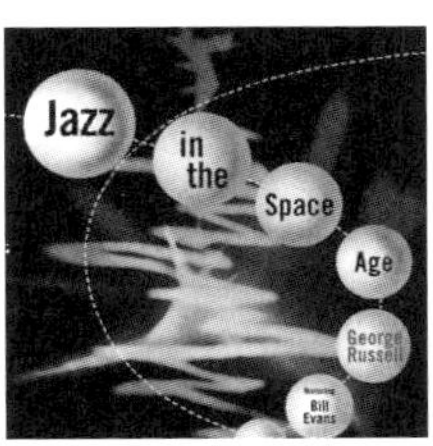

ジョージ・ラッセル

ジャズ・イン・ザ・スペース・エージ (Decca, 1960)

George Russell(arr, cond), Ernie Royal(tp), Frank Rehak(tb), Jimmy Buffington(frh), Bill Evans(p), Paul Bley(p), Barry Galbraith(g), Milt Hinton(b), Don Lamond(ds) and others.

理知的でクールで、だけど得体の知れない力も感じさせるのがラッセルの音楽。ここで注目すべきはエヴァンスとブレイという二人のピアニストが共演して、どちらもラッセル理論を体現したようなモーダルな演奏を展開しているところだ。この類似はラッセルの「しばり」の強さのせいか？

ばに完成させたサウンドは、もちろんセンスや才能を必要とするものではあったけれど、体系的学習も可能な音楽だった。というわけで、八〇年代になってウィントン・マルサリスたちが登場したとき、彼らが「学習」によって身につけていた「ジャズ」は、六〇年代半ばのマイルス・バンドの音楽がベースになったものだった。

＊

以上、駆け足で「ジャズの世界におけるモードの出現と歩み」をおさらいしてみたが、モードという手法がジャズの世界でなぜ出てきたのか、という基本的疑問について少し考えてみよう。最初の方で、モードが出てきた理由として「西洋音楽的な和音の動きがわずらわしくなった」ということを書いたが、ここでの「西洋音楽」は、一九世紀半ばぐらいまでに確立された、古典派クラシック音楽の理論を基礎としたもの、ぐらいの意味だ。バロック以前、中世からルネサンス期のヨーロッパ音楽には、ほとんど「モード」だと言ってもいいものが多くあるし、ワーグナー以降、特に二〇世紀に入ってからのストラヴィンスキーやバルトークの音楽、そしてシェーンベルクに代表される「一二音音楽」もまた、広義の「モード音楽」なのだった。そして、世界各地の民俗音楽は、これまた大部分が「モード」という考え方で把握できるものだ。

たった二百年あまりの期間、世界的にみればごく狭い地域で一般化しただけの、「いわゆる西洋音楽理論」は、時間的にも地理的にも「モードの海」に浮かんだ孤島であったのかもしれない。しかし、西洋音楽は、圧倒的に学習しやすい体系を備え、しかもヨーロッパ社会が世界を侵略しまくった時期に確立されて世界中に撒き散らされたということもあり、きわめて多くの「非ヨーロッパ社会」において、「モード的な民族音楽」という身体を「西洋音楽の和声」

という衣服に包んだ音楽を生み出したのだった。

その中で最も大きな影響を後世に与え、現在のポップ・ミュージックの元になったものは、北アメリカ大陸で、アフリカから連れられてきた人々の文化と、ヨーロッパ各地から移り住んできた人々の文化が衝突して生まれた「ジャズ」という音楽だ。

ジャズの最も基本的なフォームのひとつである「ブルース」は、「ブルーノート・スケール」と後に呼ばれることになる「モード」によって歌われた旋律に、後から西洋音楽的な和音をくっつけたもの。「ド・レ・ミ♭・ファ・ソ♭・ラ・シ♭・ド」という旋律のパターンに「ド・ミ・ソ」の和音を無理やりくっつけたときに生まれる「濁り」こそが、われわれがジャズを聴いたときに感じる、あの何とも言えないくすんだ響きの原点なのだろう。

このことを踏まえて、なぜジャズの世界で、五〇年代末ごろに「モード」が注目されたのか、を乱暴に要約すると、

［1］いわゆる「スタンダード曲」（これは西洋音楽の理論によって書かれている）に対するアンチ、
［2］自分たちの原点であるブルースの本質に戻ろうとする指向、
［3］イスラム圏やアフリカの文化に対する憧憬の現れ、
［4］二〇世紀近現代音楽の「響き」に対する共感、

などがないまぜになって攪拌《かくはん》された結果だったのではないか、ということになる。

実は、これらのことをすべて、「モード」という回路を通らずに、しかも三〇年代から四〇年代はじめの時点で解決していた唯一のジャズ・ミュージシャンがデューク・エリントンだっ

デューク・エリントン
ザ・ブラントン＝ウェブスター・バンド (RCA, 1939-41)
Duke Ellington(p, arr, cond) and his orchestra including Cootie Williams(tp), Johnny Hodges(as), Ben Webster(ts), Harry Carney(bs), Jimmy Blanton(b), etc.

た。「ブルース・スケールの中の音をすべて和音の構成音とする」という、まさしく「ヨコのものをタテにする」ためのトポロジー的変換を成し遂げた、という事実だけでも、エリントンはジャズ史上稀有《けう》な天才だったわけだ。音が密集し、そのハーモニー自体から「ブルース」の匂いがたちこめるエリントンのサウンドを尊敬しつつ、もっと簡素で風通しのいいサウンドを求めた結果が、マイルスが『カインド・オブ・ブルー』で試みた「モード」サウンドなのかもしれない。

*

ううむ、やっぱり「モード」の話をうまくするのは難しい。後はみなさん、実際の「音」をいっぱい聴いてカラダで覚えてください。

3

「一九五九年」を聴く［2］

コルトレーン、そしてオーネット

Listening to 1959, part 2 : John Coltrane and Ornette Coleman

コルトレーンと『ジャイアント・ステップス』

ジャズ・オリジナル曲のタイトルの中で、「ジャイアント・ステップス」というのはかなりの傑作ではないか、と思う。

「巨人の歩み」という堂々としたネーミングは、いかにもコルトレーンの興隆期を代表する名曲・名演にふさわしいし（もしこの曲が「ドンキー・ウォーク」とか「ファンキー・ホットドッグ」とか「ゲイシャガール・ステップス」などというタイトルだったとしたら、みんなトホホの気分になってしまい、コルトレーンを語るときになぜか無視されてしまう曲、てなことになっていたかもしれない）、あの「たーん・たーん・たーん・たーん・たー」というメロディは、実になんとも「巨人の歩み」そのものなのだ。童話「ジャックと豆の木」に登場する巨人の足音を表す語は、英語では「フィー・ファイ・フォー・ファム（fee-fi-fo-fum）」だそうだけど、「ジャイアント・ステップス」の最初の四つの音の跳躍に、このフレーズをのっけて歌ってみるとばっちり雰囲気が合うかられしい。

ジョン・コルトレーン
ジャイアント・ステップス (Atlantic, 1959)
John Coltrane(ts), Tommy Flanagan(p), Paul Chambers(b), Art Taylor(ds)

複雑なコード進行を排除した『カインド・オブ・ブルー』前半のレコーディング（五九年三月二日）から数週間後の三月二六日、コルトレーンはリーダー作『ジャイアント・ステップス』のための録音を開始する。結局この日のセッションはリアルタイムでは発表されず、五月四、五日のセッションでの演奏が『ジャイアント・ステップス』に収録されるわけだが（「ナイーマ」のみ同年一二月二日録音）、ここでコルトレーンが意図したことは、いっけん『カインド・オブ・ブルー』とは正反対の、おそろしく速い速度で非常に複雑な転調を繰り返すコード進行の上で、どれだけ構成的なアドリブ・ソロを演奏しうるか、というチャレンジだった。五七年の『ブルー・トレイン』あたりからトレーンが探究を続けてきたこの方法論は、「ビ・バップのミュージシャンたちが開拓した機能的な和声進行を、従来とは違う和音のつながりを用いて拡大・発展する」試みだ、と要約できるだろう。

日本では「コルトレーン・チェンジ」（アメリカでは「ジャイアント・ステップス・チェンジ」と言うことが多いらしい）と呼ばれている、この時期のコルトレーンが多用したためまぐるしいコード進行の典型として、「ジャイアント・ステップス」を分析してみよう。やや煩雑な「音楽の理屈」の話になるが、しばらくお付き合いいただきたい。

「ジャイアント・ステップス」のワン・コーラス分のコード進行は以下の通りだ。

B → D / G → B♭7 / E♭ / Am7 → D7 / G → B♭ / E♭ → F♯ / B / Fm9 → B♭7 / E♭ / Am9 → D7 / G / C♯m9 → F♯7 / B / Fm9 → B♭7 / E♭ / C♯m7 → F♯7

そんなもん示されても困る……、とおっしゃる方は、ピアノでもポータブル・キーボードでもピアニカでもいい、手近の鍵盤楽器で「シ→レ→ソ→シのフラット→ミのフラット」の音を出して、それに合わせて「ファのシャープ→レ→シ→ソ→シのフラット」というあの曲のテーマを歌ってみてください（あ、ピアニカじゃ歌えないか）。ほーら、「ジャイアント・ステップス」になったでしょ。

これ、音楽のリクツで言うと、最初の「B→D」は短三度の音程で上行、「D→G」は完全四度の上行、「G→B♭7」は短三度上行、「B♭7→E♭」は完全四度上行ということになる。つまりこのブロック（メロディの最初の五つの音に相当する）は「短三度と完全四度」の進行が二回続き、結果として曲のキーは最初の「Bメジャー（ロ長調）」から「E♭メジャー（変ホ長調）」へと長三度上に転調しているわけだ。四小節目の「Am7→D7」は、Ebから五小節目のGにスムーズに移行するためのきっかけ。E♭からGへ、という動きは長三度上への転調であり、ここまでの五小節で、曲のキーは「B→E♭→G」と、長三度ずつ二回動いている。

次のブロック（五〜九小節目）も同じ動き方だ。「G→B♭」の短三度進行と「B♭→E♭」の四度進行、「E♭→F♯」の短三度進行と「F♯→B」の四度進行、というパターンによって九小節目のキーは五小節目のGから長三度上のBとなり、曲のキーは長三度の進行が「B→E♭→G→B」と四回繰り返されることによって冒頭と同じBに戻ったわけだ。

一〇小節目から一五小節目までは、「（B→）E♭→G→B→E♭」という長三度の転調を、それぞれの二度マイナー・セヴンス→五度セヴンスというケーデンス（終止形）を伴って二小節単位で行なっている部分だ。一六小節目の「C♯m7→F♯7」は、曲を元のBメジャーに戻すための、Bに対する二度マイナー・セヴンス→五度セヴンスのケーデンス。当然のことながら、一六小節目のコードは演奏の最後ではE♭のままだ。

ジョン・コルトレーン
コルトレーン・ジャズ (Atlantic, 1959/60)
John Coltrane(ts), Wynton Kelly, McCoy Tyner(p), Paul Chambers, Steve Davis(b), Jimmy Cobb, Elvin Jones(ds)

なんだかややこしい説明で嫌気がさしたかもしれないが、コルトレーンがこの曲を実に理詰めに、グラフィカルなまでに図式的に作曲した、ということがおわかりになると思う。実際、コルトレーンは円周上に時計の数字のように一二音を表すアルファベットを描き、それを線で結んでアイディアを練っていたのだった。

「コルトレーン・チェンジ」あるいは「ジャイアント・ステップス・チェンジ」と呼ばれる、こうした「異常」なコード進行（一六小節の間に転調が八回あるのだ！）の上でアドリブ・ソロを取るのは、いかに一流ジャズメンといえども至難の業だ。三月二六日のセッションではソロはコルトレーンだけだし、マスター・テイクとなった五月五日のセッションでは、トミー・フラナガン（ピアノ）がソロの途中でつっかえてコードだけ弾いてごまかしている。まあ考えてみれば、コルトレーンは家で何度も何度も練習してきているのに、他のメンバーはその場で譜面を渡されているのだから、弾けなくって当然なんだけど。

五九年から六〇年にかけて、アルバムでいうと『ジャイアント・ステップス』『コルトレーン・ジャズ』『コルトレーン・サウンド』『マイ・フェイヴァリット・シングズ』の頃のコルトレーンは、短期集中的に、この複雑な「コルトレーン・チェンジ」の曲を録音している。「ボディ・アンド・ソウル」「バット・ノット・フォー・ミー」「夜は千の眼を持つ」などのスタンダード曲にややこしいハーモナイズを施したり、「サテライト」（原曲は「ハウ・ハイ・ザ・ムーン」）、「フィフス・ハウス」（原曲は「恋とは何でしょう」）、「26－2」（原曲は「コンファーメイション」）、「カウントダウン」（原曲は「チューン・アップ」）などのように、よく知られた曲を素材にして、その上に複雑怪奇なコードとメロディを組み立てたオリジナルを作ったり……。

コルトレーンが取り組んだこの技法は、ビ・バップの時期に完成した「モダン・ジャズのコ

ジョン・コルトレーン
コルトレーン・サウンド (Atlantic, 1960)
John Coltrane(ts), McCoy Tyner(p), Steve Davis(b), Elvin Jones(ds)

ード進行」に基づいた演奏を乗り越えて、新しい表現を打ち立てようとする試みのひとつだった。つまり、ジャズを「次の段階」へ進める方法として、片方には「コード進行に依存しない『モード』の考え方」があり、もうひとつの考え方として、今までにないほどにコード進行を複雑化する「コルトレーン・チェンジ」があった、ということだ。

　しかし、ある意味で非常にスタティックな枠組みを前提とし、気の遠くなるような練習を経ないと演奏できない「コルトレーン・チェンジ」スタイルは、練習の虫であるコルトレーン自身には向いていたのだろうが、それについてくることを共演者に強いるのは実際問題として難しかっただろう。何よりも問題なのは、コルトレーン・チェンジを施された曲たちはどれも雰囲気が同じようになり、アドリブ・ソロにおいて個性を出せる余地もまた少ない、ということなのだった。

　ギタリストのジョン・スコフィールドがあるインタヴューで「『ジャイアント・ステップス』をコルトレーンがライヴで演奏しなかったのは、彼自身もあれを練習のための曲だと思っていたからではないか」と言っていたが、確かにコルトレーンは六〇年一〇月の『マイ・フェイヴアリット・シングズ』のためのセッションを境に、はっきりとわかる形での「コルトレーン・チェンジ」スタイルでの演奏を録音しなくなった。それ以後トレーンは、マイルスが示唆したモードのコンセプトをより徹底し、インドやアラビア音楽のテイストをも加味した、独自のモード・サウンドを追究していくこととなる。

　前章で述べたように、前提となる枠組みがシンプルなモード奏法は、アイディアの貧困なミュージシャンが演奏するとマンネリに陥りやすい。それを打破するために、優れたミュージシャンたちはそれぞれの資質に合ったさまざまなワザを編み出したわけだが、コルトレーンは、

ジョン・コルトレーン
マイ・フェイヴァリット・シングズ (Atlantic, 1960)
John Coltrane(ts, ss), McCoy Tyner(p), Steve Davis(b), Elvin Jones(ds)

タイトル曲のソプラノを「下手」だという意見は的外れだ。滑らかさを敢えて捨ててインドの笛のようなざらつきのあるトーンと不安定な吹き方を選択した意図を汲みとるべきだろう。ソプラノで淡々とメロディを吹くだけの「エヴリタイム・ウィ・セイ・グッドバイ」は個人的大落涙曲。

いかにも彼らしい愚直でファンダメンタルな方法でモードに立ち向かった。すなわち、「その場で自分の頭の中で鳴っている、あるいは鳴らそうとする音たちを、選別せずにすさまじい速度で空間に放出する」という方法で。六〇年三月、マイルス・バンドのツアーでストックホルムに滞在したコルトレーンが、現地のラジオ番組に出演したときの発言を引用してみよう。

「（自分の演奏が聴き手に）怒りのように聞こえるのは、僕がいろんなことを一度にやろうとしているから、そしてそれを選り分けていないからだろう。僕にはいろいろやりたいことが山ほどあって、その中から大事なものをつかむんだ」

　コルトレーン・チェンジという厳しい枠組みを設定して演奏することは、彼にとっては結果的に「モードをより多彩に演奏するための最良の訓練」になったはずだ。つまり、モード・コンセプトでの演奏の場で、コルトレーンはベースとピアノによるオスティナート（同じ音を連続すること）の上での複雑なコード進行を即興的に頭の中で設定して、それを高速度で演奏する、というテクニックを自在に扱えるようになったわけだ。そして、多量の音たちをアグレッシヴに放出するトレーンの演奏は、次第に通常の理論的枠組みでは把握できない「フリー」なものになっていく。

「モード」という考え方に「複雑なコード付け」という方法が加味され、さらに「原則的には演奏の場で何をしてもよいのだ」という「フリー・ジャズ」的な態度がバックグラウンドに据えられることで、六〇年代以降のジャズははっきりとした姿を現した。五九年から六〇年にかけてのコルトレーンは、だから現在まで続く「コンテンポラリー・ジャズの形式」の大きな部分を初めて顕在化させた存在だ、と言えるだろう。

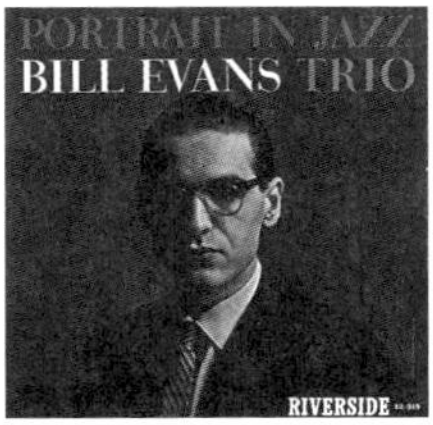

ビル・エヴァンス
ポートレイト・イン・ジャズ (Riverside, 1959)
Bill Evans(p), Scott LaFaro(b), Paul Motian(ds)

オーネットと『ジャズ来るべきもの』

マイルスが『カインド・オブ・ブルー』を録音してモードのコンセプトを顕在化したのは五九年の春。その直後からコルトレーンは精力的にレコーディング・スタジオに入って「コルトレーン・チェンジ」による演奏を次々に録音し、ビル・エヴァンスはその年の秋にスコット・ラファロ（ベース）〜ポール・モチアン（ドラムス）とのトリオを結成して、内省的で叙情的な、それでいて硬質な緊張感を湛えた「六〇年代的なピアノ・トリオ」のスタイルを創造し、キャノンボール・アダレイはファンキーなサウンドを強調したコンボを弟のナット・アダレイ（コルネット）と結成して、年末にはマイルス・バンドを脱退する。

つまり、マイルスとそのサイドメンたちによって、六〇年代ジャズをかたちづくるさまざまな要素の大部分（モード／従来のジャズにはない複雑なコード進行／内省的かつ緊張感あふれるインタープレイと清新な叙情を感じさせるハーモニー／黒人的なファンキーさのよりいっそうの強調）が、五九年末までの段階で準備されたわけだ。

そしてもうひとつの「六〇年代ジャズ」の重要なファクターである、オーネット・コールマンと彼の「フリー・ジャズ」がニューヨークのジャズ・シーンに衝撃的なデビューを果たしたのも、五九年秋のことだった。

*

テキサス州フォートワースで生まれ育ち、ジャンプ・ブルースやビ・バップを演奏していたオーネットは、五〇年代初めの頃には、もはや自分だけのユニークな演奏（言い換えると、誰も

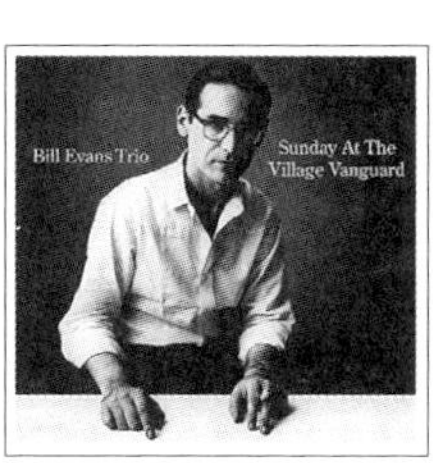

ビル・エヴァンス

サンデイ・アット・ヴィレッジ・ヴァンガード (Riverside, 1961)

Bill Evans(p), Scott LaFaro(b), Paul Motian(ds)

エヴァンス〜ラファロ〜モチアンの絡みを最もストレートに堪能できるアルバムはこれ。ラファロ作「グロリアス・ステップ」の危うさをはらんだ美、テーマの後に出てくるラファロのソロの美しさには言葉を失う。ラファロの弾くパターンのアクセントに瞬時に反応するモチアンもすばらしい。

相手にしてくれない変な演奏、ということだが）をプレイしていたという。初心者の頃に「音階に下から付いている名前は、アルファベットの初めからと同じ順」だと間違えて覚えてしまった（つまり長音階の並び方は「CDEFGAB」なのに「ABCDEFG」だと思ったわけです）とか、テナー・サックスを吹いて覚えた曲を移調しないでアルトで吹き（ということは四度上になるわけだ）、そのずれのおもしろさにインスピレーションを受けた、とかいう、いかにもオーネットっぽいエピソードが語られているが、これらの逸話の真偽はともかくとして、彼の「フリー」がとことん自分の「肉体の感覚」に忠実なものであり、問題意識による理詰めの作業や、「壁にぶち当たっての苦悩」の末に生まれてきたものではない、ということは間違いのない事実だろう。

長い下積み生活の後、ロサンゼルスでドン・チェリー（トランペット）、チャーリー・ヘイデン（ベース）、ビリー・ヒギンズ（ドラムス）など、自分の音楽を理解してくれる共演者にやっと出会ったオーネットは、五八年にコンテンポラリー・レーベルと契約、『サムシング・エルス』を録音する。ピアノのウォルター・ノリスが参加した『サムシング・エルス』も、ベースにレッド・ミッチェルとパーシー・ヒース、ドラムスにシェリー・マンという大物を加えて翌年録音された第二作『トゥモロウ・イズ・ザ・クエスチョン』も、今聴いてみると実にチャーミングでわかりやすいサウンドのアルバムだ。

オーネットのプレイは、よくある「フリー・ジャズ」系の人たちのゲロゲロ嘔吐ソロとは異質な、フレーズ一つひとつを取り出してみるとわらべうたのようにナチュラルでかわいい旋律が出てくることが特徴だが、この二枚ではバックの音がハード・バップ的なこともあって、彼の穏やかな側面が強く現れている、と言えるだろう。本人は、バックがあまりにも律儀にコード進行やリズムの定型ビート、拍の数などを守り続けることが不満だったようだが。そして何

オーネット・コールマン
サムシング・エルス (Contemporary, 1958)
Don Cherry(tp), Ornette Coleman(as), Walter Norris(p), Don Payne(b), Billy Higgins(ds)

より、「インヴィジブル」「ブレッシング」「ジェイン」「ディスガイズ」「ホエン・ウィル・ザ・ブルース・リーヴ?」「ロレイン」「ターンアラウンド」「ティアーズ・インサイド」「リジョイシング」など、作曲家としてのオーネットを代表する名曲の数々がたっぷり聴けることがうれしい。

『トゥモロウ・イズ・ザ・クエスチョン』で、モダン・ジャズ・カルテット(MJQ)のパーシー・ヒースにベースを依頼したことが縁で、オーネットはMJQのピアニスト、ジョン・ルイスに出会う。たちまちオーネットの音楽の熱烈な支持者となったルイスは、オーネットをアトランティック・レコードに推薦し、五九年五月、オーネットは初めてのオリジナル・カルテット(オーネット〜チェリー〜ヘイデン〜ヒギンズ)によるアルバム『ジャズ来たるべきもの』を録音した。コンテンポラリーの二枚との明らかな違いは、バンド全体がオーネットの意図どおりに、まるでひとつの有機体のように、ごく自然に「呼吸」していること。悲痛なテーマと激しいリズム・セクションの動きにもかかわらず、凛《りん》とした静けさを感じさせる「ロンリー・ウーマン」をはじめ、実に品位の高い演奏がずらりと揃った傑作だ。

ロサンゼルスで『ジャズ来たるべきもの』を録音した後、オーネットとチェリーは、マサチューセッツ州レノックスで開催された「スクール・オブ・ジャズ」のサマーキャンプにジョン・ルイスの薦めで参加する。東海岸の進歩的なミュージシャンや批評家たちに対する「おひろめ」をここで行なったオーネットは、いよいよカルテットとともにニューヨークに進出し、ファイヴ・スポットで衝撃的なNYデビューを飾ったのだった。今まで誰も聴いたことのなかった「自由な」ジャズに、ミュージシャン・批評家・ファンの意見はまっぷたつに割れ、オーネットの音楽はジャズ・シーン最大の問題となる。「ニューズウィーク」の記事にも採り上げ

オーネット・コールマン
トゥモロウ・イズ・ザ・クエスチョン (Contemporary, 1959)
Don Cherry(cor), Ornette Coleman(as), Percy Heath, Red Mitchell(b), Shelly Manne(ds)

られるほどの話題となったオーネットは、NYの先鋭的な芸術家たちにも支持され、彼の音楽は、スノッブな新しもの好きにとってのファッションにもなった。

*

オーネットの音楽に対するジャズ・ミュージシャンの反応は、否定的なものが多かった。たとえばロイ・エルドリッジ。「あの男は、子どもがじゃれてる感じだね」

マイルスはこうだった。「もし精神鑑定をしたら、あの男は重症のノイローゼだという結果が出るはずだ」

また、マックス・ローチはオーネットを聴きに行って彼の顔を殴りつけ、翌朝の四時にオーネットのアパートの前で「このクソッタレ野郎！　思い知らせてやるから、ここへ降りてこい！」と叫んだという。まめな人だ。（以上の引用はジョン・リトワイラー著・仙名紀訳『オーネット・コールマン〜ジャズを変えた男』ファラオ企画刊による）

こうした反応は、オーネットのやっていることが、彼らが必死になって習得してきた技術や理論の否定に思えたこと（ジャズは「テクニックのくびき」が恐ろしく強い音楽なのだ）、そしてそれが批評家やインテリたちに大受けしたことに対する反発なのだろう。また、マイルスにとっては、みんなが騒ぐほどにオーネットの音楽は「新しい」ものではない、という気持ちもあったのではないだろうか。マイルスが晩年になってクインシー・トゥループに語ったものをまとめた自伝の中で、デビュー当時のオーネットのついての発言があるが、これはかなり冷静な本音だと言えるだろう。

「もっとも、その数年後にオーネットがやった音楽はヒップだった。彼にもそう言ってやっ

オーネット・コールマン
ジャズ来るべきもの (Atlantic, 1959)
Don Cherry(cor), Ornette Coleman(as), Charlie Haden(b), Billy Higgins(ds)

たことがある。だが、ニューヨークに出てきて最初にやっていたのは、ただのフリー・フォームな演奏で、自発的になって、互いがやっていることを受け返したりすることだけだった。それだってクールだが、そんなこと、昔からみんなやっていたことじゃないか。唯一の違いは、なんの様式も構造もなかったってことだけだ。彼らの演奏じゃなく、そのこと自体が重要なだけだったんだ」（中山康樹訳『マイルス・デイヴィス自伝』シンコーミュージック刊）

ここでマイルスが述べている「彼らの演奏じゃなく、そのこと（なんの様式も構造もなかったということ）自体が重要なだけだったんだ」という発言は、油井正一氏の名言「ぼくは早くもコールマンをジャズの歴史に出現した最高の巨人の一人にランクしているのですが、今後かれが注目すべき傑作を一曲も演奏できなくても評価をかえる必要はないと思うのです。極端にいえばコールマンが出現したという事実だけでいいのです」（『増訂　ジャズの歴史』所収「一九六七年のジャズに思う」）に酷似している。マイルスは「フリー・フォームであること」を重視し、油井氏は「黒人的なものに対する先祖帰り」だということを重視しているので、論の力点はずれているのだが、ジャズの世界に対するオーネットの重要度は、少なくともデビュー当時においては「音楽そのもの」ではなく、「出現したという事実」によって——肯定的にも否定的にも——語られてきたのではないだろうか。

オーネットの出現に衝撃を受けて彼の存在を喧伝《けんでん》したジョン・ルイスやガンサー・シュラーといった「理論的」なミュージシャンたちも、六〇年夏の段階で早くもオーネットのサイドメンを借りて『アヴァンギャルド』を録音したコルトレーンも（この作品は明らかにコルトレーンの「負け」である。コールマン・カルテットの重力圏の中で、トレーンは空しくいつものフレーズの残骸を吹くしかなかった）、六二年にチェリーとヒギンズを起用して『アワ・マン・イン・ジャズ』を吹き込

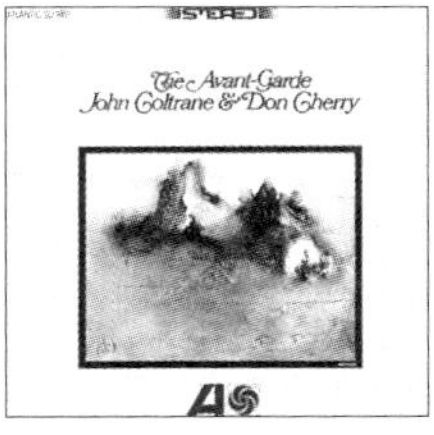

ジョン・コルトレーン&ドン・チェリー
アヴァンギャルド (Atlantic, 1960)
John Coltrane(ts,ss), Don Cherry(tp), Percy Heath, Charlie Haden(b), Ed Blackwell(ds)

んだロリンズも、オーネットに深く影響されてスタイルを変え、六七年の『ニュー・アンド・オールド・ゴスペル』でオーネットとの共演を果たすジャッキー・マクリーン（アルト・サックス）も、そして何よりもオーネットの音楽をリアルタイムで支持した批評家やジャズ・ファンですらも、オーネットの音楽の「フリーであること」や「黒人の先祖帰り」といったスタイル面に注目して、彼の音楽からにじみ出る「おいしさ」や「気持ちよさ」について、快楽的に語ろうとしなかったこと。これはオーネット・コールマンというミュージシャンにとっての不幸だった。だからこそ、オーネットは「六〇年代ジャズの事件」になった、という側面はあるのだが……。

「ハーモロディクス」をめぐって

オーネット・コールマンについて、これ以降の章でまとまった記述ができそうにないので、ここでまとめて言いたいことを書いておこう。

オーネットは、自分がデビュー当時から演奏している音楽を、七〇年代からは「ハーモロディクス」という名称で呼ぶようになった。

彼がさまざまな場で繰り返し述べているハーモロディクスの基本的な考え方は、「メロディ・リズム・ハーモニー・キーの四つが等価である」ということだ。これだけだと何のことかさっぱり分からないが、この四つの要素のどれかが「音楽」の中で突出して振る舞うのではない、ということ、そしてその中のどれかに変化が起きることによって他の要素も変わり、それらが複雑に絡み合いながら進行していく過程が「ハーモロディックな音楽」なのだ、というこ

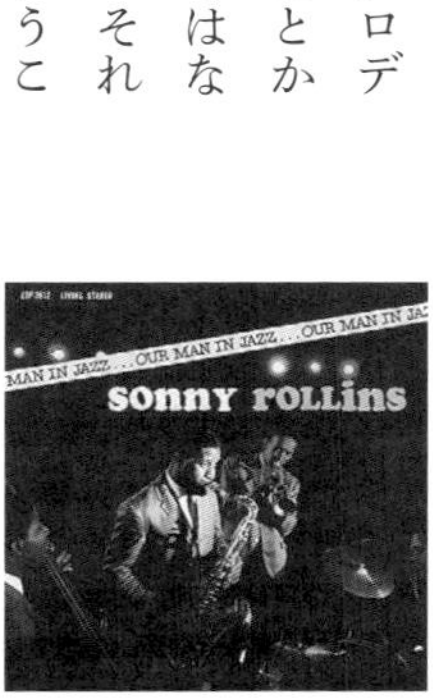

ソニー・ロリンズ

アワ・マン・イン・ジャズ (RCA, 1962)

Sonny Rollins(ts), Don Cherry(tp), Bob Cranshaw(b), Billy Higgins(ds)

オーネット・コンボの二人を借りて、もろにオーネット式アプローチで迫るロリンズ。しかし太い音色でぐいぐいとメロディアスなソロを吹ききるところはいつもと同じで、そこにフェミニンなオーネットとは異質のおもしろさがある。オーネットとロリンズ、これから共演しないかなあ。（追記：2010年に実現しました）

となのではないか、と僕には思える。こうやって言い換えてしまうと、ジャズで一般的に言われている「インタープレイ」の考え方を、うんと過激にしたのがハーモロディクスなの？　と言われそうだが、それは決して間違いではないはずだ。

もちろん、問題なのは「うんと過激」の部分であって、メロディやキーがこう変化したからリズムもこう変わろう、とミュージシャンが判断するときの「変換の基準」がよく見えないあたりが謎なのだ。その基準は、まったく演奏者個々の恣意《しい》にゆだねられているのか、それとも「ハーモロディクス的に正しい何か」が存在するのか？　オーネットは「ハーモロディクス音楽が、私の音楽である必要はない。それはあなた自身の音楽になるべきだ」などと言っているけど、さてどうなのだろう。

「キー（主となる調）」に対する奔放な考え方もハーモロディクスの大きな特徴だ。前述したように、オーネットは少年の頃、アルト（E♭管）とテナー（B♭管）の違いを無視して、テナーで吹いた曲をアルトでも同じ指遣いで吹いていたという。当然共演した仲間たちは「？」となったはずなのだが、本人に言わせるとこれが「最初のハーモロディクス体験」だったというからすごい。キーについては、ドン・チェリーが「ハーモロディック・コンセプトでは、すべての音がトニック（あるキーの主となる和音）に聞こえるという点に到達することになる」と言っているし、オーネット自身も、メンバー全員が違うキーで演奏して、しかもそのすべてが同じ価値を持つのがハーモロディクスだ、という発言をしていた。つまり、一二のキーはすべて同じだ、と言ってるわけで、これはかなり過激な考え方だ。

このあたりが、オーネットの音楽を「無調」だと捉えるとんちんかんな発言や、現代音楽との関連を必要以上に意識する捉え方に通じるのだろうが、一二の音の均等な使用法を厳密に制

オーネット・コールマン
イン・オール・ランゲージズ (Harmorodic, 1987)

Don Cherry(tp), Ornette Coleman(as, ts, tp), Charlie Ellerbee(g), Charlie Haden(b), Jamaaladeen Tacuma(b), Billy Higgins(ds), Denardo Coleman(ds) and others.

オリジナル・カルテット再会とプライムタイムのハーモロディック・ファンクの二本立て、しかも同じ曲を二つのセットで演奏しているという、80年代までのオーネットの総決算的作品だ。「フィート・ミュージック」「ラテン・ジェネティックス」など、ハッピーな曲が多いのももうれしい。

御するシェーンベルク的な方法論は「無調」と呼べても、オーネットのとことん好き勝手で恣意的かつ快楽的な「既成の調概念からの逸脱」は、むしろ「過剰調」なんだけど。つまり、いくつもの調が同時に自己主張している、という感じだ。こうした考え方を体験的に統合して、「オーネット自身が気持ちいいと感じる音を組織する方法」を、彼はハーモロディクスと名付けたのだろう。

しかし、周囲の無理解に業を煮やしたオーネット自身が語った「ハーモロディクス」という概念もまた、皮肉なことに、七〇年代以降の彼の音楽に対して、それを理屈っぽく小難《こむずか》しげに語り、快楽的・具体的にその気持ちよさを語らないための装置として作動してしまったのではないか。六〇年代初頭と同じ構造がまたしても反復してしまうあたり、これはオーネット自身の「自業自得」であるような気がしなくもないのだが……。

信じられないほどに自由奔放で、どんどん勝手にキーを替え、リズムの枠も自分の感覚に合わせて恣意的に変化させていくくせに、オーネットのフレーズは圧倒的に「メロディック」だ。あのつややかでエロティックに濡れた音色で、オーネットが聴き手をわくわくどきどきさせるフレーズを奏で始めるとき、すべての「理論」は意味を失う。そしておそらく、彼自身の「ハーモロディクス」という理論でさえも、その例外ではないのだ。

4

聖者と道化、あるいはコルトレーンとドルフィー

六〇年代ジャズのふたつのかたち

Guru and Fool, or Coltrane and Dolphy: Two Shapes of Jazz in 60's

ヴィレッジ・ヴァンガードの夜

グリニッチ・ヴィレッジ七番街、チャールズ・ストリートとの交差点あたりを目指して足を速めよう。昨日から一一月、ニューヨークの晩秋はそろそろ冬めいてきた。

ここ数年、自分のバンドを組織して精力的な活動を続けているジョン・コルトレーンが、昨日から五日間の予定で「ヴィレッジ・ヴァンガード」に出演しているのだ。今回のギグは、いつものクインテットに数人のメンバーが加わった拡大編成だそうだし、インパルス・レコードがライヴ録音する、という噂もあるのだから見逃すわけにはいかない。

赤い絨毯を踏んで中へ入り、階段を一五段降りて席につこう。セカンド・セットに予約を入れておいたので、ステージのやや左側、フロントに立つコルトレーンとエリック・ドルフィーからの直線距離が二メートルほどのところに席がリザーヴされていた。よしよし。

隣のテーブルにはオープン・リールのテープレコーダーが置かれ、ステージの上にセットされた数本のマイクが、やはりテーブル上の小型ミキシング・ボードを介して接続されている。

ジョン・コルトレーン
コンプリート 1961・ヴィレッジ・ヴァンガード・レコーディングス(Impulse, 1961)
John Coltrane(ss,ts), Eric Dolphy(as,b-cl), McCoy Tyner(p), Jimmy Garrison, Reggie Workman(b), Elvin Jones, Roy Haynes(ds), Ahmed Abdul-Malik(oud), Garvin Bushell(english-hrn, contrabassoon)

機材が置かれたテーブルの前に座り込んで調整をしているのは、太い黒縁の眼鏡をかけた三〇代の男だ。そこに現れた太った男に向かって、彼は手に持ったマイクを示して小声で話しかけている。ジョンは動くから……手持ちのマイクで音を……。なるほど。会話を聞くに、どうも先ほどのファースト・セットではロイ・ヘインズがドラムを叩いたらしい。エルヴィンは今日は出ないのだろうか？

　ウイスキー・ソーダを飲みながら彼らの話を聞くともなしに聞いているうちに、客席はだんだん埋まってきた。そして、何のアナウンスもなしにメンバーがぞろぞろと登場する。ドラム・セットにはヘインズではなく、精悍《せいかん》な表情のエルヴィン・ジョーンズが座り、まだ少年の面影を残したマッコイ・タイナーは、ピアノの前に静かに座るとキーをそっと押した。今日はベーシストが二人、という編成のようで、大きな楽器を抱えた二人の男がドラムスの左右に位置する。あれ、琵琶みたいな弦楽器を持った男がピアノの前に座ったぞ、あれは何なのだろう。あ、そうか、あの顔はモンクのコンボでベースを弾いているアーメット・アブドゥル・マリクじゃないか。オーボエと巨大な木管楽器、あれはコントラバスーンだったっけな、を抱えた年輩の黒人も現れてフロントのやや後ろに立つ。後ろの席の客がつぶやいた。「あのおっさん、いつも『ジミー・ライアンズ』でディキシーのクラリネット吹いているんだぜ！」

　狭いステージいっぱいにミュージシャンたちが拡がり、いよいよフロントの二人が登場する。向かって右に、テナー・サックスを首からかけてソプラノを手にしたコルトレーン、そして左には、バス・クラリネットを首にかけ、アルト・サックスを持ったドルフィー。いつもと違う編成に、ジャズに関してはすれっからしのヴァンガードのお客たちも何となく緊張気味だ。

　コルトレーンがエルヴィンに向かってうなずくと、ドラムスが三拍子のような四拍子のよう

エリック・ドルフィー
アウトワード・バウンド (New Jazz, 1960)
Freddie Hubbard(tp), Eric Dolphy(as,b-cl,fl), Jaki Byard(p), George Tucker(b), Roy Haynes(ds)

な複雑なパターンを叩きはじめ、アブドゥル・マリクがイスラム圏で広く使われている「ウード」という弦楽器を掻き鳴らす。そこに二台のベースが低音で絡み、オーボエを手にした老人、実は二〇年代初頭からジャズの現場で活動し続けている超ヴェテランのガルヴィン・ブッシェルが、柔らかい音色でアラビア風ともインド風ともつかない旋律を吹いて、「インディア」の演奏が始まった。ソプラノとバスクラによるシンプルなテーマ、トレーンのエスニックな雰囲気のソプラノ・ソロと、それに続くドルフィーの大胆に空間をえぐり取るようなバスクラ・ソロ。淡々とした雰囲気で演奏は続き、エンディング・テーマから切れ目なく「スピリチュアル」へと続く。

ブッシェルが吹くコントラバスーンの地を這うような響き、テナーを使ってくっきりとした音色でテーマを吹くトレーンと、両者の間の音域でオブリガートを付けるドルフィー。三拍子のリズムに乗せてのテナー・ソロの美しさ、あえて濁った音を多用してぞくぞくするほど鮮やかなソロを聞かせるドルフィーのバス・クラリネット、どちらもうっとりするほどすばらしい。ソプラノに持ち換えてのエンディング・テーマで「スピリチュアル」を終えると、コルトレーンはやっとアナウンスを一言。"Thank you"

この後の様子を詳しく報告する紙幅《しふく》はないが、とにかく圧倒的な演奏が繰り広げられたことだけは確かだ。エルヴィンのごきげんなブラッシュ・プレイから始まる「朝日のようにさわやかに」、ステージ上を動きながらソロを吹くトレーンを、エンジニアのルディ・ヴァン・ゲルダーがマイクを手に持って追いかけて録音した「チェイシン・ザ・トレーン」……。

というわけで、例のタイムマシンに乗って六一年一一月初めのニューヨークに現れたわれわれは、この日の演奏があまりにもよかったので、とうとう五日まで連続してヴィレッジ・ヴァ

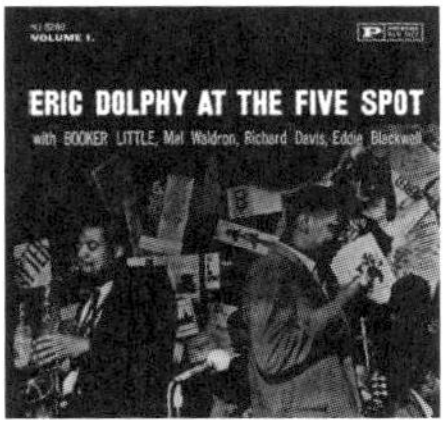

エリック・ドルフィー&ブッカー・リトル
アット・ザ・ファイヴ・スポット Vol.1 (New Jazz, 1961)
Booker Little(tp), Eric Dolphy(as,b-cl), Mal Waldron(p), Richard Davis(b), Eddie Blackwell(ds)

ンガードに通い詰め、コルトレーンとドルフィーの壮絶な対決、特にドルフィーが自由奔放に吹きまくってはコルトレーンを圧倒し、しかしトレーンもまた全力を尽くしてそれをはねかえす様子に感動したのだった。もしあなたもわれわれと同じ体験をしたいのだったら、『コンプリート1961・ヴィレッジ・ヴァンガード・レコーディングス』というCD四枚組セットを聴いていただきたい。どっちもすごいでしょ、ほんとに。

　しかし、この週のギグを実際に聴いたファンが、六二年にリリースされたLP『ライヴ・アット・ザ・ヴィレッジ・ヴァンガード』や、六三年発売の『インプレッションズ』といったオリジナル盤を聴いたとき、きっと彼はドルフィーの活躍がまったくと言っていいほどに無視されてしまっていることに気づき、不満の声を上げたに違いない。いや、ライヴを聴いた人たちはその不自然さに気づくからまだいい。レコード盤を通して六一年一一月のこのセッションを知ったリスナーたちは、七〇年代末になってオリジナルLPに収録されなかった分の演奏がLP化され、やっぱりドルフィーはここでもすごかった、という事実が明らかになるまでの十数年間、「ここでドルフィーはほとんど活躍しなかった」と思いこまされてきたのだから。

　オリジナルLPでの曲選択に決定権を持っていたのが、コルトレーンとプロデューサーのボブ・シールであることは間違いない。もちろん、彼らが選曲中に「ま、まずい。これじゃエリックの方がすごいじゃないか」と思って、ドルフィーが活躍する曲を外したのかどうかはよく分からないし、LPを聴いたドルフィーが「あーっ、オレが勝った曲を全部外したな！」と憤ったかどうかも不明だ。

　まあそんな詮索《せんさく》はどうでもいいのだが、六一年五月から六二年二月までの間、ほとんどすべてのコルトレーン名義のレコーディングやライヴで共演してきたコルトレーンとドルフィーは、

エリック・ドルフィー
アウト・トゥ・ランチ (Blue Note, 1964)
Freddie Hubbard(tp), Eric Dolphy(as,fl,b-cl), Bobby Hutcherson(vib), Richard Davis(b), Tony Williams(ds)

互いに尊敬しあっていたにもかかわらず、やはり違う道を歩まねばならない宿命にあったのだろう。二人が共演したライヴの記録を聴くと（ヨーロッパ・ツアーを中心としたブートレグやエアチェック盤が数種出ている）、ステージにおける二人の関係は、立派だが機転の利かない「王」あるいは「聖者」と、それを軽々と挑発しては逃げ去る「道化」の間柄のように僕には思える。

そして、「六〇年代のジャズ」という大きな舞台の上でも、やはりコルトレーンは「聖者」として重厚かつ悲劇的に振る舞い、ドルフィーは、その実人生が悲劇的であったにもかかわらず、スキゾフレニックな「道化」として舞台を駆け抜けたのではないだろうか。

ドルフィーと「笑い」

今まで読んだドルフィー論の中で、僕が最も驚き、納得し、かつ大笑いしてしまったものは、加藤総夫氏の「アウト・オヴ・ドルフィ（笑）」という、タイトルからして人を小馬鹿にしきった道化的精神にあふれた文章だ。できうれば氏の著書『ジャズ・ストレート・アヘッド』（講談社）からその部分をばりばりとひっぺがしてここにぺたっと貼り付け、今度はミンガス六四年のタウンホール・コンサートでも聴きに行ってきたいところだが、まあそうもいくまい。その中で彼が述べているのは、ドルフィーの演奏が聴き手に引き起こす「笑い」、ミシェル・フーコーが「あらゆる事柄を揺さぶらずにはおかぬあの笑い」と書き記し、南伸坊が「常識と思って信じ込んでいたものがガラガラと崩れ落ちてしまう時にふと出てしまう」と語った「笑い」についての考察だ。実はそのエッセイには、それ以外にもそれこそ大笑いするしかない「仕掛け」が施してあるのだが、それは現物を読んでのお楽しみとしておこう。

エリック・ドルフィー
ラスト・デイト (Limelight, 1964)
Eric Dolphy(fl,b-cl,as), Misha Mengelberg(p), Jacques Schools(b), Han Bennink(ds)

そう、確かに僕はドルフィーを聴くと笑いがこみ上げてしまうのだ。たとえばアルト・サックスで演奏される「ファー・クライ」や「ミス・アン」や「ザ・マドリグ・スピークス、ザ・パンサー・ウォークス」や「ザ・プロフェット」や「汝の母もしフロイトの妻でありせば」の、フレージングのタイミングやイントネーションはまぎれもなくパーカー直系のバップでありながら、その中で使われている音の連なりは一般的な音楽理論では意味不明であり、しかしそこでドルフィーが吹いている「音楽」の総体としての「意味」はひしひしと伝わってくる、という事態に直面したとき、人はぎゃははは、と哄笑《こうしょう》する他の手だてを持たないのではないか。

比喩としてこれに近いものといえば、かつて中村誠一氏が考案したという「初めて日本語を聞いた外国人に聞こえる日本語の真似」であり、そこから山下洋輔・坂田明・タモリなどの諸氏によって開発された「ハナモゲラ語」であるだろう。イントネーションや音韻体系はまぎれもなく日本語であり、文法も保持されているようでありながら、語彙《ごい》はすべて意味不明であることによって引き起こされる不条理な笑い。もちろんジャズ・ミュージシャンである彼らは、それが「ドルフィー的」であることを強く意識していたに違いないのだ。

あるいは「ビー・ヴァンプ」でも「エピストロフィー」でも「ヒポクリストマトリーファズ」でもコルトレーンと共演した「ナイーマ」でもミンガスの「ホワット・ラヴ」でもいいが、ドルフィーがバス・クラリネットの広い音域を駆使して、ぎょっとするような低い音から悲鳴のような高音までを瞬時にして駆けめぐるソロを吹くとき、聴き手はそれまで「音楽」を聴くために使っていなかった耳と大脳のある部分に、初めて光を当てられたかのような新鮮な感覚上の驚きを覚えるはずだ。今まで気づかなかった感覚の喜びを開発されたときの反応として最もふさわしいものは、やはり「笑い」であるだろう。

チャールズ・ミンガス
ミンガス・プレゼンツ・ミンガス (Candid, 1960)
Ted Curson(tp), Eric Dolphy(as, b-cl), Charles Mingus(b), Dannie Richmond(ds)

もっとも、ドルフィーのすべての演奏が「笑い」を喚起《かんき》するわけではない。あの「ユード・ノウ・ホワット・ラヴ・イズ」（『ラスト・デイト』）を極めつけとする彼のフルート演奏（『ファー・クライ』の「レフト・アローン」もすばらしい）や、無伴奏アルト・ソロの「テンダリー」、あるいはジョージ・ラッセル『エズ＝セティックス』の中でアルトによって演奏される「ラウンド・ミッドナイト」のように、叙情的と言ってもいいフレージングで聴き手の心をとらえるドルフィーの演奏もまたすばらしいのだから。

しかし、それらの演奏においても、ドルフィーの発する音のすべては空間をえぐり取るような強度に満ちており、決してセンチメンタリズムに流れはしない。コルトレーンのバラード演奏も透明で清潔な叙情を感じさせるものだが、トレーンの視線が実に「まっすぐ」であるのに比べ、ドルフィーは立体派的に、あるいは3D画像のように世界を見ているといった感じなのだ。その「高次な視線」によって、ドルフィーは六〇年代初頭のジャズ・シーンを、「常識」を脱構築しては不意打ちをくらわす「道化」として駆け抜けた。

初リーダー作『アウトワード・バウンド』の録音（六〇年四月）から六四年六月二九日にベルリンで急死するまで、わずか四年と二カ月。そのほとんどをミンガス、コルトレーンのサイドマン、あるいはさまざまなレコーディング・セッションの助っ人として過ごし、リーダー作の準備に十分な時間をかけられなかったドルフィーが、いったいどんなサウンドを「理想」としていたのかについて、われわれはその全貌を把握しきれない。彼にとって最も理想に近いレコーディングだったという『アウト・トゥ・ランチ』（六四年二月）の、正確無比に発狂した時空のような、冷静に進行していく悪夢のようなサウンドを、彼はこの後どう進めていくつもりだったのだろうか。あるいは八八年に発掘された『アザー・アスペクツ』（六〇年、六二年録音）に

ジョージ・ラッセル
エズ＝セティックス (Riverside, 1961)
Don Ellis(tp), Dave Baker(tb), Eric Dolphy(as,b-cl), George Russell(p), Stephen Swallow(b), Joe Hunt(ds)

聴かれる、女性のヴォイスやシタールなどが渾然《こんぜん》とした謎の音楽は、ドルフィーにとって何だったのか?

おそらく、われわれが持ちうる「ジャズの遺産」の中で、「エリック・ドルフィー」という鉱脈は、最も発掘と継承が遅れているもののひとつだろう。ただのコピーやスタイルのなぞりとは違う、本来の意味での「発展的継承」を、チャーリー・パーカーに対する真の「発展的継承」を行なった唯一の男であるドルフィーの音楽は待っているに違いないのだ。

コルトレーンの六〇年代

『マイ・フェイヴァリット・シングズ』タイトル曲のレコーディング(六〇年一〇月)を契機に、コルトレーンはエスニックな雰囲気をたたえたモード・サウンドを追究しはじめる。三拍子と四拍子が混在しているように聞こえるエルヴィン・ジョーンズのポリリズミックなドラミングと、左手の力強いアタックの上で明るく開放的な和音を響かせるマッコイ・タイナーのピアノを得たことが、トレーンの「六〇年代サウンド」を決定づける直接の要因になったようだ。

ここで、コルトレーンにとってのマッコイとエルヴィンのコンビを、六〇年代マイルス・バンドにおけるハービー・ハンコック〜トニー・ウィリアムス組と比較してみよう。そうすることによって、コルトレーンとマイルスの音楽性や指向の違いがくっきりと見え、さらには「六〇年代のジャズ」を代表する二つの典型とは何だったのか、があぶり出されてくるだろうから。

最も大きな違いは、トニーの「切断」に対するエルヴィンの「持続」である。どちらのドラ

ジョン・コルトレーン
バラード (Impulse, 1961/62)
John Coltrane(ts), McCoy Tyner(p), Jimmy Garrison(b), Elvin Jones(ds)

マーも複数のビートやタイム感を同時に感じさせるポリリズムを大胆に導入した、という点では共通しているのだが、トニーのドラミングが、彼の中でポリリズミックに把握された時空の断面をシャープに切り取って提示するような演奏であるのに対して、エルヴィンはすべての音を外界にさらけ出してしまうようなところがある。エルヴィンの特徴である、複雑な高次倍音を発生させるためのシズル（鋲《びょう》）が周りに装着されたトップ・シンバルは、彼の演奏が持つ「うねり」や「持続」を引き立てるために必須のツールなのだ。

　マッコイとハンコックについても、ほぼ同じことが言えそうだ。四度重ねの和音を中心とした右手がドラムとともに空間を埋め、ときおり入る左手の重いアクセントが、サウンド全体にどっしりとした重力を与える、という基本構造で伴奏をつけるマッコイと、より音を節約した「経済的」なスタイルのハンコック。ちなみに、マイルス・バンドのミュージカル・ディレクター的存在であるウェイン・ショーターは、自分のリーダー作ではエルヴィンとマッコイをサイドメンに起用することが多かったのだが（『ナイト・ドリーマー』『ジュジュ』。『スピーク・ノー・イヴル』はピアノがハンコックでドラムスはエルヴィン）、これは当時のマイルス・サウンドを象徴するトニーを外すことでマイルス・バンドとの違いを際立たせ、コルトレーン的「持続」をうまく自分のサウンドに取り込むための戦略だったのだと思う。

　この「切断」と「持続」の対比は、マイルスとコルトレーンの演奏スタイルや音楽観にもそのまま当てはまる。少ない音で時空に布石を打ち、クールな手つきで音楽を取り扱うマイルスと、大量の音を時空に撒き散らしては「熱狂」や「陶酔」へ近づこうとするコルトレーンのコントラストは、六〇年代におけるジャズのかたちの、最も突出した二つの典型であると言えるだろう。

ジョン・コルトレーン&ジョニー・ハートマン

ジョン・コルトレーン&ジョニー・ハートマン (Impulse, 1963)

John Coltrane(ts), Johnny Hartman(vo), McCoy Tyner(p), Jimmy Garrison(b), Elvin Jones(ds)

本書の第二部で、七〇年代ジャズにおける「差異と反復」の問題が登場する。そこでは「差異」の典型としてのフリー・インプロヴィゼイションと、「反復」の典型としてのファンク・リズムのことが話題になっているのだが、ここで注目すべきは、大量の音を空間に吐き出すコルトレーン・バンドの音楽は、当然「差異」をそこかしこで生成していたくせに、よりマクロなレベルで観察するとまぎれもなく「持続＝反復＝陶酔」の音楽だった、という事実だ。だからこそコルトレーンは、一般的にも六〇年代最大のスターでありえたのだ。それに比べると、マイルスの『E.S.P.』（六五年）や『マイルス・スマイルズ』（六六年）、『ソーサラー』『ネフェルティティ』（六七年）などで聴ける徹頭徹尾クールなサウンドは、「厳選された差異が抽出された音楽」だったのだ。

六〇年代末期以降のマイルスは、電気楽器とファンク系ビートを採り入れた「反復」の音楽を演奏しはじめるのだが、それはあくまで「冷静な手つきによる反復」であり、コルトレーン・バンドの「持続＝反復＝陶酔」とは本質的な意味が違う。そして、その違いこそが「六〇年代」と「七〇年代」のジャズの違いそのものなのだろう。

さて、コルトレーンの動きに話を戻そう。マッコイ〜ジミー・ギャリソン〜エルヴィンという、彼にとって理想的なメンバーを得たコルトレーンは、のめり込むようにこのカルテットでの活動を深化させていった。トレーンの「まっすぐな優しさ」が最高度に輝いた三枚の愛らしいアルバム、『バラード』『デューク・エリントン&ジョン・コルトレーン』『ジョン・コルトレーン&ジョニー・ハートマン』をエピソード的にはさみつつ、『コルトレーン』『ライヴ・アット・バードランド』『クレッセント』『至上の愛』と続くこのカルテットの作品は、やはり圧倒的としか言いようのない品位と強度を感じさせるものだ。

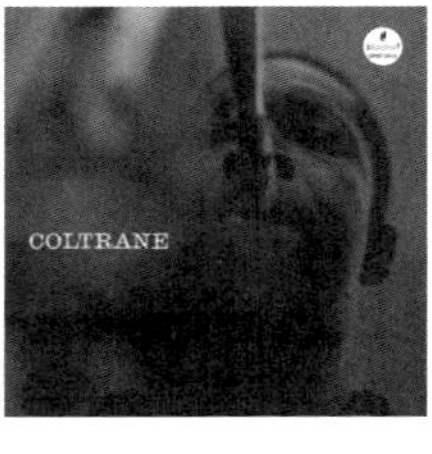

ジョン・コルトレーン

コルトレーン (Impulse, 1962)

John Coltrane(ts, ss), McCoy Tyner(p), Jimmy Garrison(b), Elvin Jones(ds)

宗教的なモティーフが先行して語られがちな『至上の愛』だが、エルヴィンの恐ろしく繊細なドラミングをはじめとして、グループ全体の音楽的な完成度の高さがまず語られるべきなのだ。しかし、トレーン自身が望んだこととはいえ、ここにはドルフィー的な「挑発者」はいない。マイルス・バンドにおけるトニーやショーターは、かなりの程度マイルスに対する「挑発者」としての役割を果たしていたのだが、マッコイやエルヴィンは、トレーン・ミュージックに対する最高の協力者ではあっても、彼を不意打ちするような驚きに満ちたプレイを聴かせる存在ではなかったのだ。

六五年六月、コルトレーンは『アセンション』を録音する。フリー・ジャズ系の若手ホーン奏者六人とベースのアート・デイヴィス、そしてカルテットのメンバーという、総勢一一人によるこのセッションは、コルトレーンの「フリー・ジャズ宣言」という歴史的なレッテルを貼られてしまったことが災いして、音そのものがきちんと記述されることが少ない、ある意味で不幸な作品だ。コルトレーンによるテーマの後、集団即興→速いフォービート（フォービートなのですぞ）による各人のソロというパターンが繰り返される構成によるこの演奏、少なくともベースとピアノはトーナル・センター（中心となる音）を最後まで維持しているし、フォービート部分でのエルヴィンとギャリソンは「律儀」と言っていいほどに定型ビートを守っているし、ちまたで言われるほどに「フリー」な、ぐちゃぐちゃのへろへろの演奏ではまったくないのだ。ホーン陣のプレイはそれぞれに奔放なフリー・フォームだが、リズム隊のかっちりとしたバッキングの上での、各人の個性の違いが実にはっきりしているので、四〇分あまりという演奏時間の長さもそう気にはならないはずだ。

個人的に好きな場面は、最初の一音から輝きに満ちたフレディ・ハバードのトランペット・

ジョン・コルトレーン
ライヴ・アット・バードランド (Impulse, 1963)
John Coltrane(ss, ts), McCoy Tyner(p), Jimmy Garrison(b), Elvin Jones(ds)

ソロ、「ナイーヴにめちゃくちゃ」であるファラオ・サンダースとふてぶてしいアーチー・シェップの対比、ふくよかな音色のマリオン・ブラウンとぽきぽきしたトーンのジョン・チカイのコントラスト、そして実にヴィヴィッドで端正なマッコイのソロ。もしかしたら、『アセンション』が実体としてそれほどフリーに傾かなかったのは、マッコイとエルヴィンが必死でそれを防いでいたから、という気もしなくはないのだが……。

コルトレーン・バンドにテナー奏者のファラオ・サンダースとドラムスのラシッド・アリが相次いで加入したのは六五年秋。そしてマッコイとエルヴィンはその年の暮れにバンドを脱退してしまう。この二人にカルテットから唯一残ったギャリソン、そして私生活でもパートナーとなったアリス・コルトレーンというメンバーで新しいバンドを組織したコルトレーンは、それまで以上にハードで激烈な演奏を日々行ないつつ、新たな、そして最後の探究を開始したのだった。

ヴィレッジ・ヴァンガード再び

われわれはまたあの店にやってきた。あの晩秋の日から四年半後、五月も終わりのグリニッチ・ヴィレッジに。店の入口から道路に向かって張り出したテント屋根の横の、ちょうど店名の「L」と「A」の部分が破れていること以外、店の外見も内装もほとんど変化していない。座った席はこの前と同じ、隣にはやはりテープレコーダーをテーブルに載せたあの男が難しい顔で腰掛けている。

メンバーが登場してきた。ピアノの前には大柄な女性、ドラム・セットには髭面の若い男が

ジョン・コルトレーン
至上の愛 (Impulse, 1964)
John Coltrane(ts), McCoy Tyner(p), Jimmy Garrison(b), Elvin Jones(ds)

座り、パーカッションの男が一人ドラムの横に位置して、ベースを抱えて出てきたのはおなじみのジミー・ギャリソンだ。そして二人のサックス奏者がゆっくりと現れる。テナー、ソプラノ、そしてドルフィーの形見だというバス・クラリネットを手にしたコルトレーンと、テナーとフルートを持ったファラオ・サンダースが。

テナーを持つコルトレーンがうなずき、「ナイーマ」の演奏が始まった。もはや「ビート」ではなく「パルス」と呼びたくなる細分化されたリズムに乗って、テナーがあのテーマを吹く。太く、それでいて透明な美しさにあふれたテナーの音色は、四年半前の彼の音よりはるかにまっすぐに、力強く聴き手の中に浸透してくる。彼のがむしゃらな探究と苦闘は、もしかしたらこの「音色」を獲得するためのものだったのではないか、と思ってしまうほどに、そのトーンは壮絶なまでの美をたたえているのだ。

トレーンのテーマを受けて、ダーティな音で激烈なソロを吹くのはサンダースだ。二〇年以上の時間と体験によって濾過《ろか》された末の演奏しかできないトレーンには不可能な、最初から「切れて」いるサンダースの若さは、トレーンにとっては「限界の先」へ突入するための刺激剤なのだろうか。

サンダースのソロの後、今度はトレーンがフリーなソロを吹く。サンダースのようなやみくもな勢いはそこにはないが、どんなにフリーに吹きまくってもトレーンの演奏は秩序と品位を失わない。そしてギャリソンが一人で長いベース・ソロを弾き、演奏は「マイ・フェイヴァリット・シングズ」へと移行した。

もちろんその日の彼らの演奏は身震いがするほどすばらしかった。しかし、まさに崇高《すうこう》としか言いようのない音色でサックスを吹く「聖者」の脇に立っていた男は、聖者をあらゆる角度

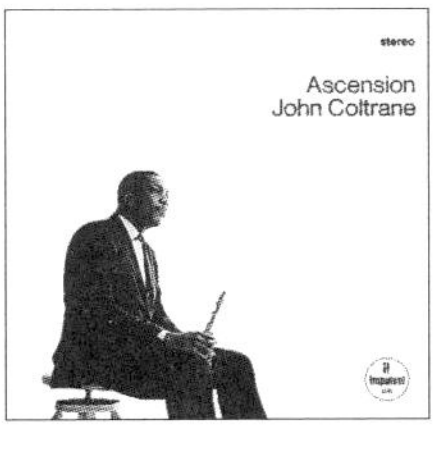

ジョン・コルトレーン
アセンション (Impulse, 1965)
Freddie Hubbard(tp), Dewey Johnson(tp), John Tchicai(as), Marion Brown(as), John Coltrane(ts), Pharoah Sanders(ts), Archie Shepp(ts), McCoy Tyner(p), Jimmy Garrison(b), Art Davis(b), Elvin Jones(ds)

から不意打ちし、挑発する「道化」ではなく、過激な演奏で聖者を刺激はしても決して不意打ちはしない、敬虔《けいけん》で忠実な「信徒」なのだった。

ジョン・コルトレーン
ライヴ・アット・ザ・ヴィレッジ・ヴァンガード・アゲイン (Impulse, 1966)
John Coltrane(ts,ss,b-cl), Pharoah Sanders(ts,fl), Alice Coltrane(p), Jimmy Garrison(b), Rashied Ali(ds), Emanuel Rahim(per)

5

「新主流派」とは何だったのか

「新」と「主流」の本当の意味

What is "New Mainstream"?: Thinking about the Meaning of "New" and "Mainstream"

新主流派。ジャズ・ジャーナリズムの中で何気なく使われている用語だが、改めて考えてみるとこれは相当にうさんくさいネーミングだ。「主流派」というだけでも自民党総裁選じゃあるまいし、てな気がするのに、それに「新」が付くのだから、もうこれは露骨に政治的な意図をもって捏造《ねつぞう》された名称であるに違いないのだ。

この名前のキナくささは、他の「ジャズ内ジャンル分け名称」（ジャンル分け自体が宿命的にうさんくさいことではあるが）と比較することでいっそうはっきりする。「ビ・バップ」というのは、新しいサウンドをミュージシャンが感覚的に言語化したもの。「ハード・バップ」は、それに「ハード」という感覚を表す形容詞をくっつけた名称。「モード」というのはジャンル分けではなく音楽技法を表現する用語だし、「ウェスト・コースト・ジャズ」は単なる地名を冠しただけのもので、「クール」もやはり、音楽から受ける印象を形容詞に置き換えたネーミングである。「フリー・ジャズ」ってのはかなり抽象的な危なさを感じさせる命名だが、これにしても「新主流派」に比べるとずっと素直な名前ではある。八〇年代半ばに、ウィントン・マルサリスたちを指して『スイングジャーナル』誌がでっちあげた「新伝承派」ですらが、それに対応

アート・ブレイキー&ジャズ・メッセンジャーズ
モザイク (Blue Note, 1961)
Freddie Hubbard(tp), Curtis Fuller(tb), Wayne Shorter(ts), Ceder Walton(p), Jymie Merritt(b), Art Blakey(ds)

する「旧伝承派」が何かさっぱり分からない、という致命的論理矛盾を内包しつつも、そのネーミング自体は「新主流派」ほどにはうさんくさくはないように思えるのだ。

この名称は、「SJ［注：スイングジャーナル］の若手評論家たちが、『フリー・ジャズ』に対して、マイルス＝ショーター＝ハンコックら、やみくものフリーに走らず、六〇年代のジャズを創造した一群のミュージシャンに与えた新造語である」（油井正一『ジャズの歴史物語』アルテスパブリッシング）ということになっている（"Modern Mainstream""Neo-mainstreamers"などといった表現はアメリカのジャズ・ジャーナリズムでも使われているので、これがまったくの日本製用語だとは言い切れないのだが）。つまりは、フリー・ジャズを「非主流＝傍流」である、と宣言しているのに等しい名称なわけで、ジャズ界におけるヒエラルキーを、批評家側がここまで露骨に決めつけた名称というのは他にないだろう。

とはいえ、この名称が三〇年以上も日本のジャズ界で流通しているという事実には、単に「習慣だから」という以上の意味があるに違いない。ハービー・ハンコックやウェイン・ショーターたちが「新」であった時点での「旧・主流派」は、もちろんハード・バップやファンキー・ジャズであったわけだが、彼らはそこから何を受け継ぎ、そこに何を付け加えたのか。そして、その結果として立ち現れた響きは、なぜ「新」であり「主流派」であったのか。

＊

「新主流派」と呼ばれる一群のミュージシャンたちの中心に位置するのは、もちろんのこと、六〇年代マイルス・デイヴィス・クインテットのサイドメンたち……ウェイン・ショーター（テナー・サックス）、ハービー・ハンコック（ピアノ）、トニー・ウィリアムス（ドラムス）、ロ

ウェイン・ショーター
イントロデューシング・ウェイン・ショーター (Vee Jay, 1960)
Lee Morgan(tp), Wayne Shorter(ts), Wynton Kelly(p), Paul Chambers(b), Jimmy Cobb(ds)

ン・カーター（ベース）の四人である。先ほど引用した油井氏の文では、マイルス本人も「新主流派」に含まれるように読めるが、四〇年代から九〇年代まで、さまざまにスタイルを変化させつつも、常に「主流」そのものだったマイルスを、あえて「新主流派」ミュージシャンの中に入れるのはやはり不自然だろう。

これに、同時期に主としてブルーノート・レーベルで、彼らと共演し、あるいは似たような傾向のサウンドをつくりだしていた数人、ジョー・ヘンダーソン（テナー・サックス）、ボビー・ハッチャーソン（ヴァイブ）、フレディ・ハバード（トランペット）、ジョー・チェンバース（ドラムス）、ジェームズ・スポールディング（アルト・サックス）などを加え、場合によってはアンドリュー・ヒル（ピアノ）やサム・リヴァース（テナー・サックス）などの、かなりフリー・ジャズ寄りのミュージシャンを含めれば、「新主流派のオリジナル」とでも言うべき顔ぶれが揃うことになる。ブルーノートのレコーディングにおける共演回数や音楽的な指向を考えると、マッコイ・タイナー（ピアノ）やエルヴィン・ジョーンズ（ドラムス）をこの中に含めてもいっこうに構わないのだが、彼らはジョン・コルトレーン・カルテットの印象が強すぎるのか、一般的なジャズ・ファンの意識の中では、新主流派とは一線を画したところに位置づけられているようである。また、チック・コリア（ピアノ）やウディ・ショウ（トランペット）、あるいはジョー・ザヴィヌル（キーボード）などの音楽も、コンセプトとしては「新主流派」そのものだったのだが、彼らの活動が特に目立ってきた時期が六〇年代末期にさしかかっていたためなのか、「新主流派」オリジナル組とは呼びにくい感じがする。

などと、こうやって細かく分類＝排除していくことに何がしかの意味があるとも思えないが、「マイルス」と「ブルーノート」という、ジャズにおける五〇年代からの「二大正統」の中で

ハービー・ハンコック
テイキン・オフ (Blue Note, 1962)
Freddie Hubbard(tp), Dextor Gordon(ts), Herbie Hancock(p), Butch Warren(b), Billy Higgins(ds)

の新しい傾向であり、しかもそれが、コルトレーン・カルテットやフリー・ジャズのような「過激な新しさ」ではなく、ハード・バップからの必然的な流れであるかのように一見感じられてしまうことが、ショーターやハンコックたちが特に「新主流派」と呼ばれる要因なのだろう。

世代的には、一九三三年生まれのショーターは、ハンク・モブレイ（テナー・サックス）やジャッキー・マクリーン、ソニー・クラークたち純正ハード・バッパーにむしろ近い。四五年生まれのトニー・ウィリアムスとは一二歳違うわけだから、これは世代的なムーヴメントだとも言いにくいのだ。まあ、トニーがあまりに早熟の天才だった、ということもあり、逆にショーターは、大学で音楽教育学を学んだのちに軍隊に行く、という「高学歴」的コースをたどったためにデビューが遅いのだから、この年齢差は多少割り引いて考えるべきなのだが、年齢が彼らのちょうど中間に位置するハンコックも含めて、たまたまジャズについての認識が今までとは異なり、その異なり方が類似していたミュージシャンがマイルスのところに集結した（当然マイルスが意図的に集めたのだろうが）ことが、彼らの音楽を、それ以後の「ジャズ」を変えてしまうような運動にさせたのだと言える。そして彼らに共通する認識とは、

［1］ジャズを「音楽」という広いカテゴリーの中のひとつとして相対的に捉えること
［2］ジャズおよび他のジャンルの音楽が培ってきたさまざまな果実を分析し、それを自分の音楽の中で統合する、という作業を行なおうとすること
［3］作編曲やトータルなサウンドの構築に関心が向いていること
［4］感情のストレートな伝達より、音と音とのクールな衝突を指向していること

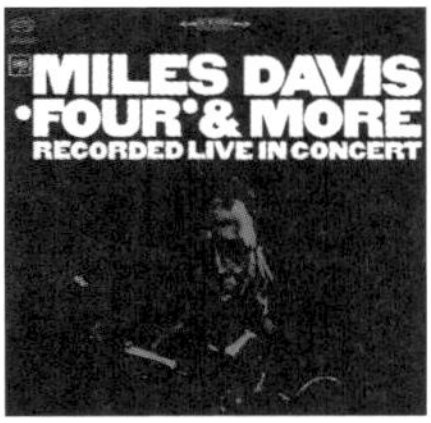

マイルス・デイヴィス
フォア・アンド・モア (Columbia, 1964)
Miles Davis(tp), George Coleman(ts), Herbie Hancock(p), Ron Carter(b), Tony Williams(ds)

などの項目にまとめることができるはずだ。もちろん、こうした認識は、彼らを起用した時点でマイルスが抱いていた認識でもあっただろう。

アート・ブレイキーのジャズ・メッセンジャーズに在籍していたショーターや、ドナルド・バードのサイドマンだったハンコックにとって、ハード・バップやファンキー・ジャズが、非常に親しいものだったことは当然だ。ジャズ・メッセンジャーズとドナルド・バード・グループに、それまでのハード・バップ／ファンキー路線とはひと味違ったフレッシュな感覚（それは具体的にはまず「モード」的な感覚だったわけだが）を導入した彼らは、それでもなおファンキーな乗りのいい演奏を十分にこなすことのできる有能なサイドメンだったわけだから。共に六一年秋に録音されたジャズ・メッセンジャーズ『モザイク』や、バードの『ロイヤル・フラッシュ』のみならず、ヴィージェイ・レーベルに三枚ある、マイルス・バンド加入以前のショーターのリーダー作や、ハンコックの『テイキン・オフ』『マイ・ポイント・オブ・ヴュー』を聴いても、彼ら二人の演奏は、「非常に新しい感覚を持ったハード・バッパー」と形容されうる程度にハード・バップ的な要素を残している。

それががらっと一変してしまい、まさに「新しい」サウンドを彼らが獲得したのは、彼らがマイルス・バンドに加入した後のこと。ハンコック＝カーター＝ウィリアムスがマイルス・バンドの一員として最初に録音した『セヴン・ステップス・トゥ・ヘヴン』（六三年五月）でも、同じアルバムに収録されているヴィクター・フェルドマン（ピアノ）〜フランク・バトラー（ドラムス）入りのセッション（ベースはロン・カーター）に比べて、格段に新しい響きが聴けるが、それに続く『イン・ヨーロッパ』『フォア・アンド・モア』『マイ・ファニー・ヴァレンタイン』のライヴ盤シリーズ、そして六四年秋にショーターがジョージ・コールマン（テナー・サッ

トニー・ウィリアムス
スプリング (Blue Note, 1965)
Sam Rivers, Wayne Shorter(ts), Herbie Hancock(p), Gary Peacock(b), Tony Williams(ds)

クス）に替わって加入してからの『イン・ベルリン』『コンプリート・プラグド・ニッケル』での、マイルスを含めた五人が互いにリアルタイムで影響を与えあい、それまでジャズが体験してきた音とは明らかに異質なサウンドが短期間で完成されていくさまは、録音されたもので追体験せざるを得ないわれわれにとっても、きわめてスリリングで刺激的なものだ。特に、ほとんど異星人としか思えない超天才ドラマー、トニー・ウィリアムスの、時空間を破壊しては再構築するかのようなリズム感覚が、他のメンバーたちに与えた影響は計り知れないものがあるだろう。

　トニーがこの時点（六四年でまだ一九歳！）で提示したきわめて鋭角的で複雑な、それでいて猛然とダッシュする勢いにあふれたリズムの捉え方は、「ジャズにおける立体派宣言」とでも呼びたくなるほどに革新的なものだった。彼のドラミングひとつで同じ曲がさまざまに様相を変え、まったく違う方向からひとつの物体を同時に視ているような、純粋に感覚の驚きに属する「未知の音楽的情景」を聴き手は体験してしまうのだ。

　驚異的なテクニックと斬新な発想によって音そのものを「唯物論的」と言っていいほどクールに取り扱い、しかしそのクールさにはある種の「狂気」が内包され、その結果として現れた音楽は聴く者の認識と感覚（観念と感情ではなく、だ）に深い衝撃を与えるものである……という点で、この段階でのトニー・ウィリアムスは、セシル・テイラー（ピアノ）やエリック・ドルフィーに共通する資質を持っていた。ドルフィーのサウンド・クリエイターとしての最高傑作『アウト・トゥ・ランチ』でのトニーの演奏を聴くと、この二人がレギュラー・グループを組んでいたらさぞかし恐ろしいことになっていただろうに、と痛感させられるし、トニーがマイルス・バンド在籍時に発表した二枚のリーダー作、『ライフタイム』『スプリング』での「知的

グレイシャン・モンカー３世
サム・アザー・スタッフ (Blue Note, 1964)
Grachan Moncur 3rd(tb), Wayne Shorter(ts), Herbie Hancock(p,, Cecil Mcbee(b), Tony Williams(ds)

にコントロールされたフリー・ジャズ」的サウンドは、『アウト・トゥ・ランチ』が提示した世界のきわめて稀《まれ》な続編である、とすら言えるのだ。個人的には、七〇年代になった時点で、『アウト・トゥ・ランチ』や『スプリング』のコンセプトを新しい形で継承したものが初期のウェザー・リポートである、という仮説を立てているのだが……。

トニーに限らず、少なくとも六五年ぐらいの段階では、ハンコックもショーターも「知的にコントロールされたフリー・ジャズ」からの影響が非常に大きく、彼らがマイルス・バンドに与えた貢献の中で、最も重要なものはそれだったのではないか、という気がする。アヴァンギャルドなトロンボニスト、グレイシャン・モンカー三世の『サム・アザー・スタッフ』でのこの三人の演奏、あるいは九九年に初めて世に出た六三年のドルフィーとハンコックの共演作『ザ・イリノイ・コンサート』、それに何よりもマイルスの『イン・トーキョー』（ここでのテナーは、トニーが推薦したフリー派のサム・リヴァースだ）や『プラグド・ニッケル』を聴けば、彼らのフリー指向の強さが分かるはずだ。

しかし、彼らはハード・バップ／ファンキー・ジャズ的な要素を否定してしまったわけではなかった。先ほど彼らの特徴は「分析と統合」にある、と書いたが、ビ・バップからハード・バップに至る「モダン・ジャズ」の語法を、彼らほどきちんと演奏できるミュージシャンもまた少ないはずなのだ。その技術をベースとして、よりアーシーなリズム・アンド・ブルース、近現代のクラシック・ミュージックや映画音楽から得た和声法、ギル・エヴァンスやジョージ・ラッセルなどから学びとったジャズの中での新しい「響き」、前述したフリー・ジャズ的な認識、コルトレーンが彼らの一歩手前で切り開いていったメカニカルなスケーリングやコード進行の手法、ビル・エヴァンス的な繊細なハーモニー感覚、そしてマイルス＝ビル・エヴァ

ハービー・ハンコック

処女航海 (Blue Note, 1965)

Freddie Hubbard(tp), George Coleman(ts), Herbie Hancock(p), Ron Carter(b), Tony Williams(ds)

マイルスの代わりにハバードが入ったマイルス・コンボ。タイトル曲の爽やかなサウンド、スリリングなマイナー・ブルース「アイ・オブ・ザ・ハリケーン」、モダンなくせに心温まる名曲「ドルフィン・ダンス」と、当時のジャズにとって確実に新しかった響きがぎっしり詰まっている。

ンス＝コルトレーンたちによって開拓されたモードの手法、などの実に多彩な要素を吸収・分析して、それぞれの個性によって統合した音楽を、われわれは「新主流派ジャズ」と呼んでいるのだろう。ハンコックの『エンピリアン・アイルズ』『処女航海』『スピーク・ライク・ア・チャイルド』、ショーターの『ジュジュ』『スピーク・ノー・イヴル』『アダムズ・アップル』など、彼らがマイルス・バンドでの活動の傍ら制作したアルバム群は、まさにその「分析と統合」の成果だった。

　そして、彼らから後の世代のジャズ・ミュージシャンにとって、こうした多彩な音楽の分析と統合は、当然のこととなった。

＊

　ハンコック、ショーター、トニー・ウィリアムスたちの登場は、さまざまな音楽を等価に捉えつつ、それらの要素を自在に組み合わせて音楽を創造していく、というメタレベルの視線を当然のこととして持ったジャズ・ミュージシャンの出現、という点で、ジャズの歴史の中で特筆すべきことなのだと思う。

　これは、ジャズだけの問題に限定すべき話ではないのだろう。高度資本主義社会における文化は、六〇年代後半を大きな屈折点として、それ以前とは比較できないほどに変貌を遂げてしまった。ロック革命〜ヒッピーの登場〜学生の反乱〜カウンター・カルチュアといった六〇年代末期の諸現象は、「欲望の拡大と価値の相対化」というキーワードによって括りうるはずであり、実はそれは、高度資本主義が「人間」を、あたかも昆虫の変態のように「次の段階」に変容させてしまおうとする動きの現れだったのではないか。そして「ジャズ」もまたその大き

ウェイン・ショーター
スピーク・ノー・イヴル (Blue Note, 1964)

Freddie Hubbard(tp), Wayne Shorter(ts), Herbie Hancock(p), Ron Carter(b), Elvin Jones(ds)

「『処女航海』－G・コールマン＆トニー＋ショーター＆エルヴィン」がこれ。ミステリアスでダークな翳りを帯びたサウンドに、エルヴィンのうねるドラミングがぴったりはまっている。甘さを排したバラード「インファント・アイズ」でのショーターの美しい演奏はまさに名演。

な動きとは無縁でありえず、たとえばマイルスの音楽を丹念に追っていくことで、われわれはジャズが六〇年代後半をターニング・ポイントとして、まったく新しい地点（それを「ポスト・モダン」と呼ぶことも可能だろう）に入り込んでしまったのだ、ということを、検証できるのだと思う。

「新主流派」の音楽は、それまでのジャズの遺産を整理・総括すること、そして多様な音楽を相対化し、分析し、統合する、という認識と手法において、「ジャズのポスト・モダン」を、いち早く予見したものであったのだ。そして、もうひとつのキーワードである「欲望の拡大」を、音楽の上できわめてストイックかつ愚直に遂行し、その結果袋小路に入り込んでしまったコルトレーン的な「フリー・ジャズ」とは対照的に、彼らはとてつもなく「フリー」なことを演奏の中で実践しつつも、それをも「相対化」してクールな手つきで取り扱ったのだった。

*

「新主流派」という少なからずいかがわしいネーミングには、その命名者たちの意図とは別に、結果として決して無視しえない重層的な意味が織り込まれてしまっている。

ひとつは、フリー・ジャズを仮想敵とする、「ジャズの主流」たるハード・バップ＝モダン・ジャズの、六〇年代における正嫡《せいちゃく》であるという意味。それを補強する事実として、彼らがマイルスというジャズの中心人物のサイドメンであり、モダン・ジャズの名門レーベルであるブルーノートからリーダー作を発表していることが挙げられる。

ふたつめは、彼らの始めた演奏上のさまざまな手法が、現代のジャズ・ミュージシャンにとっての基本になっている、という点での「主流派」、という意味だ。ここでは詳しく言及でき

ジョー・ヘンダーソン
インナー・アージ (Blue Note, 1964)
Joe Henderson(ts), McCoy Tyner(p), Bob Cranshaw(b), Elvin Jones(ds)

ややくすんだ音色と、ショーターほどに特異ではない、モーダルでメロディックなフレージングに独特の味わいがあるヘンダーソンの、これはワン・ホーンによる代表作。モンクっぽい「アイソトープ」や、トレーンの「夜は千の眼を持つ」に影響された「ナイト・アンド・デイ」が特にいい。

なかったが、たとえばハンコックが使っている和音のヴォイシング（音の組み合わせ方）、トニー・ウィリアムス的なリズムの捉え方、ショーターやハンコックの作曲技法、彼らに共通する多彩で自由な、それでいて秩序立ったインプロヴィゼイションのアプローチなど、現在活躍している四〇代以下のジャズ・ミュージシャンのほとんどが、彼らの開発した演奏技術を「学習」している、と言っても過言ではない。

　ビ・バップを基本として、それを発展させたこうした技術は、チャーリー・パーカーの音遣いがそうであるように、ある意味で非常にシステマティックな分析とマニュアル化が可能だ。たとえばウィントン・マルサリスに代表される若い世代の黒人ジャズ・ミュージシャンにとっての直接の「ルーツ」は、決してエリントンではなく六〇年代マイルス・クインテットやＶＳＯＰクインテットに違いないのだから、技法の影響力という点でみても、現代のジャズ・ミュージシャンにとっての「旧主流派」がビ・バップであり、「新主流派」はハンコックやショーターたちである、という言い方は、多数決で考えても妥当なのだろう。

　しかし、真の意味で彼を「新・主流派」と呼びうるのは、やはり「ジャズの相対化」あるいは「ポスト・モダン的なジャズの把握」を予見していた、という点においてであるはずだ。六〇年代に、フォービートの定型の中で、その限界に肉薄したスリリングな演奏を聴かせた彼らは、七〇年代になると電気楽器とエイト／16系のビートを大胆に導入して、「エレクトリック・ジャズ」や「フュージョン」と呼ばれる種類の音楽を創造し始める。六〇年代ジャズをリアルタイムで聴いていたファンや批評家のかなりの部分が、彼らのそうした動きを「変節」として批判した。さらには、六〇年代の「新主流派」スタイルをコピーするところからジャズを始めた若手ミュージシャンの中にも、「フュージョン化」したハンコックたちを批判する声が

ボビー・ハッチャーソン

ハプニングス (Blue Note, 1966)

Bobby Hutcherson(vib), Herbie Hancock(p), Bob Cranshaw(b), Joe Chambers(ds)

ハッチャーソンのヴァイブが奏でる透明で硬質な響きこそが「新主流派」なのだ、という気さえする。ハンコックの名曲「処女航海」は、オリジナル・ヴァージョンよりさらに耽美的な演奏。「ブーケ」や「ホエン・ユー・アー・ニア」といったバラードのクールな美しさにも息を呑む。

ある。

しかし、大きな視点で観察してみると、「新主流派」の音楽の中には、彼らがその後進んだ道が内包されていたことは間違いないのだ。さまざまな種類の音楽を分析・統合し、トータルなサウンドを構築することに主眼を置いた音楽とは、まさしく「フュージョン・ミュージック」そのものに違いないのだから。

＊

ハンコックが九八年に発表した『ガーシュウィン・ワールド』は、ジョージ・ガーシュウィンの曲、という枠組みの中で、きわめて多種多様な音楽をハンコックが複雑に組み合わせてつくりあげた、彼の「トータル・サウンド」の現時点での完成形、とも言うべき作品だった。ジャズ、クラシック、ソウル～ファンク・ミュージック、ラテンなどの要素を余裕たっぷりに優雅な手つきで混ぜ合わせ、豪華なゲストを適材適所に配置したそのサウンドは、「分析と統合」による音楽を四〇年近く持続してきたハンコックにとっての到達点であるのかもしれない。もはや「アメリカ文化」の中における「主流派」だとも言えるゴージャスでマチュアなその音楽からは、しかし彼がマイルス・バンドでピアノのキーを押さえた瞬間に聞こえてきた、あの新鮮でスリリングな風は、もはや吹いてこないのだった。

ハービー・ハンコック
ガーシュウィン・ワールド (Verve, 1998)
Herbie Hancock(p,org), Kathreen Battle(vo), Stevie Wonder(vo,hca), Joni Mitchell(vo), Eddie Henderson(tp), Kenny Garrett(as), Wayne Shorter, James Carter(ts), Chick Corea(p), Ira Coleman(b), Terri Lyne Carrington(ds) and others.

6

ジャズとブラックネス

ソウル・ジャズとフリー・ジャズ

Blackness in Jazz: Soul Jazz and Free Jazz

ジャズ批評社が出している『決定版ブルーノート・ブック』という本がある。ブルーノート・レーベルがリリースしたレコードを整理してジャケット写真と解説をつけて並べ、ブルーノートの歴史などの文章も満載された、実に楽しくありがたい本だ。僕は八七年に出たその前身『完全ブルーノート・ブック』をぼろぼろになるまで愛用し、本が崩壊したあたりで『決定版』が出たので買い換えたのだけど、その『完全ブルーノート・ブック』に掲載されていた、六八年の「ダウンビート」誌に載ったというブルーノートの広告を見たとき、おおお！　と驚いたことが未だに忘れられない。

それがどんな広告かといいますと、タンクトップを着た胸もたわわな色っぽいおねえさんがじゅうたんの上に寝そべっている、と。彼女の横には携帯式のレコード・プレーヤーが置いてあってLPレコードがかかっている、と。で、プレーヤーの側にはジミー・スミス（オルガン）がグラント・グリーン（ギター）と共演した『アイム・ムーヴィン・オン』のジャケットが置かれ（これはまあ分かります）、色っぽいおねえさんが手にとってしげしげと見ているアルバムは、セシル・テイラーの『コンキスタドール』である、と。

セシル・テイラー

コンキスタドール (Blue Note, 1966)

Bill Dixon(tp), Jimmy Lions(as), Cecil Taylor(p), Henry Grimes, Alan Silva(b), Andrew Cyrille(ds)

現代音楽的とも言える緻密な構造と、圧倒的な強度と速度でそれを食い破るインプロヴィゼイション。テイラー本人だけでなく、メンバー全員の演奏がそれを実現しているように聞こえるのは、やはりテイラーの統率力のせいなのか。黒くて重くて速い、ヘヴィ級チャンピオンみたいな音楽。

どうしてこれが「おおお！」なのか、そのニュアンスを説明するのは難しい。ちょっと困りつつ解説を試みるとですね、［1］色っぽいおねえさんにセシル・テイラーは似合わない、［2］色っぽいおねえさんが寝そべって聴くのにセシル・テイラーはますます似合わない、［3］色っぽいおねえさんが昔よく家庭にあったスーツケース型の携帯用プレーヤーの側で寝そべって聴くのに、セシル・テイラーはますますますます似合わない、ということなんだけど、お分かりでしょうか。なにせ過激にして難解、攻撃的にして高踏的《こうとう》、というイメージが拭《ぬぐ》いがたいセシル・テイラーさんですからねえ。しかもこのおねえさん、ジミー・スミスとセシルを続けて聴いてしまうという、なんとも柔軟な姿勢の方なのだ。

まあ実際にこういう情景がよくあったか、というとなかったような気もするし、たまたま広告が掲載されたころの新譜の中に『コンキスタドール』があった、というだけなのだろうけど、六〇年代後期のブルーノートの新譜、レコード番号だと四二〇〇番台のカタログを眺めていると、六〇年代後半のジャズ・シーンは「ソウル・ジャズと新主流派とフリー・ジャズの時代」だったのだなあ、という感慨が、具体的なレコードのタイトルとともにひしひしと押し寄せてくるのだった。

試みに四二二〇〜三〇番台をチェックしてみると、『ゴールデン・サークルのオーネット・コールマン』『コンプリート・コミュニオン／ドン・チェリー』『ユニット・ストラクチュア／セシル・テイラー』などのフリー系がある一方で、『モード・フォー・ジョー／ジョー・ヘンダーソン』『ハプニングス／ボビー・ハッチャーソン』『アダムズ・アップル／ウェイン・ショーター』といった「新主流派」の名盤が並び、ビッグ・ジョン・パットン（オルガン）の『ガット・ア・シング・ゴーイン』『レット・エム・ロール』というソウル・ジャズや、ハンク・

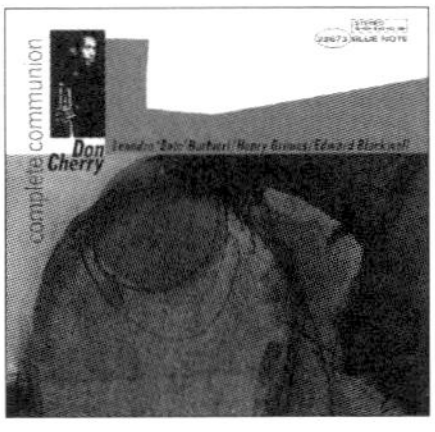

ドン・チェリー
コンプリート・コミュニオン (Blue Note, 1965)
Don Cherry(cor), Gato Barbieri(ts), Henry Grimes(b), Ed Blackwell(ds)

「恐くないフリー・ジャズ」と言えばチェリー。柔らかい音のトランペットで素朴なフレーズをとつとつと吹き、聴き手を心地よい脱力の世界に引き入れる。この作品はガトーの激情プレイに釣られていつになくハードにがんばってるけど、やっぱりどこかほのぼのしているところがいい。

モブレイ、ドナルド・バードなどのハード・バッパーたちが、リー・モーガンの「サイドワインダー」風の、一般受けしそうなポップな演奏をしたアルバム群がその間を埋めている。
不思議なことに、それぞれ音楽的傾向はまったく異なっているくせに、ここに挙げたアルバムを続けて聴いてみると、どこか共通した「時代の肌触り」が感じられるのだ。曰く言いがたい不穏さが漂い、ざらりとしたコンクリートの感触や蒸し暑い都会の曇天を連想させるこの雰囲気は、五〇年代のハード・バップとは明らかに異質なものだ。このパートの冒頭に置いた「ある『失楽園』」で書いたように、ハード・バップ全盛期から一〇年足らずの間に、ジャズは確実に「黒く」なり、不穏になり、ざらりとした手触りを持つようになったのだ。その「黒さ」への極端な現れとしてフリー・ジャズがあり、もう一方への噴出としてソウル・ジャズがあった、という仮説を立てつつ、フリー・ジャズとソウル・ジャズの関係を探り、最終的にはどちらも同じ土俵でごたまぜに聴いてしまおう、というのがこの稿のテーマである。寝そべってジミー・スミスとセシル・テイラーを楽しんでいる、あの心の広いおねえさんのように。

*

R&B風というかジャンプ・ブルース風というか、いわゆる「モダン・ジャズ」より肉体的で泥臭いテイストを持つジャズは、四〇年代、ビ・バップとほぼ同時期に成立したようだ。三〇年代までは「ジャズ」というひとつの器の中に「芸能と芸術」がバランスよく納まっていたものが、第二次大戦期の文化的・経済的・政治的変動によって攪拌《かくはん》された結果二つに分離した、と乱暴に要約することも可能だろう。もちろん三〇年代にも、たとえばキャブ・キャロウエイ（ヴォーカル）やファッツ・ウォーラー（ピアノ、ヴォーカル）のようなエンターテイナー性

アート・アンサンブル・オブ・シカゴ
苦悩の人々 (Pathe, 1969)
Lester Bowie(tp,etc.), Roscoe Mitchell(reeds,etc.), Joseph Jarman(reeds,etc.), Malachi Favors(b,etc.)

の強いジャズメンはいたわけだが、彼らとエリントンやカウント・ベイシー（ピアノ）やレスター・ヤング（テナー・サックス）は「ジャズ」という街の隣人であり、リスナーもそれほど気にせずに、どちらも楽しんで聴いていたのではないだろうか。

しかし、ビ・バップ以降、パーカーやパウエルやモンクのように「アート」としてどんどん先鋭的な表現を追究するジャズを愛好する層と、黒人一般大衆向けの「芸能」としてエモーショナルで乗りのいい演奏を聴かせるジャズを好む層は画然《かくぜん》と分かれてしまった。イリノイ・ジャケー（テナー・サックス）やアーネット・コブ（テナー・サックス）が四〇年代に自分のバンドで吹いた真っ黒けなブロウや、アール・ボスティック（アルト・サックス）の超高音攻撃、のけぞりが激しくて「ブリッジ」状態になって吹きまくるビッグ・ジェイ・マクニーリー（テナー・サックス）、あるいはエリントン楽団にいたクーティー・ウィリアムス（トランペット）が自身のビッグバンドで演奏していたR&B調の曲などについて、多くのページを割いて紹介するジャズ雑誌や単行本は、最近は徐々に改善されてきたというものの、未だにほとんどない、と言っていいはずだ。実は、ビ・バップ以降のジャズ・ミュージシャンたちのかなり多くが、こうしたジャンプ〜R&B系のバンドで働いた経験を持っているのだが。

興味深いことに、六〇年代ジャズの先鋭的なリーダーたちには、こうしたアーシーな音楽を演奏していた経歴の持ち主が少なくない。オーネットもドルフィーも、若い頃にブルースマンのピー・ウィー・クレイトンのバンドに在籍していたというし、コルトレーンはアール・ボスティックのバンドに在籍、その前にはフィラデルフィアの酒場でビッグ・ジェイ・マクニーリーばりの「えびぞり演奏」を毎晩やっていたらしい。彼らのこうしたアーシーな音楽に対する感情は、なかなかにアンビヴァレントなものがあったのだろうが、「非西洋音楽的なエモーシ

アンソニー・ブラクストン
スリー・コンポジション・オブ・ニュー・ジャズ (Delmark, 1968)
Anthony Braxton(reeds,per), Leroy Jenkins(vn,va,hca,etc.), Leo Smith(tp, mellophone,xylophone, bottles,kazoo,etc.), Muhal Richard Abrams(p,cello,alto-cl)

ヨンの発露」を重視するという点で、フリー・ジャズはアーシーでファンキーなブラック・ミュージックとの接点を当然持っていたはずだ。

もちろん、フリー・ジャズには、いわゆる「現代音楽」との接点も存在するわけで、いままでのジャズより「ブラックネス」を強調したはずのフリー・ジャズが、結果的には現代音楽寄りの聴き手に受けてしまう、という皮肉な現象も起きてしまったのだが……。恐ろしく堅固なピアノの技術を持ち、曖昧さのまったくない「ハード」な演奏を特徴とするセシル・テイラーと、自分の感覚のおもむくままに「うた」を紡ぎ出す「ソフト」なオーネット・コールマンという、あらゆる点で対照的な「フリー・ジャズ第一世代」の二人の音楽も、少なくとも六〇年代初めの段階では、現代音楽との関連を強調する「理論派」のミュージシャンや批評家たちによって支持されていたのだと思う。

六〇年ぐらいから、チャールズ・ミンガスやマックス・ローチなどが政治的・社会的メッセージを前面に打ち出した音楽を演奏してはいたのだが、黒人ミュージシャンによる「フリー・ジャズ」が、「黒人の解放」「白人社会の搾取《さくしゅ》からの自由」という、政治的な文脈との関連を色濃く持って語られるようになったのは、六四年一〇月にビル・ディクソン（トランペット）を中心としたフリー・ジャズのコンサートがニューヨークの「セラーズ・カフェ」で開催され（これを「ジャズの一〇月革命」と称する。なんだかおおげさだなあ、と昔から思いますが）、その参加者たちによって「ジャズ・コンポーザーズ・ギルド」が設立されてからのことだろう。

この団体そのものは一年で解散してしまうのだが、団体を組織してコンサートやレコーディングの機会を確保し、経済的に不利な条件を押しつけられないように法務的な交渉をきちんと行ない、さらには若いミュージシャンに対する教育まで行なう、という方法論は、六五年にピ

アルバート・アイラー
スピリチュアル・ユニティ (ESP, 1964)
Albert Ayler(ts), Gary Peacock(b), Sonny Murray(ds)

アニストのムハール・リチャード・エイブラハムズを会長としてシカゴで設立されたＡＡＣＭ（創造的ミュージシャンの進歩のための協会）や、六八年にセントルイスで結成されたＢＡＧ（ブラック・アーティスツ・グループ）に継承された。前者は、のちにアート・アンサンブル・オブ・シカゴを結成する面々やアンソニー・ブラクストン（サックス）などが中心メンバーであり、後者のメンバーにはハミエット・ブルーイット（バリトン・サックス）、ジュリアス・ヘンフィル（アルト・サックス）、オリヴァー・レイク（アルト・サックス）など、のちのワールド・サキソフォン・カルテットのメンバーたちがいた。

時はあたかも動乱の六〇年代、黒人解放運動の盛り上がりや暴動の頻発、ベトナム戦争の本格化などに呼応して、フリー・ジャズの音楽内容と彼らの主張の先鋭化がエスカレートしていくのも無理はないのだった。この時期にフリー系黒人ミュージシャンによって主張された「偉大な黒人の遺産としてのジャズ」という考え方、あるいは黒人ミュージシャンのアメリカ主流社会に対する正当な主張、といった問題は、それから約三〇年後に、ウィントン・マルサリスによって形を変えて主張されることとなる。ウィントンのイデオローグであるスタンリー・クロウチがフリー・ジャズのミュージシャンだった、ということを考えると、「一〇月革命からウィントンまで」の道程を検討してみる必要がありそうだが、ここでは深入りはしないことにしよう。なお、アメリカにおける黒人解放運動とジャズの関わりについては、『ジャズ批評』八二号（ジャズ六〇年代特集）に掲載された鈴木美幸氏の論文「六〇年代の黒人運動と音楽」を一読されることをお薦めする。

六〇年代に録音されたフリー・ジャズの大部分は、「不穏」かつ「不機嫌」で「不安」な、ひりひりするような感触を聴き手に与えるものだ。コード進行や定型リズムなどの形式が取り

アルバート・アイラー

ニュー・グラス (Impulse, 1968)

Albert Ayler(ts), Call Cobbs(kb), Bill Folwell(b), Pretty Burdie(ds), Burt Collins, Joe Newman(tp), Seldon Powell(ts,fl), Buddy Lucas(bs), Garnett Brown(tb), The Soul Singers(cho)

払われてしまうと、それまで「形式」の陰からじわじわとにじみ出てきて、だからこそ聴き手に感動を与えたのかもしれない演奏者の感情や気分が、楽器のトーンやイントネーションを通じて露骨に表に出てしまう。しかも、単なる不機嫌や怒りの「ようなもの」を、ダーティな音色やめちゃくちゃな音の羅列によって表現するだけの音楽は、どうあってもアートとしての強度を持ちえないだろう。というわけで、「『一九五九年』を聴く［1］」の中でのモードについての稿で書いたように、「下手なフリーはマンネリのもと」なのだった。

そして困ったことに、黒人解放の尖兵《せんぺい》としての高い意識を持ったミュージシャンたちが、さまざまな障害や経済的苦境を乗り越えて必死に演奏するフリー・ジャズを、ゲットーに住む「ストリート」な人々は聴いてくれないのだ。彼らの聴く音楽は、たとえばジェームズ・ブラウンのファンクであり、たとえばテンプテーションズやミラクルズであり、たとえば種々の「ソウル・ジャズ」であっただろう。それらもまた時代の「不穏さ」を反映した音楽であったのだが、そこにはむき出しの自意識ではなく、聴き手を受けとめる「芸」というクッションがあるのだった。

六七年七月のジョン・コルトレーンの死をひとつの境目として、フリー・ジャズは転機を迎えることとなる。もっとも、トレーンの死はフリー・ジャズの転機にとっての直接の原因ではなく、ある意味で「たまたまフリーが煮詰まった頃にトレーンが死んだ」に過ぎないのではないか、という気がするのだが。ＡＡＣＭの中核メンバーであるレスター・ボウイ（トランペット）、ロスコー・ミッチェル（サックス）、ジョセフ・ジャーマン（サックス）、マラカイ・フェイヴァース（ベース）は、この頃から共同で音楽を作りはじめ、六九年にパリで「アート・アンサンブル・オブ・シカゴ」を結成する。批評的なまなざしと構成的な視点を持った彼らの音楽

アルバート・アイラー

ザ・ラスト・アルバム (Impulse, 1969)

Albert Ayler(ts,bagpipe,vo), Mary Maria(vo), Henry Vestine(g), Bobby Few(p), Bill Folwell, Stafford James(b), Muhammad Ali(ds)

は、それ以前の単眼的フリー・ジャズとは異質な、メタレベルな精神を感じさせるものだ。また、やはりＡＡＣＭのメンバーであるアンソニー・ブラクストンの音楽も、きわめて理知的で戦略的な視線を背後に漂わせているものだった。

さて、ではフリー・ジャズを演奏していた黒人ミュージシャンで、六〇年代の段階で同時代のソウル・ジャズやファンクの「黒さ」を積極的に導入した人はいなかったのだろうか。もちろん、いた。その代表として、あまりに対照的な二人のテナー吹き、アルバート・アイラーとアーチー・シェップの音楽を聴いてみることにしよう。

＊

たとえば六四年に録音された『スピリチュアル・ユニティ』や『ゴースト』におけるアイラーは、まぎれもない天才である。ゆがんで震えるトーンによるフリーキーな叫びが、素朴であたたかいメロディと何の矛盾もなく溶け合い、ベースやドラムスとの奔放な絡みがそのまま美しい音楽になっていて、何よりもここでの彼の音は、聴き手を問答無用で彼の世界に引きずり込む力に満ちているのだから。しかし、たとえば六七年に録音された『グリニッチ・ヴィレッジのアルバート・アイラー』での彼が天才かというと、僕は首を傾げてしまうのだ。これはあまりにもパターン化された演奏ではないのか、と。

六八年録音の『ニュー・グラス』で、アイラーはソウルっぽいサウンド（女性コーラスまで付いている！）をバックにテナーを吹き、七曲中五曲もヴォーカルを聴かせている。妙に甲高い声で歌われるそのヴォーカルの得体の知れなさを、僕はうまく言葉にできないのだが、まったく「ソウルフル」ではないその歌声は、アイラーというミュージシャンの訳の分からなさを象

アーチー・シェップ
ザ・マジック・オブ・ジュジュ (Impulse, 1967)
Archie Shepp(ts), Martin Banks(tp,fh), Michael Zwerin(tp,tb), Reggie Workman(b), Beaver Harris, Norman Connor(ds), Eddie Blackwell(rhythm logs), Frank Charles(talking drums), Dennis Charles(per)

徴しているように思える。ほとんどロリンズではないか、というカリプソ・リズムで演奏される「ゴースト」を含めて、このアルバムでのアイラーは明るいくせに不健康であり、その不気味な明るさはソウル・ミュージックの明るさとはまったく逆の方向を向いているようだ。

翌年の、アイラーにとって最後のスタジオ録音となった『ミュージック・イズ・ザ・ヒーリング・オブ・ザ・ユニヴァース』と『ザ・ラスト・アルバム』のセッションでのバグパイプ・ソロやディストーションのかかったロック・ギター（白人ブルース・バンド、キャンド・ヒートのヘンリー・ヴェスティン）との共演もそうなのだが、この路線をうまくコントロールしていけば、アイラーは「元祖パンク・ジャズ・ミュージシャン」になっていたかもしれない。そうなる前に、彼はイースト・リヴァーに変死体として浮かんでしまったわけだが。

アイラーが「訳の分からないミュージシャン」の典型だとすれば、シェップは「よく分かるミュージシャン」の典型であるのかもしれない。現在でも年輪を重ねた「渋いテナー吹き」として元気に活躍しているシェップだが、フリー時代のシェップの演奏を、政治的闘争と関連づけて語ったり、激情垂れ流しソロの典型として語ったりするのはもうやめにしていいのではないか。ちゃんと聴いてみると、彼ほどうまくサウンドをプロデュースし、まるで自分がジェームズ・ブラウンになってシャウトしているような「見せ場」を考えていたフリー・ジャズ奏者はいなかった、ということがよく分かるのだから。

たとえば六七年四月に録音された『ザ・マジック・オブ・ジュジュ』。花柄のペインティングを施されたドクロ、というジャケットのセンスもすごいけど、タイトル曲のポップとすら言える派手さを見逃してはいけない。パーカッション部隊をバックにテナーが一九分近くどしゃめしゃに吹きまくる、というだけの曲だが、この乗りと思いきりのよさは、なかなか凡人には

アーチー・シェップ

クワンザ (Impulse, 1968/69)

Archie Shepp(ts,ss,vo), Martin Banks, Jimmy Owens, Woody Shaw(tp), Grachan Moncur III, Mathew Gee(tb), James Spaulding, C.Sharpe(as), Charles Davis, Cecil Payne(bs), Leon Thomas(vo), Dave Burrell(p,org), Ceder Walton(p), Bob Bushnel., Wilbur Ware(b), Pretty Burdie, Beaver Harris(ds), Joe Chambers(ds) and others.

考えつかないだろう。ここでのシェップ、絶対ごきげんな気分ですよね。

あるいは『ヤスミナ、ア・ブラック・ウーマン』（六九年八月）のタイトル曲はどうだ。パーカッション類の乱舞とベースのシンプルな反復、そしてホーンズのソウルっぽいリフに乗せて、ぶりぶりブロウしまくるシェップのうれしそうなこと！『クワンザ』の冒頭に収録されている「バック・バック」（六九年二月）もそうだ。アイラー『ニュー・グラス』にも参加していたソウル・ジャズの名ドラマー、バーナード・〝プリティ〟・パーディーをはじめとするソウル・ジャズ界の腕利きリズム隊を従えて、ここでもシェップはドスの効いたソウルフルなサックスを吹いているのだ。シェップにとっての不幸は、こうした「ソウル・フリー・ジャズ」が評価されず、さほど売れもしなかった、ということだろう。たとえばマイルスが同時代に考えていたような、先鋭的なジャズとストリート・ミュージックの合体を、シェップもまた考えていたはずであり、その成果もかなりいいところを衝《つ》いていた、というのに。今からでも遅くはない（遅いかな）、六〇年代末期から七〇年代前半のアーチー・シェップを、われわれは正当に評価しようではありませんか。

＊

最後にもう一枚、バーナード・パーディーがドラムスを叩いているテナー奏者のアルバムを聴こう。今度はフリー・ジャズ奏者ではなくファンク・テナーの大物、キング・カーティスの『ライヴ・アット・フィルモア・ウェスト』（七一年）を。ビリー・プレストン（オルガン）、コーネル・デュプリー（ギター）、ジェリー・ジェモット（ベース）などの名手たちを従えて、貫禄十分のプレイを披露するカーティスの演奏は、たとえばアイラーが抱えていた不安や持て余して

キング・カーティス
ライヴ・アット・フィルモア・ウェスト (Atco, 1971)
King Curtis(ts,as,ss), Cornell Dupree(g), Billy Preston(org), Truman Thomas(el-p), Jerry Jemmott(b), Bernard Purdie(ds), Pancho Morales(conga), The Memphis horns

いた自意識とは無縁のものに聞こえる。聴き手を自虐的な気分にも不安な気持ちにもさせず、ひたすら気持ちよくグルーヴさせる大人の音楽。

しかし、アイラーが変死してから九ヵ月後の七一年八月、カーティスはニューヨークの自宅前で、麻薬の売人に刺されて死んでしまったのだった。

やっぱり「不穏な時代」だったのだろうか。

七〇年代を迎えて、フリー・ジャズのリスナーの数は目に見えて少なくなっていき、フリー系ミュージシャンたちはハードな後退戦を強いられることとなる。一方、キング・カーティス・バンドのサイドメンだったデュプリーやパーディー、あるいはその仲間のエリック・ゲイル（ギター）やチャック・レイニー（ベース）などの音楽は、七〇年代後半を覆った「フュージョン・ブーム」の重要なファクターとなり、裏方だった彼らは一挙にフュージョン・シーンのスターとなった。

六〇年代から七〇年代へ向けての「ジャズ」のさまざまな変化、そしてそれらを統《す》べる「時」の動きのさまを、われわれは次のパートで観察することになるだろう。

V.A.

ソウル・フィンガーズ (Blue Note, 1961-71)

Baby Face Willette, Jimmy Smith, Freddie Roach, Jimmy McGriff, Shirley Scott, Big John Patton, Larry Young, Reuben Wilson, Brother Jack McDuff, Lonnie Smith and others.

大のブラック・ミュージック・フリークであるピーター・バラカン氏が、ソウルフルなオルガン・ジャズの名演をセレクトしたコンピレーション。ブルーノートの60年代がコテコテの「ソウル・ジャズの時代」でもあったということを、これほど痛感させてくれるＣＤはない。

Part 2

フュージョンとファンクの時代

70's

7

「フュージョン現象」の時代へ

「六七年」以後のジャズの変容

To the Era of Fusion-Phenomenon: Transformation of Jazz after '67

「フュージョン現象」と言っても、あの、ドラムスがスッチースッチーと軽快な16ビートを刻み、ベースがンペンペンペッとチョッパーかなんかでそこに絡み、ギターのカッティングとシンセによる切れのいいリフがあって、メロウなサックスあたりがさらりとソロをとる……みたいな音楽の話をしたいわけではない。ここで取り上げてみたいのは、「ジャズ」という共通認識で括られる音楽全体が、六〇年代後半のある時期を境として、「フュージョン化」していったのではないか、という問題なのだ。

ディケイド（一〇年単位）というものに何がしかの意味があるのだとすれば、それはある現象の連なりが「歴史」という形をとっていくさまを観測するための定点として、便宜的に一〇年という単位が人間にとって把握しやすいから、ということ以上のものではないだろう。だから「一九七〇年代」を厳密に七〇年から七九年まで、と区切って考えることは、実はあまり意味がない。今にして思えば「七〇年代的」だと考えられる出来事の連なりが、いったいどこから始まったのか、ということが重要なのだ。

というわけで乱暴な話だが、この稿における「ジャズの七〇年代」の始まりを、一九六七年

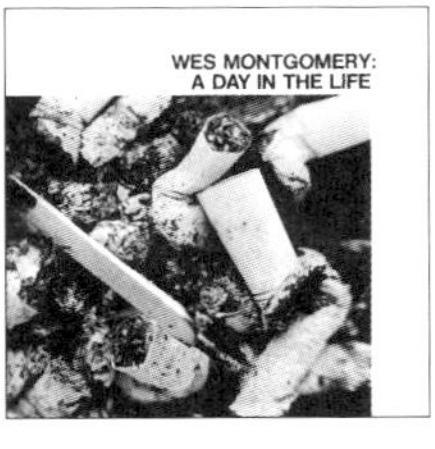

ウェス・モンゴメリー

ア・デイ・イン・ザ・ライフ (A&M, 1967)

Wes Montgomery(g), Herbie Hancock(p), Ron Carter(b), Grady Tate(ds), Don Sebesky(arr) and others.

よく聴くと複雑で過激ですらあるストリングス・アレンジが、すっきりお洒落に聞こえるのが何とも不思議。ウェスのあたたかい音色のギターと腕っこきサイドメンの控えめな演奏の質も高いし、タバコの吸いがらのジャケット・デザインもシャープだし、実に巧みなプロの仕事です。

に設定してみたい。六七年に始まるさまざまな動きは、ジャズにおける七〇年代の始まりであるにとどまらず、ジャズの歴史全体の上でも非常に重要なターニング・ポイントであったことは間違いないはずなのだから。そして、一九七〇年から現在に至るジャズの動きは、実はひとつの連続性の上に立ったものとして把握できるはずなのだから。

ごちゃごちゃ言う前に図式化してみよう。極端に単純化すれば、ジャズの歴史は以下の三段階に区分することができる。

［1］ジャズの発生からビ・バップの誕生まで（一九〇〇年以前?～一九四X年）
［2］ビ・バップから「六七年」まで（一九四X年～一九六七／七〇年）
［3］それ以降の「現代」（一九七〇年ころ～）

あまりにも明快にして乱暴な区分に書き手本人がボーゼンとしてしまうが、その中のさまざまな動きは、すべてこの大カッコの中での下位区分だとしてしまおう。もちろん、この大きな区分の枠を超えて持続していく流れは存在するし、例外的に、あるいは先駆的に、後の大カッコを予見するようなアーティストたちや作品、音楽的な動きがあることも確かだ。そして、ある大きな時代の流れから次の時代への移行が、数年間かけて段階的に進んでいくということも、ここで言っておくべきだろう。

この本は六〇年代以降のジャズの動きを俯瞰しよう、という意図のもとに書かれているわけだが、右に挙げた区分法に即して考えると、ジャズにおける「六〇年代」とは、ビ・バップ以降五〇年代を通じて培われてきた「モダン・ジャズ」のアイデンティティが、内的・外的にゆ

ザ・ビートルズ
サージェント・ペパーズ・ロンリー・ハーツ・クラブ・バンド (Parlophone, 1967)
John Lennon, Paul McCartony, George Harrison, Ringo Starr and others.

さぶりをかけられて変容していった大いなる過渡期である、ということになる。だから、「六〇年代」は［2］の最後のディケイドでありつつ［3］のイントロダクションと言うべきディケイドであり、そのあたりの曖昧な連続性を切り捨ててしまうと、話はあまりにスタティックになりすぎてしまう。

しかし、「時代」の切断を象徴する出来事というものは間違いなく存在するし、われわれが、そして「ジャズ」が現在立っている認識の土台が、六〇年代のそれとはまったく異なっていることは明らかだ。最初に述べたように、ここでのテーマである「フュージョン」という概念は、六〇年代までのジャズと七〇年代以降のジャズを大きく分かつキーワードのひとつであるはずだ。そして「フュージョン」というキーワードは、さらに大きな「ジャズをめぐる認識」の変容、というパラダイムの中で観察され、語られることによって初めて意味を持つことになるだろう。

さて、何はともあれ、六七年にいったい何が起こったのか、そしてそれがなぜ「ジャズにおける七〇年代」の始まりを告げることになるのか、を考えてみることにしよう。

*

ちょっと年季の入ったジャズ・ファンが、六七年と聞いて真っ先に思い出す出来事は「ジョン・コルトレーンの死」なのではないだろうか。「コルトレーンの死とともにジャズは死んだ」という、相倉久人氏をはじめとする批評家たちが、ほぼ同時代的に提出した命題は、のちのちまで「ジャズの現代」を語る時の枕詞のようになった。二〇世紀も終わろうとする今、ことさらに「ジャズの大変化は六七年に起こった！」などと騒ぎ立てるのは、それが「コルトレーン

ジョン・コルトレーン
ステラ・リージョンズ (Impulse, 1967)
John Coltrane(ts,ss), Alice Coltrane(p), Jimmy Garrison(b), Rashied Ali(ds)

の死」にのみ注目した発言だとすれば、だから非常にアナクロなことであるのだろう。
しかし、コルトレーンの死は、すぐれて象徴的な出来事ではあるが、六七年に起きたさまざまな現象の中のひとつにすぎない。

六七年は、
マイルス・デイヴィスが『ソーサラー』『ネフィルティティ』を録音した年であり、
クリード・テイラーがＣＴＩシリーズを制作しはじめた年であり、
ブルーノート・レーベルがメジャー・カンパニーの傘下に所属した年であり、
レスター・ボウイ（トランペット）が『ナンバーズ１＆２』を録音した年であり、
ビートルズが『サージェント・ペパーズ・ロンリー・ハーツ・クラブ・バンド』を発表した年であり、
サンフランシスコから始まったヒッピー・ムーヴメントが世界的に爆発した年であり、
ジミ・ヘンドリックス（ギター、ヴォーカル）が衝撃的なデビューを遂げた年であり、
ラリー・コリエルやジョン・マクラフリンによる「ジャズ・ギターの革命」が顕在化しはじめた年であり、
ヨーロッパではハン・ベニンク（ドラムス）とミシャ・メンゲルベルク（ピアノ）たちがＩＣＰ（インスタント・コンポーザーズ・プール）を結成し、
イギリスではデレク・ベイリー（ギター）やエヴァン・パーカー（テナー・サックス）たちがミュージック・インプロヴィゼイション・カンパニーでの活動を開始した年である、のだった。

いっけんばらばらな、それぞれが無関係に見えるこれらの出来事は、今にして思えばすべて、「ジャズ」をそれまでとはまったく異質なステージに連れていこうとする動きだったのではな

ジミ・ヘンドリックス
アー・ユー・エクスペリエンスト？ (Track, 1967)
Jimi Hendrix(vo,g), Noel Redding(b), Mitch Mitchell(ds)

いだろうか。「モダン・ジャズ」という、非常に豊かで厚みのある音楽的・文化的前提の中で、確固とした主体を持ったソロイストたちが楽器一本を持って自己表現の旅に出かけ、幾多の苦闘を経て、見事な成果を残して生還する……という「ジャズの英雄譚《たん》」がパロディとしてではなく実践されていたのは、やはりコルトレーンまでだったのだ、と僕には思える。四〇年代半ばにチャーリー・パーカーによって具現化され、五〇年代後半にソニー・ロリンズを頂点として理想的な形にまで至った、こうした「モダン・ジャズの英雄神話」は、六〇年代という「身も蓋もないリアルな時代」を迎えても、コルトレーンという、英雄神話を身も蓋もない形で推進してしまったミュージシャンを象徴として持続していたわけだ。

それは、音楽的・文化的な伝統を踏まえつつ、個人の才能が切り開いていく革新が、さらに伝統として蓄積されていく、という、ジャズにとってはこの上なく幸福な時代であった、ということもできるはずだ。

しかし、六〇年代はあらゆる意味で「ハード」な時代だった。六〇年代のジャズ・ミュージシャンたちは、五〇年代には存在していたはずの「モダン・ジャズの幸福」とは異質のパラダイムの中で、なおかつ自分たちの「ジャズ」を創造することを余儀なくされていった、と言えるはずだ。

いわゆる「モダン・ジャズ」（ごく大雑把に言って、それはビ・バップとハード・バップのことである）の、音楽としての完成度の高さは、それがきわめて洗練された美意識の上に立ったものであるだけに、幅が狭く、簡単に袋小路に入りやすいものであったのかもしれない。ある意味で非常にスタイリッシュな、特殊な感覚のせめぎ合いによって培われたものであるくせに、世界の広い文化圏に受け入れられやすく、その上常に「次」に進むことを強いられている……という、

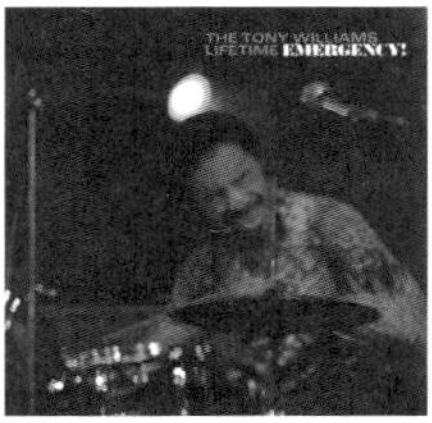

トニー・ウィリアムス・ライフタイム

イマージェンシー！ (Polydor, 1969)

John McLaughlin(g), Larry Young(org), Tony Williams(ds,vo)

バカテクの三人が一丸となって攻めたてるど迫力は、そこらのロック・バンドなど蹴散らしてしまうほどにラウドでハイ・テンション。歪んだ音で録音されていることも、ここではプラスに作用しているようだ。トニーの「気弱な少年」みたいなヴォーカルが情けなくて可笑しい。

民族音楽・大衆音楽・芸術音楽の、それぞれ矛盾する特徴を兼ね備えてしまったジャズという音楽は、それらの要素が奇跡的なバランスで釣り合った十数年間を体験した後、不安定な状態を強いられる長い旅に出ることになったのだった。その悲劇的な「旅」の感動的な体現者だったコルトレーンの死は、確かに「六〇年代ジャズ」の、そして「モダン・ジャズ」の終焉《しゅうえん》を語るときに、最もわかりやすい象徴であるのだろう。

　コルトレーンが死んだ六七年、マイルスはアルバム『ネフェルティティ』のレコーディング・セッションをおこなった。管楽器のソロがまったくなく、神秘的な雰囲気に包まれたテーマをマイルスとウェイン・ショーターが微妙に変奏しつつ延々と繰り返し、その後ろでリズム・セクションが奔放に暴れる……といった構成を持つタイトル曲「ネフェルティティ」に代表されるそのサウンドは、きわめてクールな感覚と、内に籠《こ》もる熱狂を容易に解放させまいとする強靭《きょうじん》な意思力によって貫かれたものだ。

　そして僕には、この「ネフェルティティ」のクールな構成主義、「アドリブ・ソロ」と「テーマ」についての既成概念をなし崩しにしてしまうサウンドこそが、「ジャズの七〇年代」の幕開けを告げるものであるように思えるのだ。この曲の作曲者であるショーターは、あるインタヴューで「『ネフェルティティ』にはソロは必要ない」と、はっきり言い切っている。ここに至って、それまでのジャズのアイデンティティのひとつであった「インプロヴィゼイションの絶対的優位」は、少なくともそれまでのような素朴な形では信じられなくなったのだった。

　当時キャノンボール・アダレイのバンドに在籍していたジョー・ザヴィヌルは、「ネフェルティティ」を聴いて、ショーターが自分と同じことをやろうとしているのに気づき、ウェザー・リポートの結成を思い立ったという。「『新主流派』とは何だったのか」の項に書いたよう

チック・コリア

リターン・トゥ・フォーエヴァー (ECM, 1972)

Chick Corea(el-p), Joe Farrell(ss,fl), Flora Purim(vo), Stanley Clarke(b), Airto Moreira(ds)

よく冷やした南国の果実のような、甘やかでクールなサウンドが気持ちいい。強靭なクラークのベースがぐいぐいバンドを引っ張り、その上でチックのエレピが軽やかなソロをとる。フローラのほわっとしたヴォーカルもいい雰囲気で、やはりこれは歳月を超えて輝く名作だ。

に、六〇年代マイルス・バンドのメンバーたちは、もともときわめて知的な、音楽の「分析と統合」に長けたミュージシャンである。冷静な手つきで音楽を構築し、ビ・バップ的な「今・ここ」で燃焼すること（パーカーが実現したその「瞬間の燃焼」を切望しながら、快楽的とは言えない袋小路に陥ったのがコルトレーンだったのかもしれない）とは異質な、常に全体を見渡す視線をジャズに投げかける……という音楽的姿勢を持つマイルスの元で学んだ彼らは、マイルス・バンドから独立したのちも、それぞれのやり方で構成主義・統合主義的なサウンドを追究し、それによって、七〇年代のジャズの方向は明確な形をとることとなった。

　ここで重要なことは、たとえば電気楽器の導入や、ロックやソウル・ミュージックといったジャンルの要素を採り入れることが、彼らの発想の本質なのではない、という点だろう。それはあくまでも、当時最も可能性にあふれていたマテリアルを使った結果であり、マイルスたちの目的は、ジャズという音楽をアドリブ一発のセッションとは異質のものにすることにあった、と言えるはずだ。

　考えてみれば、マイルスは四〇年代の時点で、「即興の極致」がパーカーによって開発され尽くしたことを早くも予見し、『クールの誕生』にまとめられたセッションを録音したのだったが、コルトレーン～フリー・ジャズを体験した後のジャズ・シーンにとって、もはや即興演奏が無条件にすばらしいものではなくなったことは、誰の目にも明白になってしまったはずだ。もちろん、マイルスやそのサイドメンたちは、みなすばらしいインプロヴァイザーでもあるのだが、「枠組み」との対比によってその「すばらしさ」を延命させることを試みたり、即興に刺激を与えるための枠組みをクリエイトすることに自覚的だったりする、という点で、彼らは七〇年代に立ち向かおうとしたのだ。

アントニオ・カルロス・ジョビン

波 (A&M, 1967)

Antonio Carlos Jobim(p,g,harpsichord), Ron Carter(b), Dcm Um Romão, Bobby Rosengarden, Claudio Slon(ds), orchestra conducted by Claus Ogerman

ギター二本、ドラムス二台、ベース、パーカッションという特異な編成のバンドを従えたショーターの『スーパー・ノヴァ』、ハードなギターとオルガンのトリオ編成によって、フリーキーなジャズ・ロックを演奏したトニー・ウィリアムス・ライフタイム、ギル・エヴァンス的なホーン・アレンジと無機質な反復、そしてフリー・ジャズの混沌が混在し、シンセサイザーやメロトロンなどの新奇な楽器も使用した『ムワンディシ』や『クロッシングス』のころのハンコック、そしてもちろんウェザー・リポートは、フリー・ジャズをも含めたそれまでの「ジャズ」の陥ったマンネリズムを打破し、さまざまな音楽を分析・変形・統合することで、ジャズと即興演奏をリフレッシュさせようとする試みだった。

その動きの中心に、圧倒的なパワーと強度を備えた存在としてマイルスが君臨し、ほとんど暴力的にジャズを次のステージへと引きずっていこうとしていたことは、言うまでもないだろう。『ライヴ・アット・フィルモア』『ライヴ・イヴル』『ブラック・ビューティ』などのアルバムで聴ける七〇年当時のマイルスの演奏は、いっけん「構成主義」とは無縁の混沌としたフリーな即興演奏でありつつも、ロックやファンク・ミュージックの音楽的な要素と思想を絶妙に異化して取り込むことによって、それまでのジャズとはまるで違う速度と強度を獲得しているのだった。まだ「フュージョン」という言葉が一般化していない七〇年代初頭のこの時期が、ジャズにとっては最も理想的なフュージョンが実現した瞬間だったのかもしれない。

しかし、状況は七三年ごろを境に変化してゆく。さまざまな音楽の要素を採り入れて構成され、それらが「ジャズ」と重層的に絡み合うことによって生じた混沌が魅力だった彼らの音楽が、マイルスだけを残して反復と秩序の方向へ、と動いていったのだ。ウェザー・リポートの『ライヴ・イン・ジャパン』や『アイ・シング・ザ・ボディ・エレクトリック』から『スウィ

ウェイン・ショーター

スーパー・ノヴァ (Blue Note, 1969)

Wayne Shorter(ss), John Mclaughlin, Sonny Sharrock, Walter Booker(g), Miloslav Vitous(b), Jack Dejohnette(ds), Chick Corea(ds,vib), Airto Moreira(per), Maria Booker(vo)

ートナイター』への変化、ハンコックの『セクスタント』から『ヘッド・ハンターズ』への移行、そして何よりチック・コリアの『リターン・トゥ・フォーエヴァー』の登場が、時代が「混沌から秩序へ」と移り変わっていったことを象徴している。マイルスも『オン・ザ・コーナー』で、明らかにスライ&ザ・ファミリー・ストーンに影響された、反復ビートを全面的に導入した音楽を創造しているが、タブラやシタールを入れたり、ファンキーとは言いがたいジョン・マクラフリンのギターをフィーチュアすることによって、整理された反復ビートとはほど遠いカオスを作り出しているのだから、さすがはマイルスというべきか。

この後マイルスは、ファンク・ビートの反復をさらに催眠的・暴力的に使いこなし、ついには七五年日本でのライヴ盤『アガルタ』『パンゲア』に聴かれる、「ブラック・ミュージックの黙示録」とでも形容すべき地点にまで到達する。この時期を最後に、マイルスが六年間の長い沈黙に入るのは、本人の健康上の問題もさることながら、孤立した状況でのシビアな闘いに疲労したから、でもあるのだろう。コルトレーンが斃《たお》れた後に、ジャズを袋小路から救い出すための方法論を身をもって提示してみせたマイルスが、数年後に「孤独な先頭ランナー」としてリタイアしてしまったのは皮肉だが、マイルスが不在だった七〇年代の後半こそが、「反復と秩序」を特徴とした、いわゆる「ジャンルとしてのフュージョン」の全盛期になったのは皮肉でもなんでもない、いわば当然のことだったのかもしれない。

*

ここでもういちど六七年に戻ることにしよう。この年、それまでヴァーヴ・レコードのプロデューサーとして活躍してきたクリード・テイラーは、A&Mレコードの一部門として「CT

ウィントン・マルサリス

マルサリスの肖像 (Columbia, 1981)

Wynton Marsalis(tp), Branford Marsalis(ts), Herbie Hancock, Kenny Kirkland(p), Ron Carter, Clarence Seay, Charles Fambrough(b), Tony Williams, Jef Watts(ds)

I（Creed Taylor Issues）」を発足させ、次々とヒット・アルバムを発表することとなる。親しみやすいポップ曲に斬新な編曲を施し、一流のジャズ・ミュージシャンをソロイストとしてフィーチュアする……という基本コンセプトは、ヴァーヴ時代のテイラーの手法と変わらないが、それをより徹底させ、統一されたイメージの、アートとして鑑賞に堪《た》えるようなおしゃれなジャケット・デザインとともに提出するCTIシリーズの出現は、ジャズを「心地よさのための手段」とみなしている、という点で、やはりジャズの新しい局面を告げるものだった、と言えるだろう。アントニオ・カルロス・ジョビンやタンバ4、ミルトン・ナシメントなどのブラジルのミュージシャンを積極的に紹介したり、ロックやソウルの要素をほどよく採り入れたりしつつも、CTIの音楽はあくまでも「おしゃれな都市音楽」だった。

やはり六〇年代後半から盛んになりはじめた、よりブラック・コミュニティに近い位置でのソウル・ミュージックとジャズの融合（キング・カーティスやバーナード・パーディーなどが代表的なミュージシャンだ）とCTIのサウンドは、採り上げるレパートリーやソウルっぽいサウンドの導入などの点で類似しているように見えるが、実は「ホットとクール」「アーシーと洗練」という対照的な感触を持つものだったと言える。そして、CTI的な感覚＝概念の中にアーシーなソウル・ジャズの手法が取り込まれ、先に述べたマイルス・スクール系の音楽との混在や交配がおこなわれたとき、「ジャンルとしてのフュージョン・ミュージック」がはっきりとその姿を現したのだった。

七六年あたりから本格化した「ジャンルとしてのクロスオーヴァー＝フュージョン」の歩みについて、ここで詳しく語るつもりはない。実に新鮮で心地よいサウンド、はっとするほど刺激的でスリリングな表現などを生み出しつつも、このジャンルに所属する音楽は、徐々にマン

V.A.

レッド・ホット・アンド・クール〜ストールン・モーメンツ (GRP, 1994)

Donald Byrd with Guru and Rony Jordan, MC Sollar with Ron Carter, Don Cherry with The Watts Prophets, Branford Marsalis, Alice Coltrane and others.

エイズ撲滅キャンペーンのために、ヴェテラン・ジャズメンと若いＤＪやラッパーが世代を超えて集結したＣＤ。ジャズの持つクールネスやヒップさを拡大して自分たちの音楽に採り入れる彼らの姿勢は、ジャズメンに対するリスペクトでありつつ、ある意味ではジャズに対する「批評」でもある。

ネリ化し、形骸化していったように僕には思える。

　いずれにしても、七〇年代のジャズをめぐる最大のキーワードである「フュージョン」という現象が、六〇年代までに「モダン・ジャズ」が突き進んできた道を相対化し、「主体と即興」というコルトレーン的な問題を回避するための、誰によるというわけでもない「時代による手だて」として登場したこと、そしてそれが「コルトレーンの死／マイルスの『ネフェルティティ』／CTIの誕生」という、六七年をめぐる三題噺《さんだいばなし》として顕在化したことは明らかである。では、ジャンルとしてのフュージョンの勢いを失った八〇年代以降は、七〇年代とはまた異質の時代なのか。それともやはり、われわれは「フュージョンの時代」を生きているのか。

＊

　ウィントン・マルサリスの登場はやはりなかなかに衝撃的だった。初来日のステージが、サンタナ～ハンコック～トニー・ウィリアムスのセッションの一人、という、まさに七〇年代的な「フュージョン」の場だったことは何ともおかしいが、その後の精力的な活躍、ウィントンと同じ音楽的指向を持った若く優秀なミュージシャンの大量出現、そしてメディアを通じての「アメリカ黒人の伝統としてのジャズの復権」をアピールする発言と、今にして思えば、ウィントンがジャズの世界で大きな力を持つに至った過程は、実によく考えられた戦略を持ったものだったようだ。

　彼は当初、六〇年代マイルス・バンドの音楽を正統的に継承・発展させる音楽を志しながらも、フュージョン化したハンコックや晩年のマイルスを批判し、ジャズの伝統の再評価を訴えて、ついにはニューオリンズ・ジャズや初期のエリントンを思わせるサウンドを作りだすよう

ジョン・ゾーン
ザ・ビッグ・ガンダウン (Nonesuch, 1984-85)

John Zorn(arr,cond,as,game calls,saw,vo,p,harpsichord), Bill Frisell(g), Arto Lindsay(g,vo), Fred Frith(g), Tim Berne(as), Jim Staley(tb),BIG John Patton(org), Anthony Coleman(kb,vo), Wayne Horvitz(kb), Guy Klucevsek(accordion), Melvin Gibbs(b), Bobby Previte(ds),Anton Fier(ds) and others.

になった。その点で、ウィントンの登場は、八〇年代ジャズの主流が「フュージョンからアコースティックへ」と変化したことの象徴のように見える。しかし、本当にそうなのだろうか。

ニューオリンズから六〇年代の「新主流派」にまで至るジャズの語法を分析・引用し、見事に構成された音楽を作ってみせるウィントンの手つきは、明らかに「六七年以後」の感性によるものだ。決して破綻《はたん》を見せず熱狂しない彼の音楽のクールさは、ウィントンたちにとってジャズが「スタイル」であり、分析・参照・引用・統合するものである、ということの現れなのではないだろうか。だから、ウィントンは「ジャズ」というフィールドのなかで、あたかもフュージョン・ミュージックがさまざまなジャンルの音楽を採り入れるかのように、さまざまなジャズの歴史的なスタイルを導入する「フュージョン」の人である、と言えるだろう。それは、いわゆるアシッド・ジャズ系のアーティストたちが、モダン・ジャズ演奏や七〇年代ソウルを引用することと、本質的には変わらない行為であるはずだ。アシッドの人たちが、「引用」ということの持つある種のいかがわしさを逆手に取って遊んでみせるのに対して、ウィントンは「伝統の継承」という名の意味付けによって、そのいかがわしさを（おそらくは無自覚に）隠蔽《いんぺい》している、という違いがあり、その違いが実は大きいわけではあるが……。

「引用」ということでは、めまぐるしい過激な引用を徹底して行なうことによって、新しい音楽のかたちを提示したジョン・ゾーンもまた、八〇年代を象徴するミュージシャンの一人だ。八〇年代から顕在化しはじめた、ゾーン、ジョン・ルーリー、ビル・ラズウェル、アート・リンゼイなど、ニューヨークの若い実験的なミュージシャンたちの活動は、七〇年代の「産業フュージョン」に対するアンチであり、スタイルが形骸化した「モダン・ジャズ」に対するアンチであり、即興ということに楽天的すぎる六〇年代フリー・ジャズに対するアンチでもあった

アート・アンサンブル・オブ・シカゴ
グレート・ブラック・ミュージック (BYG, 1969)
Lester Bowie(tp,etc.), Roscoe Mitchell(reeds,etc.), Joseph Jarman(reeds,etc.), Malachi Favors(b.etc.)

はずだ。それは、既成のロックに対するアンチとしてのパンク・ロック〜ニュー・ウェイヴに直接呼応する動きであり、音楽における「ポスト・モダニティ」ということを、非常に先鋭化したムーヴメントである、と言える。

ここで、またまた六七年に何があったか、を思い出してみよう。コルトレーンが死に、『ネフェルティティ』が録音され、ＣＴＩが設立されたこの年は、アート・アンサンブル・オブ・シカゴのメンバーたちのシーンへの登場、オランダでのＩＣＰやイギリスにおけるミュージック・インプロヴィゼイション・カンパニーの設立など、フリー・ジャズ、あるいは即興音楽にとっても重要な転機となった年だったのだ。もちろん、前後一年ほどの幅があるのだが、それまでのフリー・ジャズの相対化、演劇性やアイロニカルな視点の導入、今までの「ジャズ」との接点を断ち切った新たなインプロヴィゼイションの発見など、八〇年代のゾーンたちの音楽と直接的につながる問題は、やはり六七年を境に顕在化してきたのだった。

＊

というわけで、六七年から現在に至る「ジャズ」の場は、それまであったジャズという音楽を相対化し、さまざまな音楽を分析し、引用することによって成立する段階に至っているのではないか、と僕は考える。それを「フュージョン現象」の時代とでも名づけるのなら、「現代のジャズ」はここ三〇年ほどの間、「フュージョン」の時代にいるということになるのではないだろうか。

8

「脳」と「腰」の欲望に向けて

マイルスの疾走

Desire for Brain and Hip: Miles Runs the Voodoo Down

一九六七年のマイルス

五〇年代から六〇年代への「ジャズの変容」のランドマークがマイルスの『カインド・オブ・ブルー』であったように、六〇年代から七〇年代へ向けてジャズの姿がどのように変化していったかを知るために、われわれはまたしてもマイルスの動きを追うことになる。まずはその前に、マイルスが六〇年代半ばに何をしてきたかを、駆け足でまとめてみることにしよう。

ウェイン・ショーターが正式にグループに加入し、マイルスがハンコック～カーター～ウィリアムスというフレッシュなリズム・セクションとともに六三年の春からライヴを積み重ねつつ模索してきた音楽を、理想的な形で具体化できる態勢がやっと整ったのは六四年八月のこと。顔合わせのヨーロッパ・ツアーを終え、翌年の一月に、マイルスは久しぶりのスタジオ盤『E.S.P.』をロサンゼルスのスタジオで録音した。すべてをメンバーのオリジナルで固め、クールで理知的なくせに、何とも言えないミステリアスな雰囲気をたたえたそのサウンドは、ハンコックやショーター、あるいはヴァイブ奏者のボビー・ハッチャーソンなどが、ほぼ同時期に

マイルス・デイヴィス
E.S.P. (Columbia, 1965)
Miles Davis(tp), Wayne Shorter(ts), Herbie Hancock(p), Ron Carter(b), Tony Williams(ds)

主にブルーノート・レーベルに録音していた、いわゆる「新主流派」のサウンドと共通する雰囲気を持ったものであり、マイルスの音楽がまた新たな段階に突入したことを明らかにするものだった。しかし、そのレコーディング直後に体調を崩したマイルスは、六六年秋に『マイルス・スマイルズ』の録音を開始するまでの間、ごくたまにクラブでのギグを行なう他は休養を余儀なくされたのだった。

その頃のジャズ界は、「ブラック・パワー」運動の高まりに呼応するようにフリー・ジャズの熱い嵐が吹き荒れ、その中心人物となったジョン・コルトレーンは激しい演奏に我が身を苛みながら絶望的な闘いを続け、ロックがメジャーなビジネスに成長していくのとは裏腹にジャズメンの仕事は減っていき、という激しい転回の季節を迎えていた。

しかし、『E.S.P.』と『マイルス・スマイルズ』を聴くかぎりでは、マイルスはフリー・ジャズの「過剰な音の氾濫《はんらん》」とはまったく異質な部分での音楽的自由を提示しようとしているかに見える。冷徹で神秘的な響き、凍った炎のように抑制された情熱、無駄のまったくない各人のソロの音遣い、そしてひりひりするような醒《さ》めた緊張感。六五年一一月にシカゴのクラブで録音されたライヴの記録『コンプリート・ライヴ・アット・ザ・プラグド・ニッケル』を聴くと、ライヴの場ではより直接的でアグレッシヴなインタープレイが展開されていたことが確認できるが、それにしてもメンバー各々の音楽的な姿勢はあくまでクールな美意識のもとにおかれているのだった。

健康を回復したマイルスは、六七年に入ると、それまでのブランクを埋めるべく精力的にライヴとレコーディングを行なっていく。ロン・カーターが抜けた春のウェストコースト・ツアーの途中にも、ロサンゼルスのスタジオで「リンボ」（ベースはバスター・ウィリアムス）を録音しているぐらいなのだから、マイルスとそのグループの創造力は、この時期には次から次へと新しいものが湧き出てくるような状態になっていたのだろう。もっとも、西海岸からニューヨークに戻ってすぐに、マイルスはカーターを加えた正規メンバーでこの「リンボ」を録音し直してはいるのだが。

この「リンボ」を含む五月のセッションを皮切りに、マイルス・グループは六月、七月と立て続けにレコーディング・セッションを行なっている。リアルタイムでは『ソーサラー』『ネフェルティティ』という二枚のアルバム（さらに七六年になって、その時の未発表曲三曲が『ウォーター・ベイビーズ』に収録）に収録されたこれらのセッションで、マイルスの音楽はさらに簡潔に、そしてミステリアスになり、ジャズの世界ではまったく類例のない不思議な音を聴かせるようになっていった。この時期のマイルス・バンドの音楽を評して、マイルスの影が薄くなり、その分ウェイン・ショーターが主導権を握っていた、という趣旨の意見をよく聞くが、演奏をよく聴いてみると、その見方はまったく的を射ていないということが理解できるだろう。たとえマイルスが入らないカルテットによる演奏であっても、これだけ場を緊張させてしまうマイルスの存在感はただごとではないのだ。

では六七年六月七日、ニューヨークのコロンビア三〇丁目スタジオで行なわれたマイルスのレコーディング・セッションを見学してみることにしよう。ほとんどがワン・テイクで録音されたという『ネフェルティティ』の中で、最も重要な意味を持つタイトル・チューンが、今まさに録音されようとしているその現場を。プロデューサーのテオ・マセロがあっちを向いている間に、マイルスにコールをかけてしまおうか。「OK, Miles, "Nefertiti", take two！」

ネフェルティティ

シンバルの音がひそやかに、しかし鮮やかに静寂を破り、一瞬遅れてピアノが複雑なコードを響かせる。おおげさなイントロなど何もなく、ごく自然にテナー・サックスが滑り込み、ひとりでテーマを淡々と吹きはじめる。ウェイン・ショーターによるこの曲のメロディは、一見あらゆる感情を排したかのような、浮遊感を帯びたクールな雰囲気を持ったものだ。マイナーともメジャーとも区別しがたい、旋律がどこで切れるのかもつかみにくい、うねうねと続く音の連なり。それはまるでアルカイック・スマイルを浮かべた古代の彫刻のような、あるいは固有の「表情」というものを持たない能面のような、聴く者の感情を宙づりにしてしまう不思議な深度を感じさせるメロディなのだ。

ふと気がつくと、いつのまにかメロディはトランペットとテナー・サックスのユニゾンになっている。さりげなく場に現れたマイルスは、ショーターと同じように、いやそれ以上に淡々とテーマを吹く。微妙にずれ、交互に口ごもり、ゆっくりと絡み合いながら進行していくふたりの演奏は、テーマが繰り返されるごとに少しずつ表現の振幅が拡がっていくように思える。水平線にあらわれたちっぽけな船影が徐々に近づき、ついには巨大な壁となって眼前にそそり立つかのように、さりげなく始まったこの曲は、聴き手をじりじりと追い詰め、耳を否応なしに音楽に向かわせてしまうのだった。

フロントがクールに繰り返すメロディの後ろでは、リズム・セクションが、まるで氷の中で燃える炎のように、次第に熱く、アグレッシヴになっていく。いつも冷静すぎるほどに冷静で、戻っていくべき指標としての役割を見事に果たすロン・カーターのベースに支えられて、空間

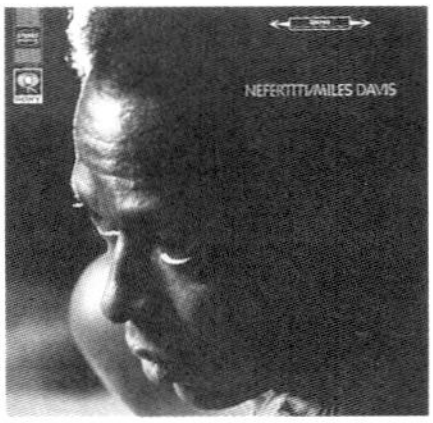

マイルス・デイヴィス
ネフェルティティ (Columbia, 1967)
Miles Davis(tp), Wayne Shorter(ts), Herbie Hancock(p), Ron Carter(b), Tony Williams(ds)

を切り裂き、場の緊張感を高めているのは、トニー・ウィリアムスのシャープなドラミングだ。ごく大雑把に言ってしまえば「ミディアム・スローのフォービート・ナンバー」ということになる――実際、テンポとリズム・パターンについてのこの「初期設定」は、最後まで保たれているのだが――この曲＝演奏は、トニーの振幅が大きく、思い切りが異様によく、信じられないほどの切れ味のよさを持ち、知的にコントロールされつくしたドラミングのために、「ミディアム・スローのフォービート」という語感が呼び起こす凡庸なイメージから、最も遠いところに位置しているのだ。トニーの挑発に乗って、ハービー・ハンコックも静かでエレガントなバッキングから、次第にリズミックなテンションにあふれたコンピングへと移行していく。

　彼らの演奏は、フロントが吹くテーマに対する伴奏でありつつ、フロントがキープする曲のフォームを枠組みとして、そこから奔放に逸脱する「ソロ」としても聞こえ、それでいてこの曲が持つミステリアスな雰囲気を、まったく損なっていない。誰かひとりが突出した「インプロヴァイザー＝ソロイスト」としてその場を独占せず、かと言ってあらかじめ決められた「アンサンブル」の約束事をそのままなぞるわけでもなく、全員がまさに生成されつつある「曲＝演奏」それ自体になりきってしまう、ということ。通常の意味での「ソロ＝インプロヴィゼイション」が存在せず、構成としては一六小節単位のひとつのメロディを繰り返すだけのこの演奏は、八分に及ぶ時間がたちまち過ぎ去っていくように思えるほどの密度を持ち、そして何度繰り返して聴いても常に新鮮な驚きを与えてくれるのだ。

　さりげなく始まったこの曲は、終わり方もまた実にあっけない。燃え盛る炎が少しずつ小さくなっていくように、徐々にクールダウンしていった演奏は、ことさらなエンディングの仕掛けもなしに、ごく自然に終わってしまう。最後に放たれたシンバルの余韻が暗闇の中に響き、

マイルス・デイヴィス
ビッチェズ・ブリュー (Columbia, 1969)
Miles Davis(tp), Wayne Shorter(ss), Benny Maupin(b-cl), John Mclaughlin(g), Joe Zawinul, Larry Young, Chick Corea(el-p), Dave Holland, Hervey Brooks(b), Jack Dejohnette, Lenny White, Don Alias(ds), Jim Riley(per)

「ネフェルティティ」というタイトルを持つこの美しい曲＝演奏は、聴き手との安易な「納得」や「感動」を拒絶して、時空に宙づりにされてしまうのだった。

　管楽器やピアノのソロが専制的にふるまわず、しかしかっちりと譜面に書かれているものをそのまま演奏するのでもない、あたかもアドリブ・ソロがアンサンブルであり、アンサンブルがアドリブであるかのようなこの演奏は、ジャズの歴史の上で「探究者としてのインプロヴァイザー」の時代が終わりを告げてしまったことを象徴するものだ。奇しくもその一ヵ月ほど後に、最大の「探究者＝インプロヴァイザー」だったコルトレーンがこの世を去る。ここでマイルスたちが演奏した七分五二秒は、だからジャズの「近代」と「現代」を分かつ分水嶺なのだ。そしてこれ以後、マイルスの頭の中で鳴っている音は、もはや従来の「ジャズ・コンボ」の編成や楽器では表現しきれないものになっていく。それを実現させるためには、テクノロジーの進化による電気楽器の新しいサウンド、オーヴァーダビングやテープの編集といったスタジオでの加工技術、そして延々と反復することで差異を生成するファンク・ビートが必要だったのだ。

　レギュラー・クインテットを核に、一曲のみジョージ・ベンソンのギターを加えて六八年一月と五月に録音された『マイルス・イン・ザ・スカイ』は、冒頭の「スタッフ」でハンコックがエレクトリック・ピアノを弾き、ウィリアムスがハイハットを中心としたシンプルなロック・ビートを叩いている。ここでの反復による催眠的効果と管楽器のソロのせめぎあいは、『ネフェルティティ』で神秘的かつ格調高く演じられたコンセプトを、よりクールかつドライに、いわば身も蓋もなくあらわにしたものだと言える。そして六八年六月のレコーディング・セッション、『キリマンジャロの娘』に収録された三曲を最後に、ハンコックとカーターはマイルスの元を離れ、チック・コリアとデイヴ・ホランドが加入する。そしてこの時点から、マ

マイルス・デイヴィス
ジャック・ジョンソン (Columbia, 1970)
Miles Davis(tp), Steve Grossman(ss), John Mclaughlin, Scnny Sharrock(g), Herbie Hancock(kb), Micheal Henderson, Dave Holland(b), Billy Cobham, Jack Dejohnette(ds) and others.

イルスにとっての「七〇年代」が、すさまじい密度と速度で幕を開けるのだった。

マイルスの実験

六八年から七五年までの、いわゆる「エレクトリック・マイルス」の時期は、マイルスのキャリアの中で最もめまぐるしくメンバーが異動し、演奏される音楽の形態もまた劇的な変化を重ねていった、まさに「激動の時代」だった。このややこしい時期のマイルスの活動を混乱させずに語ることはなかなか難しそうだが、とりあえずこの八年間を「レギュラー・ドラマーの交代」という基準で三つの時期にわけて、いくらかでもすっきりした展望を求めてみることにしよう。

［1］トニー・ウィリアムス（六八年～六九年春）＝アルバムは『キリマンジャロの娘』と『イン・ア・サイレント・ウェイ』。

［2］ジャック・ディジョネット（六九年夏～七二年夏）＝アルバムは『1969マイルス』『ビッチェズ・ブリュー』から『オン・ザ・コーナー』まで。途中、ビリー・コブハムとレオン・チャンクラーの時期もあるが、それはこの中に含めておく。

［3］アル・フォスター（七二年夏～七五年）＝アルバムは『オン・ザ・コーナー』『イン・コンサート』から『アガルタ』『パンゲア』まで。

別の呼び方をすれば、［1］は「六〇年代クインテット崩壊・次はどうしようかな期」であり、［2］は「ロック・フェスとフィルモアでイケイケ・とにかくライヴで攻めまくるのだ期」であり、［3］は「気合いと根性のやつだけ残った・こうなりゃ地獄まで行ってやろうじゃね

マイルス・デイヴィス
アット・フィルモア (Columbia, 1970)
Miles Davis(tp), Steve Grossman(ss), Keith Jarrett, Chick Corea(kb), Dave Holland(b), Jack Dejohnette(ds), Airto(per)

ーか期」であるわけだ。そして、第一期と二期の間には『イン・ア・サイレント・ウェイ』、二期と三期の間には『オン・ザ・コーナー』という、それぞれ他とは異質の存在感を放つ作品が置かれている、という図式になる。

＊

一九六八年六月、マイルスは『イン・ザ・スカイ』に収録された三曲のレコーディングを終えて一ヵ月で、クインテットの面々と共に再びレコーディング・スタジオに入った。今回のセッションで特筆すべきは、ギル・エヴァンスが深く関わっていること。ギルは後に「イレヴン」というタイトルでギルのオーケストラのレパートリーともなる「プティ・マシン（リトル・スタッフ）」を提供し（余談だが、この曲の最後にマイルスが吹くフレーズは、八〇年代によく演奏された「ジャン・ピエール」の原型だ）、他の二曲のヴォイシングや構成についてもアドヴァイスを与えているようだ。カーターがエレクトリック・ベース、ハンコックがエレクトリック・ピアノを弾いたこのときの三曲の出来は非常にすばらしいのだが、言ってみれば「電気楽器を使用した『ソーサラー』や『ネフェルティティ』」であることについて、マイルスは不満を感じていたに違いない。

夏の休暇の間にカーターとハンコックがバンドを脱退し、ピアノにチック・コリア、ベースにはイギリスから呼び寄せたデイヴ・ホランドという新しいラインナップで、マイルスは九月に再びスタジオ入りする。そのとき録音された二曲、「フレロン・ブルン（ブラウン・ホーネット）」と「マドモアゼル・メイブリー」は、前者がシンプルなエイト・ビート・チューンで、後者はゆったりとした乗りのソウル・バラッド風のもの。トニーを含めたリズムの三人が「ジヤズ的」な発想でのくずしを敢えておこなわず、反復による「グルーヴ」に意識的になったことが効いて、ここでのサウンドは、確かに六月のセッションに比べてタイトで「非ジャズ」的なものになっている。六月と九月のセッションは、『Filles De Kilimanjaro キリマンジャロの娘』というフランス語のタイトル、しかも楽曲のタイトルもすべてフランス語というイメージ戦略を施されてリリースされた。そして、カヴァー・ジャケットを飾ったベティ・メイブリーはマイルス夫人となる。

六八年一一月の、新しいクインテットにハンコックとカーターを加えたり、ジョー・ザヴィヌルが参加したりのセッション（そのときに録音された曲は、すべてリアルタイムでは未発表）を経て、翌年二月のレコーディングには、イギリスからトニー・ウィリアムスに呼ばれてやってきたギタリスト、ジョン・マクラフリンが加わり、『イン・ア・サイレント・ウェイ』が録音される。

『イン・ア・サイレント・ウェイ』は、なんとも不思議なアルバムだ。A面の「ＳＨＨＨ／ピースフル」では同じ演奏をテープつなぎで二回聴かせ、B面の「イン・ア・サイレント・ウエイ／イッツ・アバウト・ザット・タイム」は、まったく同じ「イン・ア・サイレント・ウェイ」で「イッツ・アバウト・ザット・タイム」をサンドイッチする、という大胆な構成を思いついたのはテオ・マセロなのかもしれないが、それに乗ったマイルスも偉いし、なぜか同じ演奏が違って聞こえてしまう、という信じがたい成果を生み出したテオは冴えに冴えまくっている。クールなハイハットを反復するトニー、ずーん、というシンプルなベースを繰り返すホランド、点描状に柔らかなフレーズをちりばめる三台のキーボード、クリアなトーンでアルペジオ的なフレーズを弾き続けるマクラフリンによって織りなされるサウンドは、催眠と覚醒を同時に呼び寄せるような、まるで同時代のグレイトフル・デッドの演奏のようなヒプノティック

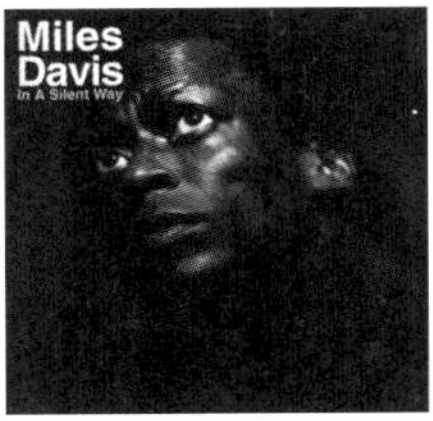

マイルス・デイヴィス
イン・ア・サイレント・ウェイ (Columbia, 1969)
Miles Davis(tp), Wayne Shorter(ss), John Mclaughlin(g), Joe Zawinul, Herbie Hancock, Chick Corea(kb), Dave Holland(b), Tony Williams(ds)

なもの。おそらくこの作品は、マイルスの全作品の中で最も精神的に「ロック」しているアルバムなのだと思う。しかし、次のステップにおいて、マイルスはよりブラックネスを強調した、それでいてきわめて構成的なサウンドを創造することになるのだった。それはもちろん、六九年夏に録音された『ビッチェズ・ブリュー』である。

感覚の変容とマイルス

六〇年代後半は、「人間の感覚」にとってきわめて重大な変革が全世界的に生じ、その変革がすさまじい勢いで進み、拡がっていった時期だ。ファッションや音楽のドラスティックな変化、世界各地でのヒッピー的な思想や新左翼的学生運動、さらにはカルト教団の発生や中国の文化大革命までも含めて考察されるべきこの感覚の変容は、一言で言えば既成の「観念」や「社会的役割」とは異質の、「快感を求める欲望の拡大」によって生じたものだ、と言えるだろう。

では、音楽において「欲望の拡大」そして「感覚の変容」とは、いったいどうやって実現されるのだろうか。演奏者の視点でまず考えられる「欲望の拡大」は、「一切の制約をなくして、やりたいことを気の済むまでやる」という、実にシンプルな方法だろう。これはジャズの世界では「フリー・ジャズ」という極端な形で、ロックの場合はクリームなどに代表される「インプロヴィゼイションの長時間化」（ジャズではそれが以前から当たり前だったわけだが）という形で現実のものとなった。しかし、この方法は、演奏者と聴き手の双方にとって、肉体的にも精神的にも実にしんどいものになりやすい。この道を、不幸にも「生真面目主義」に陥りつつ邁進《まいしん》したコルトレーンは、疲労困憊《こんぱい》の末死んでしまったのだから。

フリー・ジャズのように「差異」を極限までつきつめていく音楽が「意識のレベル」での変革だとしたら、より快楽的な変革は、「脳」と「腰」に直接訴えかけることで実現されるだろう。マリファナやLSDが脳に働きかけた結果としての「感覚の変容」を疑似体験させる音楽は、ロックの世界において、電気楽器による音色の変化・大音量による感覚の麻痺・多重録音などのレコーディング技術を使った「生演奏の存在しない世界」の構築・長時間に渡る反復で生じる時間感覚のよじれ、などによって実現した。そして、聴いたとたんに否応なしに体が動いてしまう「腰＝グルーヴ」の快感もまた、熱いくせになぜかクールな16ビートの反復を基調とした「ファンク・ミュージック」の誕生によって、やはり六〇年代後半あたりから世界に広まっていった。ジェームズ・ブラウンやスライ・ストーンたちに代表されるファンクの動向を、あのころのマイルスは敏感にチェックしていたに違いない。

『ネフェルティティ』以後から『ビッチェズ・ブリュー』に至るマイルスの音楽は、

［1］アドリブ・ソロ絶対主義から構成されたサウンド指向へ

［2］電気楽器による新奇な「トーン」の導入

［3］テープ編集や多重録音などを用いた「レコードにしかない仮想現実」の創造

［4］シンプルなビートやギター、ベースのリフの執拗な反復

などの「感覚を変容させるための技法」を、次々に小出しにしては実験していた時期の産物だと言えるはずだ。そして、それらの実験の成果が、すばらしくドラマティックに展開するマイルスのトランペット・ソロや各人の間で繰り広げられるスリリングなインタープレイなどといった「ジャズの果実」と見事に融合し、さらに複数の打楽器やキーボードによるポリリズムという重要なファクターも加わって、ここに『ビッチェズ・ブリュー』という、真の意味でエポ

ック・メイキングな傑作が誕生したのだった。

『ビッチェズ・ブリュー』での、複数のキーボードが断片的なフレーズで相互に絡んでいく、というサウンドは、『イン・ア・サイレント・ウェイ』の方法を発展させたものだ。大きな違いは、リズム的にはスタティックな雰囲気の『イン・ア～』とは違って、複数の打楽器をも同時に絡ませることによって、きわめて動的なポリリズムを実現させたこと、そしてマイルスのソロがある意味ではあざといほどに「盛り上げ」を計算に入れたものだった、という点だろう。ベニー・モウピンのバス・クラリネットを効果音的に使うことによって、どろりとした重い黒さを強調しているあたりにも、マイルスの（そしてマセロの、もしかしたらギルの）巧緻な計算がうかがえる。

このアルバムがヒットすることによって、マイルスは「ロック世代にもアピールするジャズの巨匠」という位置を与えられることになる。七〇年代に入ってからのマイルスは、「ニュー・ロック」のスター・バンドを多数抱えていたＣＢＳの思惑もあり、「ロックの殿堂」だったフィルモア・オーディトリアム（サンフランシスコとニューヨークにあった）や、大規模なロック・フェスティヴァルに積極的に出演するようになった。ショーターに代わって若いスティーヴ・グロスマン（ソプラノ・サックス）が加入し、ブラジル出身のパーカッショニスト、アイアート・モレイラがユニークな彩りを添え、完全なレギュラーではないにせよマクラフリンも参加し、キース・ジャレットが加わってコリアとのツイン・キーボードになり……といったメンバーで録音されたライヴ・アルバム群について言及する前に、映画『ジャック・ジョンソン』のサントラ盤について触れておこう。

このサントラは、録りためてあったマイルスのセッション・テープをつぎはぎして、テオ・

マセロが構成したもの。特に、A面を占める「ライト・オフ」の、ビリー・コブハム（ドラムス）～マイケル・ヘンダーソン（ベース）～ジョン・マクラフリン（ギター）のトリオが叩き出すシャッフル・ビートの気持ちよさ、それに乗ってばりばり吹きまくるマイルスの好調ぶりは、マイルスの全作品の中で最も爽快な演奏のひとつ、と言っても過言ではない。

さて、七〇年当時のライヴが収録されたマイルスのアルバムは、ソニーからの正規盤としては『ライヴ・イヴル』『アット・フィルモア』『ブラック・ビューティー』の三枚がリリースされている（その後、『ライヴ・アット・ザ・フィルモア・イースト』『ザ・セラー・ドア・セッションズ1970』『マイルス・アット・ザ・フィルモア（ブートレグ・シリーズVol.3）』などが出た）。

日本でだけ発売された『ブラック・ビューティー』は、マセロによる編集がされていない、ストレートなライヴの記録。キースもマクラフリンもいない六人編成での演奏で、きちんとした音質による「ライヴそのまま」の記録は他にないだけに、資料としても非常に貴重だ。内容的には、途中でややだれる部分もあるが、マイルス～コリア～ディジョネットのハードなせめぎあいは実にスリリング。

『アット・フィルモア』はキースが加わったセプテットによる録音。ここではマセロの編集によって、一日のステージが水・木・金・土とそれぞれ二五分ほどにまとめられている。圧巻はひずんだ音のコリアのエレクトリック・ピアノとキースのオルガンの仁義なき闘い、そしてディジョネットのハード・ロックを複雑化したようなドラミングだ。最初から飛ばしまくるマイルスのトランペットもぶっとびもの。

『ライヴ・イヴル』は、七〇年一二月のライヴ（サックスはゲイリー・バーツ、ベースはマイケル・ヘンダーソン、コリアは抜けてキースだけとなり、マクラフリンのギターが参加）の間に、マイルスがブラジルの鬼才、エルメート・パスコアールらと録音した小品を挟む、という構成の作品。ライヴ部分では、キースのファンキーな演奏がバンドをひっぱっている印象が強い。多くのブートレグに記録されている七一年のマイルス・バンドのライヴ（なぜか七一年は、正規の録音はひとつもない）でも、キースのファンキーでエネルギッシュな演奏が、マイルスの音楽性をも変えてしまっているような箇所が随所に見受けられるのだった。

疾走するマイルス

レコーディングもせずにライヴをやりまくった七一年を過ぎ、七二年になるとマイルスは大幅な方針転換を図りはじめる。キースの脱退に伴ってレギュラー・バンドを解散し、スタジオであれこれと新しい可能性を探り出したのだ。コーネル・デュプリー（ギター）やバーナード・パーディー（ドラムス）を迎えた「レッド・チャイナ・ブルース」（『ゲット・アップ・ウィズ・イット』所収）を三月に録音した後、六月には、今まで以上に徹底的にファンク・リズムを追究し（もちろんマイルス流に異化した形で）、ブラック・ピープルのストリート感覚に訴えようという意図のもとに、『オン・ザ・コーナー』のレコーディングに入る。

三人のドラマーに五人のキーボード、マクラフリンとデヴィッド・クリーマーのギター、ヘンダーソンのベースにデイヴ・リーブマンとカルロス・ガーネットのサックス、おまけにシタールとタブラ、パーカッション、バス・クラリネット、そしてチェロという奇怪な編成で録音された『オン・ザ・コーナー』のサウンドは、つんのめるようなハイハットやひっかかりのあるギター、タブラやシタールといった、決して素直に「ファンキー」とは言えないバック・ト

マイルス・デイヴィス

ゲット・アップ・ウィズ・イット (Columbia, 1970-74)

Miles Davis(tp,kb), Dave Liebman(fl), Pete Cosey, Reggie Lucus, Dominique Goumont(g), Keith Jarrett, Herbie Hancock(kb), Micheal Henderson(b), Al Foster(ds) and others.

マイルスが70年代前半にスタジオで少しずつ録音していたマテリアルを二枚組にした、マイルスのずべての作品の中で最も「重い」イメージのアルバムだ。本文で触れた以外のトラックでは、「マイシャ」「カリプソ・フレリモ」の、「地底楽園」的な不気味な明るさが印象的。

ラックの上で、ワウワウ・ペダルを付けたマイルスが断片的フレーズを吹く、というもの。今の耳で聴くと、ヒップホップやテクノを予見しているようなところや、シニカルな批評性・チープなキッチュさなども感じられて非常におもしろいのだが……。そして、アル・フォスター(ドラムス)、マイケル・ヘンダーソン(ベース)、レジー・ルーカス(ギター)、エムトゥーメイ(パーカッション)などの若いメンバーを集めて、新しいレギュラー・バンドを結成したマイルスは、ますますハードで凶悪なサウンドをひっさげて、『アガルタ』『パンゲア』に至る疾走を始めるのだった。

＊

マイルスがオルガンでぐしゃぐしゃの不協和音を弾き、切迫した勢いのリズム隊がそれに応えるという、「邪悪」を音にしたような「レイテッドX」(『ゲット・アップ・ウィズ・イット』)を録音した後、七二年九月二九日に、マイルスはニューヨークのフィルハーモニック・ホールでのコンサートをライヴ録音する。二枚組の『イン・コンサート』として発表されたそれは、やみくもに疾走する切迫感は伝わってくるものの、サイドメンの演奏にひらめきやふくらみが感じられない、通して聴くにはかなり辛い出来のものだ。メンバーの整理と補充(ギターのピート・コージー)を行ない、リハーサルやギグを繰り返す中で、バンドの状態は非常にタイトかつシャープになっていった。

そして七三年六月、マイルスは実に九年ぶりの来日公演を行なう。そのときの演奏は、『ブラック・サテン』他のブートレグで聴けるが、ファンキーに切れてしかも重いビートといい、リーブマン、コージー、マイルスの充実したソロといい、どきどきするほどにスリリングなプ

マイルス・デイヴィス
アガルタ (CBS Sony, 1975)
Miles Davis(tp,org), Sonny Fortune(as.fl), Pete Cosey, Reggie Lucus(g), Micheal Henderson(b), Al Foster(ds), Mtume(per)

レイだ。ちなみに僕はそのとき高校一年生だったのだが、NHKテレビの『世界の音楽』という番組で見たマイルス・バンドのステージは、それまで好きだったロック・スターたちがちんぴらに思えたほどにカッコよかった！　もちろんいったい何が何だかわからず、特大サングラスにベルボトムのパンツのマイルスの「恐さ」と、小山のような腹の上にギターをのっけてむちゃくちゃ過激なフレーズを弾きまくるコージーに呆然としたわけなのだが。

翌七四年三月三〇日、マイルス・バンドはカーネギー・ホールのステージに立つ。当日になって、テナーのエイゾー・ローレンスとギターのドミニク・ゴーモンが急遽加えられたこの日の様子は、『ダーク・メイガス』と題されて日本のみで発売された。ここでの演奏は、七三年のそれよりはるかに重く、暗さすら漂う異様なもの。明らかにとまどっているローレンスの演奏ですらが、「異物」として機能しているところが不気味だ。

そして、この年の五月二四日、マイルスが敬愛するデューク・エリントンが他界する。ブラジルへのコンサート・ツアーから帰国したマイルスは、急遽スタジオ入りして追悼曲「ヒー・ラヴド・ヒム・マッドリー」を録音した。ゴーモンの弾く沈鬱なメロディがあまりにも悲しいこの大作を含むアルバム『ゲット・アップ・ウィズ・イット』が発売されたのは七四年の一二月のこと（日本では七五年一月）。七〇年から七四年にかけての録音を集めた、いわば寄せ集めアルバムであるのにもかかわらず、見事な統一感を持って「マイルス」という巨大な存在がぐいぐい迫ってくるこのアルバムは、「エレクトリック後期」のマイルスを象徴するような、重く高密度なすごみにあふれた作品となった。

七五年一月、『ゲット・アップ・ウィズ・イット』が発売されたばかりの日本に、マイルス・バンドがやってきた。『アガルタ』『パンゲア』は、二月一日、大阪フェスティヴァル・ホ

マイルス・デイヴィス
パンゲア (CBS Sony, 1975)
Miles Davis(tp,org), Sonny Fortune(ss,as.fl), Pete Cosey, Reggie Lucus(g), Micheal Henderson(b), Al Foster(ds), Mtume(per)

ールでの昼夜公演の様子を収録した二枚組二セットのライヴ・アルバムである。

ブラック・ミュージックの黙示録

たぶんあの日は、「彼」にとっては単なる人生の中の一日にすぎなかったに違いない。一九七五年二月一日、大阪。それとも、日本公演の途中でテオ・マセロをアメリカから呼んでライヴ・レコーディングを命じたとき、「彼」はその日の演奏が特別なものになる、という予感を持っていたのだろうか？

「彼」がどう思っていたかはともかく、四枚のＬＰまたはＣＤとして残されたあの日の記録、昼の部の演奏は『アガルタ』、夜の部の演奏が『パンゲア』というタイトルを付けられてリリースされたアルバムたちは、多くの聴き手にとって特別なものになった。それは「予測不能の不吉な音響空間／死と悦楽の隙間にある音」（中野宏昭）であったり、「未来の天国のおそろしい不安」（中村とうよう）がみなぎっていたり、「世界最初の幻覚的ファンク・バンド」（清水俊彦）の演奏であったり、「構成的意識とダイナミックな演奏性がつかの間の幸福な融合をとげた」（後藤雅洋）瞬間だったり、「汎アフリカの理想と現実の対立がそのまま映し出されていた」（脇谷浩昭）ものだったりしつつ、聴く者の感覚や認識を根底から変形させてしまうような、圧倒的な求心力と強度を持つ磁場として存在している。

ラフなエイト・ビートを叩くアル・フォスターとマイケル・ヘンダーソンの重低音ベース、ヘヴィで多彩なエムトゥーメイのパーカッションが緊張を高め、そこに二人のギターがもつれあい絡みつく。時間感覚を麻痺させるような反復の快感と、そこに突然走る亀裂。「ブラッ

スティーヴ・コールマン・アンド・ファイヴ・エレメンツ
ワールド・エクスパンション (JMT, 1987)

Steve Coleman(as,vo), D.K.Dyson(vo), Cassandra Wilson(vo), Graham Haynes(tp), Robin Eubanks(tb), Geri Allen(kb,p), Kelvyn Bell(g), Kevin Bruce Harris(b), Mark Johnson(ds)

コールマンのバンド、ファイヴ・エレメンツの２作目。リズムの組み立てやコード進行は複雑なくせに、Ｊ・ブラウンやスライを日常的に聴いて育った世代ならではの、ポジティヴな乗りのよさが感じられるところが楽しい。重厚な大作に挑戦している最近のコールマンも悪くはないが……。

ク・ミュージック」という枠で括れるすべての、いや、ことによったらそれ以上のさまざまな音楽の要素が聴きとれるくせに、これはまったく「折衷」ではなく、最良の意味での「フュージョン＝融合」ですらないことに、われわれはもっと驚くべきだろう。ここにある音楽は、「ブラック・ミュージックの黙示録」でありつつ、本質的にはあくまでもマイルス個人に帰属する、モノトナスな色合いを帯びたものなのだ。その十数年後にスティーヴ・コールマンがファイヴ・エレメンツでやったことを予見しているような、ソニー・フォーチュンが疾走するシークエンスにしても、ジミ・ヘンドリックスというよりもＰ－ファンクのマイケル・ハンプトンみたいなコージーのロング・ソロにしても、とにかくそこで発せられるすべての音が、その場をつかさどる「マイルス・デイヴィス」という巨大な意志によって制御されている、ということ。たとえばセシル・テイラーのソロ・ピアノでのフリー・インプロヴァイズにおいて、彼が自己の肉体と楽器を完全に制御しつくしているが如くに、ここでのマイルスは自己のバンドをコントロールしている。もちろんそれを実証するすべなどないのだが、おそらくこの演奏を聴いた人の多くが、その音たちのすべてに圧倒的な「マイルスの意志」を感じとることだろう。

『アガルタ』『パンゲア』は、確固とした意志を持った主体が未知の暗闇へと果敢に向かっていき、苦闘の末「すごいもの」をつかみ取ってくる、という「偉大なジャズの神話」の最高の達成でありつつ、その神話が無効になっていく臨界をも表象する作品だ。そう、これはそれまで恐ろしいほどの速度と強度で走り続けてきたマイルスの、そして彼が延々と担うことを余儀なくされていた「ジャズ」という音楽の、最高にして瀕死の状態の記録なのである。

＊

Ｐファンク・オールスターズ

Ｐファンク・オールスターズ・ライヴ (Westbound, 1990)

George Clinton(vo), Michael Hampton, Eddie Hazel, Gary Shider(g), Bernie Worrell(kb), Rodney 'Skeet' Curtis(b), Dennis Chambers(ds), Maceo Parker(m.c.) and others.

フュージョン界でも活躍するデニス・チェンバースのパワフルでタイトなドラムス、ジミヘンが束になってやってきたようなギター陣、そしてどろりとしたファンクネスを一面に散布するジョージ・クリントンを親玉としたヴォーカル勢。いかがわしくってヘヴィなサウンドのてんこ盛りだ。

七〇年代前半のマイルスは、『ビッチェズ・ブリュー』で初めて具現化された「脳と腰への過激なマッサージ」をさらに徹底させつつ、それを単なる「ベタな快楽」に陥らせないための異化装置としてフリー・ジャズ的な「差異の撒き散らし」を利用し、しかもモダン・ジャズの最良の遺産としての感動的だったり叙情的だったりするソロ・フレーズもきっちりと用意する、という、実に恐ろしいからくりを仕込んだ音楽を抱えて疾走してきた。それはまるでバイアグラとエクスタシーとユンケル黄帝液をまとめて服用して果てしないセックスを続けるようなものだ。その当然の帰結として、七五年秋、マイルスは音楽活動を一時停止する。

『ビッチェズ・ブリュー』をひとつのきっかけとして生じた七〇年代のフュージョン・ミュージックには、表層的な「気持ちよさ」はあっても、マイルスのような「快楽への過激な指向」は、ほとんどなかったと言ってよい。六〇年代末から七〇年代半ばにかけてのマイルスの音楽の、「脳」と「腰」へのクスリっぽい刺激や、反復と差異／催眠と覚醒／陶酔と異化の複雑なせめぎ合いによって生じるラディカルな快楽＝欲望の拡大が、本当の意味で理解されうるのは、おそらくこれからのことだろう。ビル・ラズウェルがマイルスの音楽を「アンビエントでドープ」（クリヤ・マコト氏の評言による）にリミックスした『パンサラッサ〜マイルス・リミックス』（一九九八年）は、そのさきがけではないのだろうか。

しかし、マイルスの危険な音楽は、リアルタイムでは誰にも継承されなかった。八一年のカムバックまでの長い「王の不在」の期間、ジャズ・シーンを席巻したものは、かつてのマイルスのサイドメンたちを中心とするフュージョン・ミュージック、そして「ＶＳＯＰ」という、六〇年代マイルス・クインテットのマイルス抜きの再演をひとつのきっかけとして始まる、「ジャズの復活」であるのだった。

ビル・ラズウェル

パンサラッサ〜マイルス・リミックス (Sony, 1998)

remixed by Bill Raswell in 1998,originally recorded in 1969-72 by Miles Davis Group

これは恣意的にいじくり回されたサウンドではない。細心の注意と最大の敬意を払って、マイルスの意図をより鮮明に、現代的なクォリティで伝えようとするここでのリミックスは、ビートルズの『イエロー・サブマリン・ソング・トラックス』でのリミックスに近いコンセプトの仕事だ。

9

Get on up! あるいは差異と反復

16ビートの時代

Get on up!, or Difference and Reputation: The Sixteen - Beat Era

♪テーマ・ミュージック＝ジェームズ・ブラウン「セックス・マシーン」

みなさんこんばんは、村井です。このセクションは紙上ディスク・ジョッキーの乗りでいきます。まず聴いていただいたのはジェームズ・ブラウンの「セックス・マシーン」。数年前にはCMにもなっちゃって、今や笑いもとりにくい例のゲロンパ！　のオリジナルです。で、なんでこの曲から始まる章のタイトルを、「差異と反復」という恐ろしげな、ジル・ドゥルーズの本を真似してつけたかといいますと。

フリー・ジャズっていうのは「差異」の音楽であって、フリー・ジャズの演奏時間が長いのは、次から次へと違うことをやって、おさまりがつかなくなるから長くなるんですね。それに対して「反復」っていうのは同じことをやるわけで、例えばジェームズ・ブラウンが延々と一五分やるのは、それは反復してるからです。で、このふたつがどちらも音楽の時間を長くさせる原因になるわけですけども、このふたつが、どこかで融合したり反発しあったり、あるいは延々と反復することが、実は音楽の中に差異を生成したり、という現象が、七〇年代の頭ぐ

セックス・マシーン
ジェームズ・ブラウン (Polydor, 1971)
James Brown(vo), Jarone Sanford(tp), Fred Wesley(tb), Jimmy Parker(as), St.Clair Pinckney(ts), Bobby Byrd(org,vo), Hearlon Martin, Robert Coleman(g), Fred Thomas(b), Jabo Starks, John Morgan(ds)

らいからジャズの場でも非常によくみられるということがありまして、それについてお話ししよう、ということです。

「差異と反復」の前についている「Get on up!」は、今おかけした「ゲロンパ」でありまして、「あるいは」をはさんだ前後の落差が非常に激しいタイトルなんですけどもね。まあ、ファンク・ミュージック的な反復ビートが、七〇年ぐらいからジャズの世界でもどんどん使われるようになったわけで、そのへんの時代の音を聴きながらお話をしたいと思っています。ではもう一曲ジェームズ・ブラウンを聴きましょう。これは六七年の曲ですが、「コールド・スウエット」です。

♪ジェームズ・ブラウン「コールド・スウェット」

このジェームズ・ブラウンっていう人は、もともとバラードがすごく上手なソウル・シンガーだったんですけども、六〇年代半ばぐらいから突然、こういうコードがひとつとかふたつぐらいしかなくて、延々と同じビートを繰り返す、いわゆる「ファンク」を始めてスーパースターになりました。

まあたぶん、これを聴いてマイルス・デイヴィスは「くそ、かっこいいじゃねーか」と思ったんですね。マイルスは自分の同胞であるアフリカン・アメリカンのことをすごく意識してて、でもなかなか自分の音楽が街角にたむろしているみたいな「ストリートな」層には聴かれていない、という不満を持っていた人ですから、こういうことを俺もやってみたいと思ったのではないかな。

で、この時期にマイルスがどんなことをしてたかという話は、このひとつ前の『『脳』と『腰』の欲望に向けて』という章に詳しく書いたので、それを読んでください。
ここでは簡単に触れますと、『ネフェルティティ』というアルバムが六七年に出まして、それは今までのマイルス・ミュージックの完成形というべきものだったわけです。そのあたりでマイルスは、こういうファンク・ミュージックや、当時流行っていたロック・ミュージックになにか可能性を見いだしたようです。ただ、そのあとの二年ぐらいは、それをどうしようかと考えてた時期のような感じがうかがわれるわけで、六八年に録音された『キリマンジャロの娘』ではシンプルな反復ビートの曲もあるんですけど、非常に及び腰であんまりおもしろくないですね。
今日おかけするのは、「マドモアゼル・メイブリー」っていう、当時マイルスの彼女だったベティ・メイブリーの名前が付いた曲なんですけども、これはどちらかというとソウル・バラードみたいな感じの曲です。注目すべき点は、リズム・セクションがジャズと違って、同じパターンをずっとやってると。そこでマイルスが、ソウル・シンガーのように、トランペットで「歌う」わけです。

♪マイルス・デイヴィス「マドモアゼル・メイブリー」

すごくきれいな演奏なんですけど、いかんせんちょっと長すぎるというか、だるいんですよね。これは折衷主義のよくないところが出たような演奏のような気がします。この曲を「ネフェルティテイ」みたいなやり方で、リズム・セクションをもっと自由に動くようにしたらそれ

マイルス・デイヴィス
キリマンジャロの娘 (Columbia, 1968)
Miles Davis(tp), Wayne Shorter(ts), Herbie Hancock, Chick Corea(p), Ron Carter, Dave Holland(b), Tony Williams(ds)

なりに違うだろうし、リズムをもっとコテコテの三連で、もろにソウル・バラードみたいにしたら、それはそれで形がついたんでしょうけども。マイルスは、人と違うことをやらなきゃいけないというオブセッションがずっとある人だから、その中間でなにか自分だけの音楽を作ろうとして模索してる感じがします。

マイルスはこの後やり方がだんだんわかってきたようで、もっとストレートな表現をするようになってくるわけですが、それはちょっと措いといて、次にジェームズ・ブラウンがやったようなファンクがより一般化されて、ソウル・ミュージック、いやむしろポップスのフィールドでどんなふうに使われはじめたかということで、当時の大ヒット曲を聴いていただきたいと思います。七一年にビルボードの一位になった、アイザック・ヘイズの「シャフト」っていう、これは映画の主題歌ですけど、邦題は「黒いジャガーのテーマ」をお聴きください。

♪アイザック・ヘイズ「シャフト」

アイザック・ヘイズという人は、メンフィスのスタックス・レーベルという、オーティス・レディングなんかが在籍していたレーベルのスタッフ・ミュージシャンだった黒人です。その後スキン・ヘッドで筋肉もりもりのマッチョなイメージでソロになって、こういうタイプのヒットをいろいろ飛ばしたわけですけど、まあこんな感じで、時代が非常にチャカポコしはじめてるわけですね。

例えばこれが五年ぐらい前の、六〇年代の映画音楽ですと、テーマのメロディーやストリングスやホーンズのアレンジはあんまり変わらなくても、リズムがもっとのどかだったと。たぶ

アイザック・ヘイズ
シャフト (Stax, 1971)
Issac Hayes(vo,compose,arr) and others.

んエイト・ビートで、ドンツクドンツクドンドン、ドンツクってやってたんじゃないかと思いますけど、七〇年代になっちゃうと、いわゆる16ビートっていう、今のですとハイハットがチキチキチキチキチキチキってやって、それにワウワウをかけてギターがチャカポコチャカポコって絡む、一小節を一六個とか三二個に分けるというビートはもう普通になっちゃったと。

で、これは世代的な問題もあるんでしょうけど、僕なんかはそれがすごく自然に感じられるわけです。エイト・ビートを聴くと逆になんか懐かしくて、その古さがおもしろいっていうような感じで。まあ、もはやこの16ビートもレトロになってますけども、それでもなんていうんですかね、身体の中の細胞の振幅としては、僕はこれがいちばん自然に感じられます。

さて、ジャズは長い間フォービートでやってたわけですけども、こうして時代がチャカポコしはじめますと、フォービートはたるくて聴いてられないよというリスナーが増えてきて、それまでハード・バップをやってた人たちの中にも、これではいかんと思いはじめた人が出てきた時期が六〇年代半ばから七〇年代初めぐらいだと思いますが、その中の典型的な演奏を聴いていただきます。

ドナルド・バードはハード・バッパーといいますか、五〇年代の半ばから活躍してるすごくいいトランペッターですけども、彼は六〇年代末ぐらいからこういうファンク・リズム的なものを積極的に採り入れたサウンドを指向しはじめました。その完成形みたいなものが、七二年に録音した『ブラック・バード』っていうアルバムなんですが、その中から「スカイ・ハイ」という曲を聴きましょう。ここでご注目いただきたいのは、切れのいいリズム・セクションだと思います。チャック・レイニー、ハーヴェイ・メイソン、デヴィッド・T・ウォーカーっていう、今でもスタジオで超大物の三人組は、このあたりから売れっ子になってきました。

♪ドナルド・バード「スカイ・ハイ」

これは非常にメロウな感じがする、言ってみればムード・ミュージックでもあるわけです。最初におかけしたジェームズ・ブラウンと今の曲って、16ビートのリズムについての基本的なメソッドはあんまり変わらないと思うんですけども、不思議なことに、JBのときはあんなに荒々しくて男性的なビートに感じられたものが、ドナルド・バードなんかになるとすごくメロウに聴こえてくるんですね。これはどういうことかよくわからないんですけども、リズムが細分化されていくと、音楽全体もきめが細かくなってくるという傾向があるような気がします。

たまたまこの時期、アメリカのブラック・ミュージックが成熟の時期を迎えていたということもあるんでしょうけど、それまでのソウル・ミュージックに比べて格段に仕掛けが多くなって、音楽的な幅が広がってきて、それがなぜかこの16ビートとぴったり合ってしまう、という現象があったわけです。この時期のソウル・ミュージックの最も美しく完成された形というのは、おそらくマーヴィン・ゲイではないかと思われますが、そのマーヴィン・ゲイの名曲中の名曲、「ホワッツ・ゴーイング・オン」をお聴きください。

♪マーヴィン・ゲイ「ホワッツ・ゴーイング・オン」

これはもう熟成の極みみたいな、例えばジャズなり、ポップスなりのいちばんおいしいところも非常に自然に消化されているという感じの、聴くたびに感動しちゃう曲ですねえ。ちょう

マーヴィン・ゲイ
ホワッツ・ゴーイン・オン (Motown, 1971)
Marvin Gaye(vo,cho,kb,arr,produce) and others.

初めて自作アルバムのプロデュース権を得たマーヴィンは、人類愛、環境問題、ベトナム戦争とドラッグ、宗教についてなど、当時のアメリカ社会が抱えるさまざまな問題をテーマにした作品を創り上げた。ジャズっぽくメロウなサウンドの上で、マーヴィンの複数の声が美しく重なる。

どこの頃、七一年っていうのは、ロックというか白人のアメリカの音楽は、ジェームズ・テイラーとかキャロル・キングなんかのシンガー＝ソングライターが流行っていた時期で、六〇年代に大騒ぎして、その反動で内省的になってるところもあっただろうし、かといってちょうどその時期はベトナム戦争も泥沼化していくという、なんとも高揚しない時代だったんですね。この曲も、音楽的にはすごく優しくてマチュアなんだけれど、歌詞はけっこうハードなんですよね。ラヴソングではまったくなくて、まあラヴソングといえば人類愛的ラヴソングなんですけども、サビのところに「ピケット・ライン」なんていう言葉が出てくるあたり、実に時代を感じますけども。

で、こんな名曲ですので、ジャズ・サイドでもいろんな人がカヴァーしています。例えばクインシー・ジョーンズのヴァージョンもいいんですけども、ラサーン・ローランド・カークというテナー・サックス吹きといいましょうか、サックス三本吹きといいましょうか、そういう人がいます。ローランド・カークは、目が見えないというハンディキャップがある人ですが、天才的に耳がいい人だと思うんですね。で、黒人音楽のエッセンスみたいなものを自分の中に全部取り込んじゃって、それをすべて「ローランド・カークの音楽」にしてしまうという稀有な才能を持っております。ローランド・カーク・ヴァージョンの「ホワッツ・ゴーイング・オン」は、原曲のメロウで優しい部分をまったく無視するという、とんでもない、しかしすばらしい演奏なので、ぜひ聴いていただきたいと思います。

♪ローランド・カーク「ホワッツ・ゴーイング・オン〜マーシー・マーシー・ミー」

マーヴィン・ゲイ

レッツ・ゲット・イット・オン (Motown, 1973)

Marvin Gaye(vo,cho,arr,produce) and others.

こちらは生々しい恋愛、性愛をテーマとしたアルバムだ。『ホワッツ・ゴーイング・オン』の優しくメロウな音作りとは違って、腰の強いリズムに乗せてマーヴィンが熱っぽく歌っている。メルヴィン・レイギン（a.k.a. ワーワー・ワトソン）のワウワウ・ギターが実にファンキーな気分だ。

ローランド・カークはもしかしたら、この曲はジェームズ・ブラウンの曲だったと思っていたのかもしれませんね（笑）。ものすごくパワフルな演奏だと思います。ジャズ・ミュージシャンがみんなローランド・カークのような人だったら、おそらくジャズは苦労しなかったと思うんですけども、頭がよくていろいろ考えちゃう人が多いんで、試行錯誤をマイルスのように繰り返してるわけです。この人はおそらくあんまり考えないでやっちゃって、こういう演奏ができてしまうという稀有な人だったんですね。

そんなこんなで、七〇年代初頭のいわゆるソウル・ミュージック、当時「ニュー・ソウル」なんていってましたけど、これはたいへん音楽的に熟成されたすばらしい音楽だと思います。七三年の時点でいちばん「偉い音楽」はソウル・ミュージックだったのではないかしら。マーヴィン・ゲイもいてスティーヴィー・ワンダーもいて、カーティス・メイフィールドもすばらしいし、ロバータ・フラックもよかったし、ダニー・ハサウェイもすごいし。

で、クインシー・ジョーンズを次にかけます。クインシーっていう人はもともとジャズ出身のアレンジャーなんですが、手先が器用というか目先が利くというか、その時々の流行をものすごくすばやくつかまえてきては、自分の音楽にしてしまって、それでポピュラリティを獲得してしまうというタイプの人です。クインシーもそれまでは割とビッグバンド風の音楽をやってたわけですけども、この時期になって完全にビッグバンドを解体しちゃって、リズム・セクションとヴォーカル中心のニュー・ソウル・ミュージックみたいなことを始めるようになったわけです。その時期の代表的なアルバムに『バッド・ガール』っていうのがあるんですけど、その中から一曲おかけします。

ローランド・カーク

ブラックナス (Atlantic, 1971)

Rahsaan Roland Kirk(ts,fl,stritch,etc), Charles Mcghee(tp),Dick Griffin(tb), Richard Tee(p), Cornell Dupree(g), Bill Salter(b), Bernard Purdie(ds), Arthur Jenkins(per) and others.

ブラック・ミュージックのあらゆる要素を呑み込んでは変形させ、サックスを３本くわえて豪快に吐き出す怪人、カーク。これはソウル曲のカヴァーを中心としたアルバムだが、何のためらいもてらいもなく強引に吹きまくる迫力がすごい。68 年の『ヴォランティアード・スレイヴリー』もぜひ。

♪クインシー・ジョーンズ「サマー・イン・ザ・シティ」

この曲のベース・ラインがすごくかっこよくて、急に高いところにぎゅっと上がって下がってくるっていうパターンなんですけど、これはさきほどのドナルド・バードの曲でベースを弾いていたチャック・レイニーの演奏ですね。

で、まあこんな感じで新しい感覚のソウル・ミュージックがいい具合になってきたのは七〇年代前半だったわけですが、それまでソウル・ミュージックっていうのは、ジャズと一緒で「メインに立つ人の音楽」だったと思うんですね。つまりオーティス・レディングはオーティス・レディング、ジェームズ・ブラウンはジェームズ・ブラウン、バックはあくまで裏方で、とにかくいちばん偉いのは歌う人であると。ジャズも六〇年代の半ばぐらいまでは、いちばん偉いのはフロントに立つ人だったりリーダーだったり、あるいは派手にソロをやれる人だったと思うんですけども、この時期になるとソウル・ミュージックの場合は完全に、例えばアレンジャーだとかバックのミュージシャンを含めた全体のサウンドの方がメインになってきて、いってみればヴォーカルっていうのはひとつのパートにすぎない、っていう感じになってきたんじゃないかなと思います。

ジャズの場合も、まあコルトレーンみたいなすごい人がいなくなってしまって、これからもう即興をぐしゃぐしゃやってると煮詰まって死んじゃうぞ、っていう感じがあったのかもしれませんけども、マイルスをはじめとして、先端にいる人たちはだんだん作曲とか編曲とかサウンドとか、そういう方に力を入れるようになってきたわけです。

で、その「サウンド指向」の代表的なグループにウェザー・リポートがあるわけですが、ウ

クインシー・ジョーンズ
バッド・ガール (A&M, 1972-73)
Quincy Jones(leader,arr), Valerie Simpson(vo), Eddie Louis(org), Dave Grusin(ep), Chuck Rainey(b) and others.

エザーはご存じのようにマイルスのところでやっていたジョー・ザヴィヌルとウェイン・ショーター、それにミロスラフ・ヴィトウスというベーシストの三人が寄り集まって、それまでのジャズと違った、より構成された音楽をやろうという趣旨で始めたバンドです。

今日はウェザーを二曲続けておかけしたいんですけども、最初の「ユーリディス〜ザ・ムーアズ」っていうメドレーは、七二年一月、日本に彼らが初めて来たときのライヴです。その次の「ブギウギ・ワルツ」は、その翌年、七三年録音の『スウィートナイター』に入っているものですね。で、最初の日本のライヴは、お聴きいただくとおわかりだと思いますが、かなり「ジャズ」です。ジャズをかけて「かなりジャズです」っていうのも変ですけど、ほとんどフリー・ジャズみたいな感じのところも多いですね。それが一年後の「ブギ・ウギ・ワルツ」になると定型ビートの反復の心地よさが全面に出てくるという、これはたぶんウェザー・リポートの中で、まあ正確に言うとジョー・ザヴィヌルの中でなのかな、音楽に対するアプローチが決定的に変わった一年だったんじゃないかという気がします。

♪ウェザー・リポート「ユーリディス〜ザ・ムーアズ」

ウェザー・リポートの七二年一月のライヴでした。僕なんかは、ウェザーというともっと後の、『ブラック・マーケット』やジャコ・パストリアスが入ってからの『ヘヴィ・ウェザー』なんかのイメージが強いんですが、こうやって聴くと、初期のウェザーの演奏は、僕が持ってる「ウェザー・リポート」のイメージとはかなり違っていたんだなあ、ということを改めて感じます。ここでの演奏は、さっき言ったようにかなりフリーな感じがして、途中でジョー・ザ

ウェザー・リポート
ライヴ・イン・トーキョー (CBS Sony, 1972)
Wayne Shorter(ss,ts), Joe Zawinul(p,ep), Miroslav Vitous(b), Eric Gravatt(ds), Don Um Romão(per)

ヴィヌルがピアノでクラスター——半音が固まった音の塊ですね——なんかを使ったりするんですけれど、それはおそらく彼にとっては冷静な判断に基づいたある種の効果音であって、思わず出てしまった激情の現れではないというのは明らかだと思います。

だから、この演奏はいわゆる「フリー・ジャズ」とはかなり違うものであって、唯一似ているのは『アウト・トゥ・ランチ』のエリック・ドルフィーや、トニー・ウィリアムスが六五年に録音した『スプリング』のような「冷静に狂う」タイプのフリーなのですが、エレクトリック・ピアノにファズとかリング・モジュレーターみたいな雑音を作るためのエフェクターをくっつけてやるというのは、テクノロジーを、混沌の生成というか、差異を増幅するために使ってるという感じが非常にします。それはジョン・ケージなんかが、かつてピアノの弦に消しゴムなんかをはさんで音を変化させた、いわゆるプリペアド・ピアノのエレクトリック版なのでしょう。

さて、そのほぼ一年後のウェザーの演奏を次にお聴きください。

♪ウェザー・リポート「ブギウギ・ワルツ」

その前にかけた七二年のメドレーと、今かけた「ブギウギ・ワルツ」は、どっちも長さがほとんど同じ、一三分三〇秒ぐらいなんですよね。どちらが長く感じたか、聴いた人にアンケートをとるとすごくおもしろいと思います。で、この「ブギウギ・ワルツ」ですが、ウェザーの曲の中でも、こんなに「反復」ということを前面に出した曲は他にないと思います。特に最後の方、後半はほとんど五分ぐらい同じメロディ・ラインを延々と繰り返すわけですけども、そ

ウェザー・リポート
スウィートナイター (Columbia, 1973)
Wayne Shorter(ss,ts), Joe Zawinul(p,ep,son), Miroslav Vitous(b), Eric Gravatt(ds), Don Um Romão(per) and others.

の前のライヴの演奏ですと、同じ音型っていうのはほとんど出てこない。その一三分の間にみんな違うことをやろうとするという、この極端な違いというのが僕は非常におもしろいなあ、と思うんです。

まあ、どっちが気持ちいいかっていうのは個人の問題なんでしょうが、「ブギウギ・ワルツ」の方で、ザヴィヌル特有のちょっと民族音楽的なメロディ・ラインが、パーカッションのシャカシャカいう音と、ザヴィヌルがワウワウ・ペダルを使って16ビートでエレクトリック・ピアノをチャカポコチャカポコやるのに乗って出てくるのを延々と聴いてると、だんだんふわっと身体が浮いてくるような気持ちよさが聴き手の頭の中に出てきます。もともと彼はキャノンボール・アダレイのバンドでファンキーなジャズをやっていた人ですから、同じパターンで盛り上がっていく音楽は得意なのでしょう。反復することの快感を、ジョー・ザヴィヌルはこのあたりで自分なりの咀嚼《そしゃく》の仕方で再発見したんじゃないか。これ以後ウェザー・リポートは、しばらくの間「反復」の快感の方に向かいます。

さて、次はハービー・ハンコックを聴きましょうか。マイルスの六〇年代クインテットのキーメンバーだったハンコックは、六八年夏にマイルスのバンドをやめました。その後の『ビッチェズ・ブリュー』や『オン・ザ・コーナー』とかにもゲストで入ってますけども、レギュラー・メンバーとしては六八年夏までですね。たしか新婚旅行でブラジルに行って、おなかこわしてマイルス・バンドの仕事に間に合わなくなってそのままやめちゃった、という（笑）。

その後ハンコックは、自分のバンドである三管編成のセクステットを作って三枚のアルバムをワーナーで作ったんですが、その中の一枚はビル・コスビーのテレビショーのサントラなので統一性はないんですけども、残りの二枚は、大胆に電気的なテクノロジーを使いつつも、非常にハードでフリーな音楽をやってたわけです。で、七三年になって彼はワーナーをやめてCBSと契約して、まず出したレコードがこれからおかけする『セクスタント』っていうやつなんですね。メンバーはワーナー時代と一緒で、エディ・ヘンダーソンがトランペット、ベニー・モウピンがサックス、ジュリアン・プリースターがトロンボーン、あとはリズム・セクションという編成です。だから、ここでもワーナーの頃と同じようなハードな音楽をやってるわけですが、ちょっと定型と反復に色気を示しだしてるというのに注目して聴いていただきたいと思います。

♪ハービー・ハンコック「レイン・ダンス」

だいたいジャズ雑誌やなんかで「ハービー・ハンコックの軌跡」なんていう記事を書く人は、『セクスタント』のことは「……CBSに移籍し『セクスタント』を出した後……」ぐらいで、ほとんど無視して終わっちゃうんですけども、これはハンコックのキャリアの中でもいちばん変なレコードですね、間違いなく。

途中、後半ずーっと反復があって、なんかテレビゲームみたいなピコピコ音が続きますね。こうやって今聴くと、例えばスペース・インベーダーとか、そういう七〇年代終わりに出てきたテレビゲームを連想するんですが、でも『セクスタント』が録音されたのは、そういうテレビゲームが出る五年ぐらい前なんですよね。ハンコックはいったい何を考えて、こういう音でこういう反復をしたのかっていうのが、よくわかんないんですけども。

ただ、ここでの反復とかテクノロジーの使い方っていうのは、聴き手をグルーヴで気持ちよ

ハービー・ハンコック

セクスタント (Columbia, 1973)

Herbie Hancock(kb), Eddie Henderson(tp,fh), Bennie Moupin(ss,b-cl,etc), Julian Priester(tb), Buster Williams(b), Billy Hart(ds)

くさせるっていうよりも、なんか違和感を生じさせるとか、場に差異を作り出すためにいろんなことをしてるんじゃないかな、っていう気はするんですね。ともあれ、本当にテクノ・ポップみたいな感じのチープな反復が、この時代ハンコックの手によっておこなわれていた、ということは特筆しておく意味がありそうです。

その半年ぐらい後に、ハンコックは『ヘッド・ハンターズ』というおなじみの、大ヒットしたアルバムを吹き込むんですが、ここでハンコックはベニー・モウピンを残してメンバーを全部変えちゃうわけです。で、新しく起用されたドラムスのハーヴェイ・メイソンは、さっきのドナルド・バードの曲に出てきたウエスト・コーストのソウル系スタジオ・ミュージシャンですね。ポール・ジャクソンっていう人は、ベイ・エリアっていう、サンフランシスコの近くの、オークランドとかあのへんの出身のファンク系ベーシストです。それでもって、もっと直接的な、「反復」といっても『セクスタント』みたいな訳のわかんないやつじゃなくて、ソウル・ミュージック的な反復の音楽というのを始めて、非常に聴きやすい音楽を作って、ハンコックは大スターになるわけです。というわけで『ヘッド・ハンターズ』から「スライ」をお聴きください。

♪ハービー・ハンコック「スライ」

『ヘッド・ハンターズ』には四曲入っているんですけど、これはその中でいちばん彼らのテクニックがよくわかる曲ですね。特にテンポが速くなってからのドラムの切れとか、ハンコックのエレクトリック・ピアノのソロの時のリズム・セクションの動きっていうのは、実になん

ハービー・ハンコック
ヘッド・ハンターズ (Columbia, 1973)
Herbie Hancock(kb), Bennie Moupin(ss,b-cl,etc), Paul Jackson(b),Harvey Mason(ds), Bill Summers(per)

とも超絶技巧という感じです。ビートが定型になってその上でソロをとるというのは、実は非常に技術を見せられるということがあるのかな、というのを今ふと思ったんですが。その前の「レイン・ダンス」の場合だとまあアイディアの勝負という感じで、そのピコピコ音っていうのを考え出したところでハンコックはかなり仕事を終えてしまったのかもしれないけども、この「スライ」だともう本当にミュージシャンとしての技を見せるという、だから聴く方もすごくカタルシスがある、っていうのは確かだと思います。

で、この曲名の「スライ」というのは、スライ&ザ・ファミリー・ストーンっていう妙なソウル・グループが六〇年代から七〇年代にかけてありまして、そのリーダーであるスライ・ストーンのことでしょうね。彼らの音楽っていうのはまあファンクなんですけど、例えばジェームズ・ブラウンみたいに熱く燃えるというのではなく、かといってマーヴィン・ゲイのようにメロウに訴えかけるというのでもなく、非常に冷めていつつファンキーだ、という不思議な音楽をやってたバンドでした。「ミニマル・ファンク」なんていう言葉で形容されたりもしますけど、確かにひとつひとつのフレーズはものすごく単純なんだけども、それが組み合わさると非常に不思議なグルーヴが生まれて、しかしその雰囲気はまったく冷めているというかシニカルだ、てな感じのサウンドで、おそらくハンコックやマイルスにその時期のスライが与えた影響ってものすごく大きいと思います。

では、スライ&ザ・ファミリー・ストーンの曲を。「サンキュー」っていう、これはシングルでヒットした曲ですけども、それをお聴きください。

♪スライ&ザ・ファミリー・ストーン「サンキュー」

スライ・ストーンっていう人はポール・ジャクソンやタワー・オブ・パワーなんかと同じ出身の、ベイエリアというサンフランシスコ周辺の人なんですけど、だからなのかもしれませんけども、いわゆるソウル・ミュージックというよりは、ちょっとカリフォルニアのカウンター・カルチュアというのかな、まあLSDとかなんとかでぶっとんでる、サイケデリックな感覚っていうのがすごくある人ですね。実際、本人はジャンキーになっちゃって、それで急速に駄目になってしまったわけですが。

この「サンキュー」を七〇年に出して、その後七一年に『暴動』っていうすごく恐い、アメリカの国旗だけど星が全部こんぺいとうみたいになっているジャケットのレコードを出します。それはなんか聴くとものすごく落ち込んで、しかし落ち込んでいるくせにドーパミンは出てしまう、みたいなやっかいな音楽なんですけども。あれに匹敵する「ダウンな興奮」というか、徹夜明けの勃起みたいな音楽って、やっぱりマイルスの『オン・ザ・コーナー』や『ダーク・メイガス』ぐらいしかないように思えます、僕には。

♪マイルス・デイヴィス「オン・ザ・コーナー〜ニューヨーク・ガールズ〜シンキン・ワン・シング・アンド・ドゥーイン・アナザー〜ヴォート・フォー・マイルス」

マイルスの『オン・ザ・コーナー』冒頭の四曲をお聴きいただきました。

というわけで、七〇年代はじめの音楽シーンっていうのが、すごくチャカポコしてたということがよくおわかりかと思います。それで、「反復する」ということは気持ちいいんだってい

スライ＆ザ・ファミリー・ストーン

暴動 (Columbia, 1971)

Sly Stone(vo,org), Cynthia Robinson(tp), Jerry Martini(sax), Rose Stone(p,vo), Larry Graham(b), Gregg Errico(ds)

「ファンキー・ジャズ」の項で言及した「ファミリー・アフェア」「ランニング・アウェイ」はこのアルバムの中の曲。スライの皮肉で醒めたセンスと苦い認識が、これほどはっきりと表に現れた作品はない。タイトル曲「暴動」は演奏時間０分００秒、つまりクレジットだけで音は存在しない。

う主張が、これほどはっきりとポピュラー音楽の中に出てきたのは、たぶんこの時期が初めてじゃないかな、っていう気がするんですね。ジャズの文脈でいうと、反復が繰り返されていくと、それが単に同じことの繰り返しなのに、その一回めと百回めとでは、受け手の感覚というのがまったく変わってくるという、催眠的というかドラッギーな効果を、おそらくマイルスやザヴィヌルなんかはすごく考えていたと思います。しかもマイルスっていう人はそれだけでは満足できない人ですから、そこに何か異物というか「差異」そのもの、ここでは本人のワウワウ・トランペットとかタブラやシタールとかマクラフリンのギターとか、を入れていって、ただ乗るだけじゃない、反復と差異がごちゃごちゃにミックスされてしまうような音をつい求めてしまうという、そこが彼のすごいところだと思うんです。

『オン・ザ・コーナー』って、ずっとすごく評価がされにくいアルバムだ、と僕は思ってました。いわゆるジャズ評論家とかジャズ・ライターで、例えばハード・バップが好きな人が聴いてもなにがなんだかわかんないだろうし、かといってソウル・ミュージックのライターが聴いても良いとは言わないかもしれないし、じゃあ現代音楽の人が聴いたらどう思うかっていうと、それもなんか違うよなあという気がして、だけどこうやってぼーっと聴いてると、妙に頭の中に変な物質が分泌されていくような不思議な音楽だ、と。でもここ数年、たとえばハウス・ミュージックが好きな人とか、ポスト・ロックというか「音響派」の音楽が好きな人とか、つまりは従来の「ジャズ」とは無縁の新しい世代にひどく受けている、という話を聞いて、ううむ本当の「マイルスの時代」はこれからだ！　と思っているんですけどね。

七〇年代の話に戻りますが、ジャズの中でファンキーな反復リズムとエレクトリック・テクノロジーを採り入れたミュージシャンたちは、そのほとんどが「差異」を抹消して、単なる

マイルス・デイヴィス
オン・ザ・コーナー　(Columbia, 1972)
Miles Davis(tp,org), David Liebman, Carlos Garnett(sax), Harold.I.Williams, Herbie Hancock, Chick Corea(kb), John Mclaughlin, David Creamer(g), Mike Henderson(b), Paul Buckmaster(e-cello), Colin Walcott(sitar), Badal Roy(tabla), B.lly Hart, Don Alias, Jack Dejohnette(ds)

「反復」の心地よさの方にシフトしていきます。マイルスが活動を中断した七〇年代後半を覆いつくしたフュージョン・ミュージックというのは、まさに「差異なき反復の上でのテクニックの消費」そのものですから。

しかし、ファンクのフォームを大きく採り入れて「差異」そのものを撒き散らした、とんでもない人がここに一人います。そう、オーネット・コールマンです。「プライム・タイム」という名前の付いたオーネットのグループは、ギター、ベース、ドラムスが二人ずついるんですが、そのアンサンブルの非対称性というかアミーバ的可塑性《かそせい》というかぐにゃぐにゃ性は、ファンク・ビートそのものが「反復」ではなく「差異」になっているのですからすごい。マイルスは熟慮の上にああいう「反復と差異」がない交ぜになった音楽を創り出したわけですが、オーネットはなんだか自然にああいうことになってしまうのではないかなあ。

では最後にオーネットの『ダンシング・イン・ユア・ヘッド』を聴いて、前向きな気分で明日を迎えましょう。おやすみなさい！

♪クロージング・テーマ＝オーネット・コールマン「テーマ・フロム・ザ・シンフォニー」

オーネット・コールマン

ダンシング・イン・ユア・ヘッド (A&M, 1973/75)

Ornette Coleman(as), Robert Palmer(cl,fl), The master musicians of Joujouka, Bern Nix, Charlie Elerbee(g), Jamaaladeen Tacuma(b), Ronald Shannon Jackson(ds)

モロッコの伝統的音楽「ジュジューカ」と共演したトラックでの不可思議な響きもすばらしいが、ここでのキモは「ハーモロディック・ファンク」を初めて全面展開した75年のセッションだ。オーネットのテーマというべき「ふぁーみれそ、みーれどみ」の旋律が高らかに鳴り響く。

10

「うまい」と「へた」、あるいはフュージョンとパンク

「前世代のくびき」から自由になること

Skillful or not ?: Fusion Music and Punk Rock

一九七七年初め、確か一月下旬のことだったと思う。

マージャンとギターとジャズ喫茶での読書、あとは数人の友人たちと何をするでもなくうだうだする、という、実に怠惰《たいだ》な生活を続けていた大学一年の僕は、阿佐ヶ谷の友人のアパートで、「これが今イギリスで大流行のパンク・ロックだ」というふれ込みで、セックス・ピストルズの「アナーキー・イン・ザ・UK」を聴かされた。

そのころ流行の兆《きざ》しをみせていた「クロスオーヴァー・ミュージック」、それからほどなく「フュージョン」という名前で呼ばれることになる種類の音楽に凝りはじめて、デヴィッド・T・ウォーカーやエリック・ゲイル、ラリー・カールトンなんかのプレイをコピーしていた僕にとって、それはとてつもなく「ヘタクソ」で荒っぽい、何と反応していいのかわからない音楽だった。しかしその性急に迫ってくるようなロックンロール・サウンドとジョニー・ロットンの切迫したヴォーカルには、フュージョンの「熟練職人の粋《いき》な技」とはまったく異質の勢いと「恐さ」がみなぎっていた。

それから数ヵ月後、ロックの世界でパンク・ムーヴメントが盛り上がり、一方ではスタッフ

セックス・ピストルズ
勝手にしやがれ (Virgin, 1977)
Jonnie Rotten(vo,g), Steve Jones(vo,g), Sid Vicious(vo,b), Paul Cook(ds)

やジョージ・ベンソンが来日して、本格的なフュージョン・ブームが到来した夏のことだ。当時組んでいたフュージョン・バンドの練習のために、大学の軽音楽同好会の練習場に行った僕は、それまでロキシー・ミュージックのコピーをやっていたサークルの先輩が、髪をつんつんに立ててセックス・ピストルズの曲を演奏しているところに出くわしたのだった。「おまえさあ、これからはパンクだぜパンク」とうれしそうに言うその先輩のバンド、ベーシストはブリティッシュ・ロックの評論で名高い某音楽ライターで、ドラマーはどういうわけかそれまでカウント・ベイシーをやっていたジャズの人。そのへんのアナーキーぶりは、確かに「パンク」なんだけどねえ。「あ、そうすか。なるほど」とか何とか答えて、練習場の次の時間を予約していたわれわれは、ウェイン・ショーターの「美女と野獣」やハンコックの「ハングアップ、ユア・ハングアップス」やらを黙々と演奏いたしましたが。

というわけで、わが個人的な「一九七七年の記憶」は、「フュージョンとパンクがやたらに流行した年」なのであります。

*

パンク・ロックは、七〇年代にメジャーな「産業」となり、「様式の中での成熟」と「有名人としてのロック・スター幻想」に覆われたロックの世界に痛烈なアンチを突きつけ、強引に風穴をあける運動だった。それはイギリスのロック草創期、デビューしたころのローリング・ストーンズやキンクスやザ・フーが持っていたざらりとした粗い手触りをさらにワイルドにしたようなサウンドと、ミュージシャンたちのファッションや顔つき、レコードのアートワークや歌詞など、すべての面から発散される強烈な反権威の匂いによって、ロック・シーンに鉄槌

ジョージ・ベンソン
ブリージン (Warner, 1976)

George Benson(g,vo), Phil Upchurch(g), Jorge Dalto(p), Ronnie Foster(el-p,syn), Stanley Banks(b), Harvey Mason(ds), Ralph Macdonald(per) and others.

16ビートを基調としたタイトでメロウなリズム、趣味よくあしらわれたストリングス、そして超絶技巧をコントロールして分かりやすいソロを弾くベンソン。「マスカレード」でのヴォーカルも話題になり、これ以降ベンソンは「ギターのめちゃくちゃうまいポップ・スター」への道を歩む。

を下した、ポップ・ミュージック全体の歴史の中でもきわめて重要なムーヴメントだ、と言える。今セックス・ピストルズやダムドなどのレコードを聴いてみると、意外にのどかな音楽に聞こえてしまうのだが、当時のメジャーなロック・バンド、たとえばピンク・フロイドやレッド・ツェッペリンやディープ・パープルが到達した、ある意味で非常に高級な音楽の次にピストルズがかかると、この稚拙さが逆にものすごく新鮮に感じられたことはまぎれもない事実なのだ。

ピストルズがデビューしたころ、アメリカ西海岸の人気グループ、イーグルスが「ホテル・カリフォルニア」という大ヒットを飛ばした。フォークやカントリーの要素をうまく採り入れたウェストコースト・ロックを極限にまで洗練させたサウンドに乗って、彼らは「ロックのスピリット」が消滅してしまった時代への挽歌を歌ったのだが、今にして思えば、七六年末をもって、六〇年代から続いた「解放の音楽としてのロック」という牧歌的な幻想は完全に終わってしまった、ということなのだろう。もっとも、哀愁を帯びたマイナーのメロディが受けて、「ホテル・カリフォルニア」は日本ではほとんど歌謡曲のノリで享受されたわけだけど。

パンクが大きな衝撃をロック・ファンたちに与えたこの時期は、しかし一方ではきわめて都会的に洗練された、ソウル・ミュージックやジャズの要素を採り入れたポップ・ミュージックが大流行した時代でもあった。その代表的なものとして、ボズ・スキャッグスの『シルク・ディグリーズ』を挙げておこう。デュアン・オールマンがギターを弾いたブルースっぽいサウンドのアルバムでデビューしたボズは、『シルク・ディグリーズ』の前作『スロー・ダンサー』からソウル・ミュージックをうまく採り入れたポップな音作りを指向し、ここに至って大ブレイクを果たす。キーボードのデヴィッド・ペイチやドラムスのジェフ・ポーカロなど、後にT

ボズ・スキャッグス
シルク・ディグリーズ (Columbia, 1976)
Boz Scaggs(vo), David Paich(kb), Jeff Porcaro(ds), David Hungate(b), Louie Shelton(g) and others.

ＯＴＯを結成する腕っこきのスタジオ・ミュージシャンによる、ソウル・ミュージックの影響を強く受けつつも、ソウルの黒さや渋さを完全に脱色した「とにかく心地よい音楽」は、それまでのロック・ミュージックが建て前としては何となく持っているふりをしていた「反体制的精神性」を完全に脱却してしまった、という点で、かえってすがすがしい風通しのよさを感じさせるものだった。

別に楽器を練習してうまくならなくても、言いたいこと・やりたいことをストレートにぶつければいいじゃないか、というプリミティヴな欲求の発露としてのパンクと、ロック的精神とか反体制とか「鯨を守れ！」とか言わなくても、気持ちよい音楽だったらそれでいいじゃん、という気分の現れとしての「ソフトでメロウなシティ・ミュージック」。外見としては一八〇度違うこの二つの動きは、実はどちらも「前の世代へのうざったさ」の現れではなかったのか。僕には、この二つの気分は、さまざまに変奏され混淆《こんこう》しつつ、現在までのポップ・ミュージックの基本的潮流になっているように思える

さて、ではパンクと同時期に流行したフュージョン・ミュージックは、いったいどういう「気分」の現れだったのか。それはジャズの中での「前の世代へのうざったさ」の表現であったのか。

＊

ジャズという音楽は、とにかく「テクニックのくびき」が大きいジャンルなのだと思う。つまり、技術的に「うまい」ということへの評価のもたれかかりがきわめて大きく、「へただけどかっこいい」、「技術以前にすごい」という積極的な評価がほとんどなされない、という点に

おいて。もちろんこれは、「モンクはテクニックがない」だの「マイルスはへたなトランペッターだ」だの、といった幼稚でばかばかしい妄説のことではない。音楽をまともに聴き分けられる耳を持った聴き手なら、モンクやマイルスが、いかに自分の音楽を見事に演奏できる、恐ろしいほどのテクニックの持ち主であるかが理解できるはずだ。ここでの「テクニックのくびき」とは、アイディアや欲求がいくら強く・鋭く存在しても、それを楽器演奏を通して十全に伝えるスキルがないジャズ・ミュージシャンは評価されない、ということを指している。それを大前提としてクロスオーヴァー〜フュージョン・ブームを捉えると、あれは「テクニックだけが存在し、それを通じて伝えるべきことが存在しない音楽、の快感」ではなかったのか、という気がするのだ。

ここでの「伝えたいこと」とは、言葉で置き換えが可能な、たとえば宗教的だったり政治的だったりするメッセージに限定されない。むしろ、音楽の送り手が無意識に抱え込んでいる「違和」や、彼らの中に存在する混沌や惑乱といった、ふつう「アート」が生まれる原動力となる何ものか、のことだ。そうしたものが、もしかしたら必要以上にたっぷりと盛られていた六〇年代ジャズ（すさまじいテクニックと過剰な精神性の代表格はもちろんコルトレーンだ）はもちろんのこと、たとえば七〇年代のマイルス・ミュージックにおいても、そこには過剰な「違和」「混沌」が黒々と横たわっていた。その影響下にあったハンコックやウェザー・リポートやチック・コリアなどの音楽が、年を追うごとにすっきりさわやかになっていき、気持ちのいいダンサブルなリズム、親しみやすいメロディ、そしてその上でのきわめてテクニカルなソロ、という構造をとるようになっていったことの当然の帰結として、クロスオーヴァー〜フュージョンというジャンルが七〇年代後半に大流行したわけだ。

フュージョン・ミュージックのブームは、六〇年代後半から起こっていたいくつかの動きが合体して形成されたものだ。それは、

［1］マイルスとそのかつてのサイドメンたちがジャズのメインストリームで起こした、定型ビートとエレクトリック楽器を使用した新しいジャズ

［2］主に黒人層をリスナーとして作られてきたアーシーなソウル・ジャズ

［3］六七年のCTIシリーズでブレイクした、「ジャズ・ミュージシャンをソロイストとしたイージー・リスニング」的なレコード作り

［4］ゲイリー・バートン（ヴァイブ）、ラリー・コリエル（ギター）、スティーヴ・マーカス（テナー・サックス）などのジャズ・ミュージシャンが六七年ぐらいから試みた、ロック的な感覚とジャズの融合

［5］ロック、ブルース、ジャズなどが混在していた六〇年代イギリスのシーンから生まれた、かなりアヴァンギャルドなジャズとロックの融合

［6］マイク・マイニエリ（ヴァイブ）やスティーヴ・ガッド（ドラムス）、ブレッカー・ブラザーズなど、ニューヨークで活動する若手ミュージシャンたちの、さまざまなジャンルを横断する新しい音楽への試み。その代表的な成果は七二年の『ホワイト・エレファント』

［7］ブラッド・スウェット・アンド・ティアーズ（BS&T）、ドリームスなどの「ブラス・ロック」のジャズ的要素。BS&Tにはルー・ソロフ（トランペット）、デイヴ・バージェロン（トロンボーン）、ジョー・ヘンダーソン（テナー・サックス）などが、ドリームスに

はブレッカー兄弟（トランペット、テナー・サックス）、ジョン・アバークロンビー（ギター）、バリー・ロジャース（トロンボーン）、ビリー・コブハム（ドラムス）などが在籍

［8］ニューヨークやロサンゼルスの、ジャズやソウルの技術を持ったスタジオ・ミュージシャンを起用したロック〜ポップス系音楽の増大。そこから「スタジオ・ミュージシャン」への一般の注目度が高まり、彼らが主役となったレコードが売れるようになる

など、実に多様な動きが雑然と集まった末の「ブーム」だった。だから「フュージョン・ファン」をひとくくりにして語るわけにはいかないのだが、当時の実感から言えば、おそらくフュージョンの熱心な聴き手は、それまでジャズにあまり親しんでいなかった若いリスナーだったのだと思う。彼らはプログレッシヴ・ロックやジェフ・ベックから、あるいはボズ・スキャッグスやポール・サイモンから、あるいはスティーヴィー・ワンダーやロバータ・フラックから、それぞれ「フュージョン」にやってきたのに違いない。

そしてフュージョンの聴き手の中に、実際に楽器を演奏するアマチュア・ミュージシャンが多かったのも当然のことだ。これは何よりもまず「技術の音楽」であり、しかも「技術の快感」と、音楽に付帯する「重い何ものか」がないことの爽快感を最もリアルに感じとれるのは、楽器を演奏する人間に違いないのだから。

その「テクニックが目的であることの爽快感」を、最も端的に体現していたバンドは、リー・リトナーのジェントル・ソウツだろう。もともとロサンゼルスのスタジオ・ミュージシャンだったリトナーは、七六年の『ファースト・コース』、七七年の『キャプテン・フィンガーズ』の二枚のリーダー作で、ロック・スタイルもジャズ風のソロもソウル的なバッキングもこ

リー・リトナー＆ジェントル・ソウツ
ジェントル・ソウツ (JVC, 1977)
Lee Ritenour(g), Ernie Watts(ss,ts), Patrice Rushen(ep), Anthony Jackson(b), Harvey Mason(ds), Steve Forman(per)

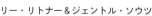

なせる若いギター・ヒーローとして人気者となった。それに注目した日本のＪＶＣレーベルが、リトナーの仲間たちのスタジオ・ミュージシャンを集めて結成させたバンドがジェントル・ソウツだ。

「ダイレクト・カッティング」という、テープ・レコーダーを介在せずに、スタジオで演奏した音を直接原盤にカッティングする技法で彼らが録音したアルバム『ジェントル・ソウツ』は、若い世代のテクニック指向の聴き手に爆発的な支持を受けた。そのレコードが発売されてまもなく、七七年一〇月に来日した彼らのギグ（六本木「ピットイン」）を僕は観に行ったのだが、至近距離で展開される圧倒的なテクニックの応酬に、大きなショックを受けたことを鮮明に覚えている（特に強力だったのは、ドラムスのハーヴェイ・メイソンの音の大きさと切れのよさだ）。

そしてその時点でのフュージョンは、間違いなく「現在進行形」の若い音楽だった。日本のフュージョン・バンドの代表として二〇年もの間活躍し続けているＴ－スクエア（結成当時はスクエア）とカシオペアは、このときどちらも「めちゃくちゃにうまい大学生たち」だったわけだから、当時学生だった聴き手＝ミュージシャンにとって、フュージョンは自分たちがまっさらな状態から参加していける、きわめて風通しのいい音楽だったのである。同時期にパンク・ロックにコミットしていた同世代の聴き手＝ミュージシャンにとってのパンクと同じように。

圧倒的テクニックとそれだけで割り切れない「剰余」の存在、そしてその剰余を切り捨てた「目的としてのテクニックの爽快感」ということでは、ジョン・コルトレーンとマイケル・ブレッカーの関係が最も典型的だ。コルトレーンが開発したさまざまな技術を徹底的に研究しマスターしつつ、ブレッカーはコルトレーンが色濃く持っていた不安定さや口ごもるニュアンス、自分の吹いた音にとまどいつつもそれをさらに増幅させてしまうような精神の惑乱、音を撒き

ブレッカー・ブラザーズ
ヘヴィ・メタル・ビバップ (Arista, 1978)

Randy Brecker(tp,kb), Michael Brecker(ts), Barry Finnerty(g,vo), Neil Jason(b,vo), Terry Bozzio(ds), Sammy Figueroa(per), Rafael Cruz(per)

ジェイソンとボジオによるハードな質感のリズムのせいか、ここでのブレッカー兄弟のプレイはいつになく攻撃的。二人ともワウワウ系のエフェクターを装着して吹きまくっているが、特にマイケルのテクニックと気合いが尋常でない。聴いてる内に元気が出てくるスタミナ・ドリンク的１枚。

散らすことによってどこか「あっちの方」へ行ってしまおうとする超越的なものへの指向などの「剰余」を完全に切り捨てた、きわめて明快でスピーディなスタイルを確立した。

硬くてシャープな音色とメリハリの効いたタンギング、スタンリー・タレンタインやキング・カーティスなどのソウルフルなテナー奏者から継承したファンキーでふてぶてしいこぶし回し、ロック・ギターのチョーキングにヒントを得たとおぼしきベント（音程を連続的に変化させるテクニック）など、マイケル・ブレッカーの奏法は、ジャズが初めて獲得した「本質的に16ビートに合った管楽器奏法」であり、ジャズを聴きはじめたころにマイケル・ブレッカーのサックスを浴びるほど聴いた聴き手たちにとっては、ブレッカー的なスピード感覚と正確さこそが、自然な「ジャズ・サックスの乗り」になってしまったのかもしれない。

ブレッカーのサックスが、いかに16ビートにぴったりフィットし、その上で壮絶な技巧の限りを尽くしていたかを知るために最適のアルバムは、ブレッカー・ブラザーズ七八年のライヴ作『ヘヴィ・メタル・ビバップ』だろう。フランク・ザッパのマザーズ・オブ・インヴェンションに在籍していた超絶技巧ドラマー、テリー・ボジオのタイトで手数の多いドラミングの上で疾走するテナー・サックスの気持ちよさは、一度はまると中毒になる。さらに、ブレッカーたちがフォービートの「ジャズ」を演奏したときのスピード感を味わうためには、マイニエリ～ブレッカー～ドン・グロルニック（ピアノ）～エディ・ゴメス（ベース）～ガッドが組んだグループ、ステップスの『スモーキン・イン・ピット』や、マイニエリとブレッカーとゴメス、そしてウォーレン・バーンハート（ピアノ）とスティーヴ・ジョーダン（ドラムス）というメンバーで恐ろしく速いテンポのブルース「アップタウン・エド」を演奏している『ブルー・モントルー』を聴いてみてほしい。

ザ・ポップ・グループ

Y (Radarscope, 1979)

Gareth Sager, Bruce Smith, Mark Stewart, Simon Underwood, John Waddington

このジャケットを見て感じる不穏さと同質の、言葉に置き換えがたい異様な緊張感にあふれたサウンド。ファンクやフリー・ジャズや民族音楽的な要素を組み合わせる手つきは冷静だが、全体から漂う不穏なテンションの高さは、彼らのスピリットが「パンク」であることの現れだろう。

ジャンルとしてのフュージョン・ミュージックが元気だったのは、七〇年代いっぱいぐらいまでだったように思える。「テクニックの快感と、リズム・メロディの心地よさ」で聴かせる音楽は、当然のことながらほどなくマンネリと自己模倣に陥り、当初はひしひしと感じられたミュージシャンの自発性も、いかにも商業主義的な企画の増加とともに、どんどん希薄になっていたのだ。しかし、ブレッカーに代表される「剰余を切り捨てた技術革新」は、これ以後のジャズ・ミュージシャンの技術的スタンスの基本となっていったし、「音楽に違和や混沌を内包させない、演奏することだけが目的の演奏」が、「正統派ジャズ」に外見を変えて、八〇年代以降のジャズの主流となったことは間違いない事実だろう。

パンク・ロックの勢いも、やはり数年で急激に失速していく。その理由は、音楽的に手ぶらな状態のままで音楽のテンションを持続させていくことは困難だった、という、当然といえば当然な、ちょうどフュージョンの失速とは表裏の関係にあることだったのだろう。反権威主義やアナーキズム的な要素、ミュージシャンの特権主義を否定するスピリットは残りつつ、単純なロックンロールのパンク・バンドは失速し、七九年ぐらいになると、認識や精神はパンクでも、より複雑でアヴァンギャルドな表現に傾いたバンドがイギリスを中心に出てくるようになった。

セックス・ピストルズを解散したジョニー・ロットンが名前をジョン・ライドンに変えて結成したＰＩＬ（パブリック・イメージ・リミテッド）もそうだし、民族音楽、ファンク、フリー・ジャズなどの要素を非常に巧妙に配置しつつ、メッセージとしてはかなり過激なことを言い、音楽的な緊張感もすさまじいザ・ポップ・グループもその代表的な存在だと言える。たとえばザ・ポップ・グループの『Ｙ』を聴くと、さまざまな音楽を自分の中に取り込み、それがまっ

イエロー・マジック・オーケストラ

フェイカーホリック (Alfa, 1979)

Haruomi Hosono(b), Ryuichi Sakamoto(kb), Yukihiro Takahashi(ds,vo), Hideki Matsutake(Computer Programming), Kazumi Watanabe(g), Akiko Yano(kb,Vo)

たく折衷主義にならずに、圧倒的な強さを持った自分の主張となっていることに、今さらながら驚いてしまう。この精神的な自由さと強さを獲得したことが、ロックにとって「パンク」があったことの最大の遺産なのだと思う。

さてここで、やはり同時代に産声を上げ、フュージョンともパンクとも密接な関係がある音楽の話をすべきだろう。そう、七八年に最初のアルバムを出した日本のバンド、「テクノ・ポップ」を世界中に流行させたＹＭＯ（イエロー・マジック・オーケストラ）と、彼らのやったことの意味についての話を。

「テクニック至上主義」ということに対するパンクとは別の回答として、テクノ・ミュージックという考え方があるのだと思う。いいセンスを持った人間が、コンピュータをうまく使えば、人が演奏しなくてもおもしろい音楽ができるんだということを実証したわけだから、これは従来の「音楽演奏」ということに対する圧倒的に新しい宣言でもあるのだった。実際問題として、「打ち込み」が人力の代わりに使われることが当たり前になった時点で、それまでスタジオ・ミュージシャンとして生活していた管楽器や弦楽器奏者の生活が苦しくなった、という、あまりにリアルな問題が出てきたわけだが……。

ＹＭＯの場合、特に最初のころは、基本的に楽器のうまい人たちがコンピュータと一緒にやることに対する快感というのがあったようで、非人間的なものと人間が共存すること、楽器がものすごくうまい人たちが、いわゆる人間的なテクニックの起伏をどれだけ自分で否定していって、まったく揺らぎのないコンピュータとどう共演していくか、というようなことに、彼らは意味を見いだしていたようだ。

人脈的に考えても、ＹＭＯと渡辺香津美の「ＫＹＬＹＮ」バンドは重複していたわけだし、

ラウンジ・リザーズ
ハーレム・ノクターン (EG, 1980)
John Lurie(as), Evan Lurie(kb), Arto Lindsay(g), Steve Piccolo(b), Anton Fier(ds)

ＹＭＯの最初のアメリカ・ツアーには渡辺香津美と矢野顕子がゲストに入り、香津美はまさにフュージョン的なテクニカルなソロをとっていたのだから、「うまい人間と超正確なコンピュータの共演」という、フュージョン的なテクニック至上主義の次に来るべき命題を、彼らがこの時点でクリアしようとしていたことは間違いない。

七〇年代のＹＭＯが「フュージョン・フェスティヴァル」などという催し物に出ていたことは、今考えてみるととんでもない誤解のようにも思えるが、ブレッカーやアル・ディメオラ（ギター）のように、人間的な「剰余」を切り捨てて正確に楽器を演奏することを突き詰めていくと、おのずから問題はそっちの方へ噴出していくはずなのだ。実際、この二〇年ほどの間に、ポピュラー系ミュージシャンの「デジタル的正確さ」に対する精度は、飛躍的に向上しているはずだ。

フュージョン的なサウンドからどんどん離れ、ポップでアヴァンギャルドですらある「認識の音楽」となってからのＹＭＯが、それ以降のポップ・ミュージックの発想に与えた影響の大きさは言うまでもないだろう。八〇年代以降のすぐれたポップ・ミュージックの多くは、「パンクな気分とテクノな発想」によって生まれてきたものに違いないのだから。

さて、では「パンクな気分とテクノな発想」は、いわゆる「ジャズ」のフィールドには何も影響を与えなかったのだろうか。もちろん、そんなことはなかった。

＊

初めてラウンジ・リザーズという妙なバンドのレコードを聴いたのは、八一年ぐらいだったろうか。下町のあんちゃんがチープな格好で決めてちゃらちゃら歩くさまを思わせるジョン・

DNA

ライヴ・アット・CBGB's (DIW, 1982)

Arto Lindsay(g,vo), Tim Wright(b), Ikue Mori(ds)

内向的な攻撃性を強く漂わせたリンゼイのヴォーカルと、音を「モノ」としてごろりと投げ出すようなギター・プレイ。ベースとドラムスも含めて技術的には「下手」としか言いようのない彼らの演奏は、しかし切迫感と緊張感をひしひしと感じさせるスリリングで衝撃的なサウンドなのだ。

ルーリーのサックス演奏は、数年後にジム・ジャームッシュの映画で俳優として評価されるようになるルーリーにふさわしい、いかにも演劇的な臭みを感じさせるものだ。そのチープなノリで「ハーレム・ノクターン」やモンクの曲を演奏し、「フェイク・ジャズ」というキャッチフレーズで売り出した彼らの演奏は（プロデューサーが、マイルスとともに数々の名作を生み出したテオ・マセロだというところもほとんど冗談みたい）、パンク的なスピリットでジャズを演奏する、という意図がありありとわかるものだった。

　そしてこのバンドには、ルーリーの演劇的なパフォーマンスよりはるかに根源的なところで「パンク」な、ほとんど唯物論的に「へた」なギターを弾く、気弱な少年のような風貌のミュージシャンがいた。アート・リンゼイだ。

　彼が一二弦のエレクトリック・ギターに一〇本だけ弦を張り、チューニングもせずに唐突に発する音は、われわれが漠然と思っている「音楽」とは違う、単なる音の断片にすぎない。しかし、どういうわけかその音の切れっぱしは、異様な切迫感と存在感で聴き手に迫ってくるのだ。リンゼイがラウンジ・リザーズに入る前にやっていたバンド、ＤＮＡの演奏を聴くと、彼が発している「音」がフリー・ジャズの文脈やデレク・ベイリー的な「純粋即興」の流れから出てきたものではなく、なんだか訳のわからない「表現欲求」がパンク的に出てきたものであるということがよく理解できる。フリー・ジャズもベイリー＝カンパニー的なインプロヴィゼイションも、基本的には「テクニックのくびき」からは自由になれない、それなりの鍛錬《たんれん》と技術がなくては成立しないということが前提になっている音楽なのだが、リンゼイの演奏はその対極にあるものだとすら言えるだろう。

　やはりラウンジ・リザーズのデビュー作でドラムを叩いていたアントン・フィアのプロジェ

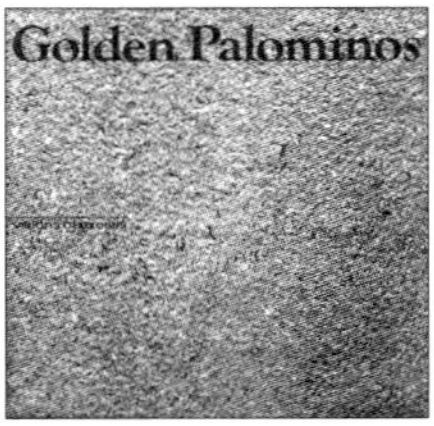

ゴールデン・パロミノス
ヴィジョンズ・オブ・エクセス (Celluloid, 1985)
Anton Fier(ds), Bill Laswell(b), Jody Harris,Richard Thompson,Mike Hampton(g), Bernie Worrell(kb), John Lydon(vo), Jack Bruce(vo) and others.

クトであるゴールデン・パロミノスや、パロミノスのアルバムでベースを弾いていたビル・ラズウェルのユニットであるマテリアル、そして彼らのアルバムに参加していたアルト・サックス奏者のジョン・ゾーン……。まるでしりとりのように繋がるNYアンダーグラウンド・シーンの面々によって、「パンク的精神を持ったアヴァンギャルド・ミュージック」が、八〇年代前半にどんどんわれわれの前に姿を現していった。

ハービー・ハンコックとヒップホップをくっつけて『フューチャー・ショック』の大ヒットを生み、その後も実にさまざまなジャンルの音楽とミュージシャンを「テクノ的発想」のミキサーの中で攪拌しては不思議な音楽を作り続けているラズウェルや、多様なアイディアと実践能力、そして世界的に組織された「オルタナティヴ・ミュージック」のネットワークによって、この二〇年ほどずっと高速度で回転しつづけているようなゾーンの活動がなかったとしたら、八〇年代と九〇年代の「ジャズ」は、もっと退屈でつまらないものになっていたに違いない。

*

ザ・ポップ・グループのリーダーだったガレス・セイガーとドラムスのブルース・スミスは、ザ・ポップ・グループ解散後、リップ・リグ&パニックという名のバンドを結成した。ローランド・カークのリーダー・アルバムのタイトルを冠したこのバンドは、かなりとんがっていたサウンドのザ・ポップ・グループよりもゆるやかな雰囲気の、ジャズやファンクやアフリカン・ポップスなどの要素を多彩に採り入れた、パワフルで肯定的な明るさに満ちた音楽を演奏する気持ちのいいバンドだった。そこにはドン・チェリーの娘であるネナ・チェリーが参加し、その縁で親父のドン・チェリーもレコーディングやツアーに加わっていた。

ドン・チェリー

ホーム・ボーイ (Secret, 1985/90)

Don Cherry(vo,p,g,kb,etc.), Ramuntcho Matta(g,kb), Jannick Top(b), Claude Saluneri(ds) and others.

先ほどから、ジャズの世界では「テクニックのくびき」が非常に大きい、ということを何度も書いてきたが、思えばドン・チェリーはそのくびきから自由でありつづけた数少ない例外だったのだ。そして、ドン・チェリーがデビューしたときのリーダーであり、まるで双子のような演奏だとさえ評されたことのあるオーネット・コールマンもまた、カッコつきの「テクニック」から本質的に自由なジャズ・ミュージシャンだ。ただ、誤解を避けるために言っておくが、オーネットは、アルト・サックスの演奏に関しては、ある意味ですごく「うまい」人だとも言える。あれだけ官能的でおいしい音色とフレーズを、どんなときでもどんどん吹けてしまうミュージシャンが「へた」であるわけがないのだから。

とはいえ、客観的な「テクニック至上主義」の呪縛《じゅばく》に彼がまったく囚われていないことは確かだし、「技術」という点ではむちゃくちゃだと断言できるオーネットのヴァイオリンやトランペットが、あんなにも聴き手をぞくぞくさせる魅力に溢れている、という事実は、オーネットの音楽の魅力が「客観的技術」に負っていないことの、なによりも雄弁な証明になるはずだ。おそらく、オーネット・コールマンやドン・チェリーは、ロックの世界でパンクやニュー・ウェイヴが七〇年代末になって提示した新しい認識に近い感性を、もともと持っていたのだろう。

というわけで、この章のしめくくりとして、またもオーネット・コールマンを最後に聴くことにしよう。オーネットが息子のデナードをドラマーに起用した最初のレコード、六六年録音の『ジ・エンプティ・フォックスホール』を。このときデナードはまだ一〇歳！　当然、テクニック的にはドヘタなのだが、でもこれ、ちゃんと気持ちいいオーネット・ミュージックになっているのだ。

なんとパンクなおやじであることか。

オーネット・コールマン
ジ・エンプティ・フォックスホール (Blue Note, 1966)
Ornette Coleman(as), Charlie Haden(b), Ornette Denardo Colemar(ds)

Part 3

伝統とオルタナティヴ

80's

11

ウィントン・マルサリスから「ジャズ」を見る

「伝統の継承」とは何なのか

Watching Jazz through Wynton Marsalis: Remark about the Heritage of Jazz

センセーショナルなデビューから約二〇年、ウィントン・マルサリスは常に「ジャズ」をめぐる言説の最前線にいる。

二〇世紀最後の十数年間、ジャズと呼ばれる音楽を同時代のものとして語ろうとする者は、どういう形であれ、ウィントンの音楽、あるいは彼の言動を、どこかで意識せざるを得なかったのだ。おそらくウィントン自身はうんざりしているに違いないこの事実は、「ジャズの現在」や「今後のジャズのあるべき姿」、そしてもしかしたら「ジャズという音楽の本質」についての議論の種が、ウィントンの音楽や言動の中に内包されているということの現れなのだろう。

僕としては、ウィントンのめざす「ジャズの遺産の発展的継承」は、あまりにスタティックな「ジャズ史のおさらい」にとどまってしまうのではないか、という危惧を抱いているのだが、かと言って「ウィントンなんかカスじゃん」と一刀両断に否定してしまうことはできない。彼はおそらく「うまい」トランペッターだし、彼がジャズの現在と未来についてきわめて真摯に考え、それについての自分のヴィジョンを実現させるべく努力していることは間違いのない事実なのだから。だから僕は、ウィントンの足元にも及ばない凡庸なミュージシャンを持ち上

ハービー・ハンコック

ハービー・ハンコック・カルテット (CBS Sony, 1981)

Wynton Marsalis(tp), Herbie Hancock(p), Ron Carter(b), Tony Williams(ds)

ジャズ史上最強のトリオかもしれない大先輩たちに、まったくひけをとらない堂々とした吹きっぷり。どんなにトリッキーなフレーズを吹いても技術的に安定しきっていて、危なげがまったくないところが恐ろしい。この時点でウィントンは20歳！やっぱりとんでもない奴だと思います。

げる一方でウィントンを感情的に攻撃する手合いに対しては、「おまーら、えーかげんにせーよ」という苦々しい気持ちをつねづね抱いているのだった。

それにしても、この才能あるミュージシャンは、この二〇年の間、ジャズの世界でいったい何をやらかしたのか。彼のやることに対する喧々囂々《けんけんごうごう》は、ジャズの現在と未来にとって、どういう意味を持っているのか。

*

「ウィントンは楽器はうまいがジャズのハートがない」「ややこしい仕掛けが多すぎて疲れる」「理屈っぽくて楽しめない」「ジャズをお勉強だと思っている」

これらは、ウィントンのデビュー当時からよく言われてきた、シンプルでプリミティヴなだけになかなかあなどれない「ジャズ・ファンの本音」的な批判だ。ジャズ・ピアニストを父としてニューオリンズに生まれ育つ、という、ある意味で理想的な「ジャズ環境」に恵まれたウィントンの演奏が「ジャズ的」でない、という批判を呼ぶというのも妙な話だが、この場合の「ジャズ的」という言葉の内実が「ジャズが生き生きと輝いていた時代のイノセンス」というニュアンスを帯びたものなのだとしたら、それはその通りなのだと思う。

一九六一年生まれで、七〇年代のフュージョン全盛期を一〇代のときに通過したウィントンにとって、ジャズは「自覚的に保存・継承していこうとしないと滅びてしまいかねない、偉大な同胞の芸術」であるはずだし、彼は自分こそがそれを担うべき能力と認識を持った存在である、という自覚を、かなり早い時期に持っていたに違いない。今はジャズの幸せな時代たる五〇年代ではないし、クリフォード・ブラウンやリー・モーガンのように気持ちよくトランペ

ウィントン・マルサリス
マジェスティ・オブ・ザ・ブルース (Columbia, 1988)
Wynton Marsalis(tp), Teddy Riley(tp), Freddie Lonzo(tb), Michael White(cl), Wes Anderson(as), Danny Barker(banjo), Todd Williams(ts,ss), Marcus Roberts(p), Reginald Veal(b), Herlin Riley(ds), Jeremiah Wright Jr.(sermon)

ットを吹いていればすべてが順調、というわけにはいかないのだ、と彼が思ったとしても、ある意味で無理はないのだ。

もちろん、ウィントンにとって「とにかくうまくってゴキゲンにうたうトランペッター」の道を選び、ややこしいことは一切せずに「モダン・ジャズ」を吹きまくる、という選択肢はあったはずだ。ブレイキーのジャズ・メッセンジャーズに在籍していた一〇代の頃の演奏や、ハンコック〜カーター〜ウィリアムスと日本で録音した『ハービー・ハンコック・カルテット』、あるいはエルヴィン・ジョーンズとの日本での共演の記録『至上の愛』などを聴くと、ウィントンってなんて気持ちいい演奏をするトランペッターなのだ、という爽快な感動を覚えずにはいられない。しかし、「ヒップなラッパ吹き」でいられるには、ウィントンの意識はあまりに芸術家的であり、さらに言えば教育者的すぎるのだ。

ジャズが六〇年代以降さまざまな方向に拡散し、そのコアと言うべき部分が見えにくくなったのはまぎれもない事実だ。ウィントンはそのことに危機感を覚え、「ジャズのコアを明確にしつつ、それをさらに豊かなものに進める」ことを目指しているのだろう。八〇年代初めに、ウィントンやその兄のブランフォード（テナー・サックス）が住むアパートの近所に住んでいて親交があった小川隆夫氏によると、若いミュージシャンのサロンのようになっていた彼らの部屋で、ウィントンはしばしば「自分たちはジャズを通して黒人文化を継承発展させ、それと同時に自分たちが世間から見られている評価を少しでも向上させるべきだと主張していた」という（『マルサリスの肖像』ライナーノーツによる）。

文句のつけようがないミュージシャンとしての実力、決してメディアのいいなりにならずに人気とステイタスを得てしまった戦略的能力、そしてジャズという音楽とアフリカン・アメリ

レスター・ボウイ
ザ・グレート・プリテンダー (ECM, 1981)
Lester Bowie(tp), Hamiet Bluiett(bs), Donald Smith(p,organ), Fred Williams(b,el-b), Philip Wilson(ds), Fontella Bass(vo), David Peaston(vo)

カンの文化的地位向上にかける熱意。ジャズを志す若い黒人ミュージシャンの多くが、ウィントンの姿勢を規範とするようになったのも当然のことだろう。八〇年代のある時期以降、ウィントンより若い世代のオーソドックスなスタイルのジャズ・ミュージシャンがどっと登場したのは、間違いなく彼の功績なのだ。

フォービート・ジャズを愛好するファンにとって、だからウィントンは愛憎半ばする存在なのかもしれない。フュージョンを否定し、アコースティック・ジャズの復権を唱えるウィントンには共感するが、彼の音楽自体にはどこか違和感を覚える、というアンビヴァレンツ。キース・ジャレットがウィントンに浴びせている批判も、ウィントンはジャズの本質を体で理解していない、という論旨である点で、「ハートがない」という聴き手の素朴な批判と、本質的には同じことを言っているのだと思う。

ジャズのコアをスタイルだとは捉えず、よりオープンに「拡散」させようとするミュージシャンやリスナーにとっても、ウィントンは批判すべき対象となっている。たとえばジャンルにこだわらないハービー・ハンコックの音楽活動について、一時ウィントンはきわめて批判的な発言をしていたが、果たしてエレクトリック・サウンドやフュージョンを否定し、ニューオリンズ・ジャズ〜エリントン〜ビ・バップ／モダン・ジャズ、という系列を称揚することが、真の意味での「ジャズの継承」なのか？　という疑問や批判は当然出てくるはずだ。既成の価値や形式にとらわれずに、新しい感覚や認識を開拓しようと模索することこそが「ジャズの遺産を守ること」なのだ、という立場は当然ありうるし、そのときに問題とされるのは外見上のスタイルではなく、その音楽が内包する表現としての強度なのだろうから。

もっとも、悪貨が良貨を駆逐するようにニセモノがホンモノを駆逐しまくったフュージョ

スティーヴ・コールマン
マザーランド・パルス (JMT, 1985)
Steve Coleman(as), Graham Haynes(tp), Geri Allen(p), Lonnie Plaxico(b), Marvin "Smitty" Smith, Mark Johnson(ds)

ン・ブームの苦い経験を踏まえて、ウィントンは敢えて「フュージョン否定説」を戦略的に言っているのかもしれない。彼が参加した唯一のフュージョン作『フューズ・ワン～シルク』(CTI)は、その「悪貨」の代表的なものだったことだし……。

ジャズにおいて特定のスタイルを遵守《じゅんしゅ》するべきかどうか、という問題と、「偉大なるブラック・ミュージックの遺産」を正統に継承するのは誰か、という問題が絡んでくるだけに、六〇年代の「フリー・ジャズ」運動に連なるミュージシャンたちとウィントンとの軋轢《あつれき》は、より微妙で複雑だ。ウィントンにとってのイデオローグであり、デビュー作から現在に至るまで一貫して彼のアルバムのライナーノーツを執筆している批評家スタンリー・クロウチは、かつてのフリー・ジャズ運動に積極的にコミットしていたドラマーだった。クロウチにとってみれば、かつて自分たちが志して実現できなかった「ジャズという音楽の芸術性をアメリカの主流社会に正当に認識させ、それによってアフリカン・アメリカンの地位向上と主流社会への参入を果たす」という夢を実現できる存在がウィントンだ、ということになるのかもしれないが、実際に音を出しているミュージシャンにとって、ことはそれほど単純ではないはずだ。

「グレート・ブラック・ミュージック」としてのジャズ、という視点ではウィントンと共通しているはずの故レスター・ボウイも、ウィントンの方法論には批判的な発言をしていたし、ウィントンとほぼ同世代であり、ジャズの現状と未来についてやはり真摯に考えているはずのスティーヴ・コールマンも、ウィントンの功績については認めつつ、音楽の内容にはかなり辛辣なことを言っている。ここで問題になるのもやはり、ジャズの伝統・ジャズの遺産は「スタイル」によって継承されるものなのか、という、非常に難しい、そして本質的な設問であるだろう。エリントン、モンク、そしてオーネット・コールマンと、今までフリー系ミュージシャ

テレンス・ブランチャード
マルコムXに捧ぐ (Sony, 1992)
Terence Blanchard(tp), Sam Newsome(ts), Bruce Bath(p), Tarus Mateen(b), Troy Davis(ds)

ンにとっての心のよりどころであり、彼らがさまざまな形で音楽的な恩恵を被ってきたミュージシャンに対するオマージュと再検討を、ウィントンが次々と行なっていることを考えると、この問題はなかなかにシビアなものがある。

そして、これはわれわれ日本人にはなかなか実感できないことなのだが、アメリカ社会におけるアフリカン・アメリカンの地位向上とウィントンの存在、という、きわめて政治的な問題がある。ウィントンのすごいところは、「ジャズという伝統」の継承と発展を実践しつつ、自分とその音楽を社会的にエスタブリッシュされたところまで持っていったことだ。クラシック・トランペッターとしての実力を最大限に活用した、という部分もあるのだが、バーンスタインや小澤征爾と共演し、リンカーン・センターの常任音楽監督に就任し、ジャズ・ミュージシャンとしては初めてピューリッツァー賞を受賞し……といった彼の活躍は、今までのジャズ・ミュージシャンとは「階層」が違う、アメリカ主流社会での「文化人」にウィントンがなってしまったことを示している。そのことに対するさまざまな反感や思惑が、ウィントンをめぐる言説に大きな影を落としていることは事実だろう。

*

ウィントンがメジャー・シーンにデビューした当時、彼とそのコンボの演奏する音楽は、明らかに六〇年代マイルス・コンボや、そのメンバーたちが切り開いた方法論を踏襲《とうしゅう》するものだった。マイルスのエレクトリック化→マイルス門下生たちによるエレクトリック・ジャズ／フュージョン・ミュージックの流行→VSOPクインテット（フレディ・ハバード〜ウェイン・ショーター〜ハービー・ハンコック〜ロン・カーター〜トニー・ウィリアムス）の結成によるアコースティッ

ウォレス・ルーニー

ヴィレッジ (Warner Bros., 1997)

Wallace Roney(tp), Antoine Roney(ts,ss,b-cl), Michael Brecker(ts), Pharoah Sanders(ts), Chick Corea(p), Geri Allen(p), Clarence Seay(b), Lenny White(ds) and others.

マイルスの音楽を深く尊敬し、マイルス的なクロマティックで内省的なフレーズを特徴とするルーニー。97 年のこの作品では豪華なゲストを迎えて、多彩なサウンド作りに挑戦している。全体的なクォリティの高さはさすがだが、突出する強烈な個性が感じられない点が惜しい。

ク・ジャズの復活、というストーリーの延長線上に無理なく乗る新人として、ウィントンとブランフォードのマルサリス兄弟は登場してきたわけだ。ウィントンの初リーダー作『マルサリスの肖像』に収録されているトラックの約半分は、マルサリス兄弟のフロントとハンコック〜カーター〜ウィリアムスのリズム隊によるものだったし、その後この五人は「VSOPII」を名乗っての活動もおこなっている。

　マルサリス兄弟の後続、という触れ込みで、八〇年代前半から半ばに次々とデビューしてきたテレンス・ブランチャード（トランペット）、ドナルド・ハリソン（アルト・サックス）、ウォレス・ルーニー（トランペット）などの若い黒人ミュージシャンたちの音楽も、やはり六〇年代の「新主流派」サウンドを継承・発展させたものだった。当時の『スイングジャーナル』誌で「新伝承派」なる名前を付けられて喧伝された彼らの音楽は、だから「七〇年代＝フュージョン時代の否定」という文脈で評価された部分がかなり大きいものであり、アコースティックなフォービートが好きなジャズ・ファンたちは、そのクールに計算された演奏にいささかとまどいつつも、若い「正統派ジャズ」の担い手が続々と出現したことに快哉《かいさい》を叫んだのだった。

　ウィントンにとって、その時期の最後を飾る傑作は、八七年の『スタンダード・タイム Vol.1』であるだろう。ワンホーン・カルテットによるスタンダード集、という伝統的な構えを取りながら、ここでの彼らの演奏は、異なったタイム感覚で複数の楽器が同時に演奏したりする、きわめて斬新な方法論によるものだった。ウィントンの多彩で完璧なテクニックを夾雑物なしにたっぷり味わえるという点でも、この作品はウィントンの代表作たりうるはずだ。おそらく、平均的なジャズ・ファンに最もよく聴かれているウィントンのアルバムは、この作品と、父親のエリス・マルサリス（ピアノ）と共演してよりオーソドックスな演奏を聴かせた『スタンダ

ウィントン・マルサリス

スタンダード・タイム Vol.1 (Colmbia, 1986)

Wynton Marsalis(tp), Marcus Roberts(p), Bob Hurst(b), Jeff Watts(ds)

冒頭、「キャラヴァン」のテーマが始まるところからアルバムの最後まで、品位の高さと静かな緊張感が持続しているところがすばらしい。ワンホーン・カルテットなのでウィントンの華麗な技がたっぷり楽しめるし、リズム・セクションの正確にして大胆な動きも見事だ。

ード・タイムVol.3』なのではないだろうか。
『スタンダード・タイムVol.1』のコンセプトをライヴで展開した『ライヴ・アット・ブルースアレイ』を経て、八九年、ウィントンはエリントン・ミュージックとニューオリンズ・ジャズの要素を大胆に採り入れた問題作『マジェスティ・オブ・ザ・ブルース』を発表する。三五分を超える大作「ニューオリンズ・ファンクション」の中で、エリントンの音楽の高貴さを讃えるスタンリー・クロウチが書いた説教（サーモン）を延々とフィーチュアしたこの作品は、ウィントンのキャリアにとっての分水嶺と言うべきものだ。

このアルバムを境に、ウィントンの発表する作品は、「アルバム全体がひとつの作品」とみなすべき、コンセプチュアルなものが中心となった。エリントン的な濁ったハーモニーやニューオリンズ・ジャズっぽいアンサンブルを現代化しようとする試み、ニューオリンズ風の「セカンド・ライン」と呼ばれるマーチ・ビートの導入などが、モダンなハーモニーやリズム・アレンジと組み合わされて現れる『マジェスティ・オブ・ザ・ブルース』のサウンドは、これ以後のウィントンの音楽のひな型である。

もしかしたら、この変化に最もとまどったのは、それまでウィントンを「若きジャズの旗手」として持ち上げてきた「気のいいジャズ・ファンとジャズ・ジャーナリズム」だったのかもしれない。これは特に日本で顕著な現象だったのだが、九〇年代に入ると、それまでウィントンを持ち上げていた空気が、徐々に、しかし確実に冷えていったのだ。その理由は意外と単純なのだと思う。

最もばかばかしくリアルな原因は、ジャズ・ファンの大多数は「モダン・ジャズ」のファンであり、エリントンもニューオリンズ・ジャズもよく知らないし興味もない、ということだ。

ウィントン・マルサリス

ザ・レゾリューション・オブ・ロマンス〜スタンダード・タイムVol.3 (Columbia, 1989)

Wynton Marsalis(tp), Ellis Marsalis(p), Reginald Veal(b), Herlin Riley(ds)

父エリスの味わい深いピアノをフィーチュアして、スタンダードやブルースを慈しむように演奏した愛すべきアルバムだ。さまざまな種類のミュート（弱音器）を使い分けて、実に丁寧にメロディを吹くウィントンもいいが、ここはエリスの余裕綽々の演奏をじっくりと楽しむべき。

何となく偉いようだけどよく分からないから敬遠する、という、エリントンの音楽が我が国のジャズ好きの間で長年置かれてきた状況が、ウィントンに対しても反復されている、という笑えない因果話。

二つ目の原因は、ウィントンのコンセプチュアルなアルバムには、いいメロディと気持ちいいアドリブ・ソロを理屈抜きに楽しめる「この一曲」が存在しない、ということだろう。九七年に発表されたCD三枚組の「ジャズ・オラトリオ」である『ブラッド・オン・ザ・フィールズ』は、全体としては非常によくできた力作だが、この中からガーシュウィンの「ポーギーとベス」のように、単独でも愛される名曲が誕生することはないだろう。バレエのために書かれた『シティ・ムーヴメンツ』もしかり。ジャズ・ファンは、よっぽど暇な時でもなければ、「マタイ受難曲」のジャズ版みたいな「ジャズ・オラトリオ」を、四時間近くかけて聴かないのではないか。実は僕も、新作レビューのために何度か聴いて以来、この稿の準備にかかるまで聴いていなかったのだから、偉そうなことは言えない。正月休みの一日、昼食の後のんびりと聴いた印象はたいへんよかったけど、しかしそれは心がすくむような感動ではなかった。

日本のジャズ・ファンたち（アメリカ、そして他の国々ではどうなのだろう？）がウィントンの音楽を敬して遠ざけるのと反比例するように、九〇年代のウィントンは、エスタブリッシュメントへの道を着実に進んでいった。クラシック音楽と同等の「格」がありそうな大作ばかりを発表する、というしたたかな戦略がウィントンにあるかどうかは分からないが、結果として彼は、一流クラシック・ミュージシャンがアメリカの主流社会で払われるのと同等の敬意を払われる、もしかしたら最初のジャズ・ミュージシャンとなったわけだ。おめでとう、ウィントン。

ウィントン・マルサリス
ブラッド・オン・ザ・フィールズ (Columbia, 1995)
Wynton Marsalis(tp,comp,cond), Lincoln Center Jazz Orchestra

＊

この本の他のところでも書いたように、僕はウィントンの音楽を「分析と統合」による音楽の典型だと考えている。そういう点で、彼はハンコックやコリアの直系の弟だと言えるし、彼がフュージョン・ミュージックを嫌っていても、彼の作る音楽は冷静な手つきで調合された「フュージョン」なのだ。

問題は、ウィントンが綿密に調合した結果としての音楽が、その綿密さに対する評価以上の、人を否応なしにひきつけてしまう何かを持ちうるか、という点だ。彼のコンポジションの「技術点」的なレベルの高さ、先人の遺産を採り入れてそれに何かを付け加える手際のよさは大変なものだ。しかし、そこには「足し算」以上の感動が希薄なのだ。ウィントンにとって、その突破口は自分のトランペット・プレイにしかない、と僕には思える。

ウィントンは、彼自身が思っている以上に本質的なインプロヴァイザーであり、作曲家としては「秀才」以上の者ではないのではないか。もし彼がそのこともよく了解していて、エスタブリッシュメントへの戦略として大作の作曲活動をしているのなら、まあどうぞがんばってください、としか言えないのだけど。

少なくとも、僕がこれからも愛聴する彼のアルバムは、作曲家としての秀才ぶりを発揮した大作ではなく、彼がトランペッターとして思い切り吹きまくった数枚であるだろう。それを「保守的なジャズ・ファン」の繰り言と取っていただいてもよいのだが、私は秀才の作った「相対的な秀作」にはあまり興味がないのだ。

ウィントン・マルサリス
ライヴ・アット・ブルースアレイ (Columbia, 1986)
Wynton Marsalis(tp), Marcus Roberts(p), Bob Hurst(b), Jeff Watts(ds)

12

「ジャズの異物」と「種族の言語」

キース・ジャレットと「スタンダーズ」

A Heretic and the Tribal Tongue : Keith Jarrett and His Standards Trio

かつて、キース・ジャレットは「ジャズの共同体」にとっての「異物」であり、決してジャズの暖かい懐の中で眠ることをしない「異端者」だった。

一九八三年にキースがゲイリー・ピーコック（ベース）、ジャック・ディジョネット（ドラムス）とのトリオで、スタンダード曲ばかりを演奏するアルバムを出したとき、僕を含めたジャズ・ファンの大多数は、まさかこのトリオだけが、ピアノ・ソロ以外では唯一の「キースにおけるジャズ活動」になってしまうとは思ってもみなかったはずだ。保守的なジャズ・リスナーに対する迎合ではないか、とか、キースもお金がなくなってきたんじゃないの、とか、まあ単なる気まぐれかもしれないよね、とか、無責任な軽口を叩きつつＬＰに針を落とした僕は、彼らの演奏の質の高さ、ことにシンプルなエイト・ビートでひたひたと迫ってくる「ゴッド・ブレス・ザ・チャイルド」に圧倒されながらも、「キースのスタンダーズ時代」が二〇世紀の終わりまで延々と続くなどということは、これっぽっちも思いはしなかったのだ。

スタンダーズでの活動がもはや十数年を経過し、現在のキースに対する一般的なイメージは、「現代最高の正統的ジャズ・ピアニスト」、「クラシックを弾かせても一流の、しかしジャズを

キース・ジャレット
スタンダーズ Vol.1 (ECM, 1983)
Keith Jarrett(p), Gary Peacock(b), Jack DeJohnette(ds)

弾いたら超一流の巨匠」といったところになっているのではないだろうか。そうした評価は、おそらく間違ってはいない。『スタンダーズVol.1』以来、ふと気がつくと驚くほど大量にリリースされたスタンダーズ・トリオによる演奏は、スタンダード・ソングをきわめて美しく、しかし誰の模倣でもないオリジナルな解釈で演奏している点、三人の技術的な水準の圧倒的な高さと関係の緊密さという点、そして何より、個々の演奏の品位の高さ、プロポーショナルな完璧さの点で、掛け値なしに「ジャズ・ピアノ・トリオの理想的なかたち」であると断言できるのだから。

しかし、少なくとも七〇年代いっぱいまで、キース・ジャレットは標準的なジャズの場からみると「うさんくさい」イメージをぷんぷん振りまく「ヘンなやつ」だったのだ。たとえばハービー・ハンコックが『ヘッド・ハンターズ』でファンク・ビートを大胆に採り入れ、さらには『ライト・ミー・アップ』のような軟弱ポップスをやってしまったとしても、ハンコックは「ジャズの国の住人」として、キースよりははるかに普通の存在として認知されていたのだと思う。そのことはチック・コリアについても言えるはずだ。

キース・ジャレットの音楽が、実にしばしば論争の種になり、『ケルン・コンサート』にうっとりと身をゆだねる人たちと、それをかなり感情的に否定するディープなジャズ・ファンたち……というへぼな図式が一時期よく見られたのは、キースのもつ、ジャズの共同体とは相容《あい》れない「異物性」に、敏感なジャズ・フリークが過剰反応した結果なのだろう。当時、アンチ『ケルン・コンサート』派で、ジャズ喫茶でこれがかかると「おおいやだいやだ」などと声高にほざいていたひとりとして、その「異物感」は実感をもってわかるのだ。今、「時代」のバイアスから自由になって、冷静に『ケルン・コンサート』を聴いてみると、これはとんでもな

キース・ジャレット

スタンダーズ・ライヴ～星影のステラ (ECM, 1985)

Keith Jarrett(p), Gary Peacock(b), Jack DeJohnette(ds)

１曲目「ステラ・バイ・スターライト」が圧倒的にすばらしい。息の長い単音ラインで美しいフレーズを次々に紡ぎ出すキース、それをがっしり支え、随所にきらりと光る技を見せるピーコックとディジョネット。ピーコックの深々としたベースの音色が見事に捉えられている点もいい。

く水準の高い、圧倒的な強度をもつ「音楽」だ、ということがひしひしと理解できる。そしてこれが、「ジャズという共同体」のための神殿としてのジャズ喫茶という空間に、いかにそぐわない音楽であるのか、も。

しかも、ソロ・パフォーマンスや、疑似クラシック風の作品だけが「ジャズにとっての異物」であったのではない。キースの初期のトリオや、いわゆる「アメリカン・カルテット」での演奏を聴いてみても、キースの音楽は、同時代の「ジャズの標準」とは、どこかが微妙に、しかし決定的な部分で違っているように思える。ハード・バップともフリー・ジャズとも「ポスト・コルトレーン」的なモード・ジャズとも、ジャズ・ロックともフュージョンとも違う、しかしこれらの要素がすべて含まれた、複合的なくせに孤立している音楽。あの当時の「異物感」を記憶のかなたに葬り去り、キースを「ジャズの共同体」に回収してしまってはいけない。スタンダード曲とトリオ形式のもたらす恩寵《おんちょう》に隠れているだけで、キースは、実はいまだにとんでもない「異物」なのだ、と、僕はきっぱりと断言してしまいたいのだ。

*

キースの初リーダー作『人生の二つの扉』（六七年録音）を、ほぼ同時期のハンコックやコリアの作品、たとえば『スピーク・ライク・ア・チャイルド』や『ナウ・ヒー・シングズ・ナウ・ヒー・ソブズ』と比べてみると、キースの「わけのわからなさ」がはっきり見えてくる。断片を取り出すとシンプルな、しかし曲全体の構造は複雑な「リスボン・ストンプ」は、とりとめなく流れ出ていくような、自然な呼吸をそのまま音に移し替えたようなソロ・フレーズが何とも不思議な演奏。それはオーネット・コールマンのソロをピアノで弾いているようにも聞

キース・ジャレット
ケルン・コンサート (ECM, 1975)
Keith Jarrett(p)

こえるし、妙にエロティックなしどけなさ、という点ではポール・ブレイからの影響も強く感じられるものだ。「ラヴ・No.1」や「エヴリシング・アイ・ラヴ」では、ビル・エヴァンスのハーモニーを発展させたと言える、調性感のはっきりしないモダンなコード・ワークを聴くことができるが、ハンコックやコリアのような、はっきりとした奏法上のコンセプト＝スタイルを、このアルバムを通して聴いたとき、われわれは簡単に見いだすことができないのだ。

もちろん、僕が「現在から振り返った眼差し」で、彼ら三人の六〇年代末の演奏を聴いているからそう思える、という部分も少なくないだろう。ハンコックやコリアが提示した奏法は、その後数多くのフォロアーを生み、一般化されていく過程で、個人の「癖」が消去された「スタイル」として認知されていったのだから、リアルタイムで聴いた場合、三人とも同じぐらいに訳がわからなかった可能性も十分にある。逆に言えば、フォロアーを生み出さなかったという点で、キースの音楽がいかに個人的で特異な、スタイルとしての抽象化を拒むものであるか、ということが証明されているわけなのだが。

翌年の三作目『サムホエア・ビフォー』でも、事態はほとんど変わらない。すさまじい疾走感にあふれた「ムーヴィング・スーン」は、オーネットとセシル・テイラーという、まったく正反対の資質を持った二人の「フリー・ジャズ」の巨人の音楽を、強引に合体させてしまったかのような印象を与える演奏だ。テイラーに匹敵するだけの技術を持ったピアニストは、おそらくジャズの世界にはほとんど存在しないだろうが、キースはその数少ない一人なのだと思う。そして、オーネットに匹敵するだけの「メロディ」に対する天賦《てんぷ》の才能を持ったミュージシャンも、これまた稀有の存在だろう。

しかし、キースのおもしろいところは、そうした高い次元での技術と感性を、あるスタイル

キース・ジャレット
人生の二つの扉 (Vortex, 1967)
Keith Jarrett(p), Charlie Haden(b), Paul Motian(ds)

に収斂《しゅうれん》させていくのではなく、とりとめのない多様な音楽の集合として表現したことだった。ザ・バンドを思わせるアーシーな乗りの「マイ・バック・ペイジズ」や、ストライド・ピアノやラグタイムの雰囲気を「オーネット後」の感覚で再構築したかのような「サムホエア・ビフォー」、さらにはきわめてモダンでリリカルな和声を用いた「プリティ・バラッド」と、ここでのキースの音楽の幅は、同時期の他のジャズ・ミュージシャンに比べてきわめて広いのだ。そして、何とも不思議なのは、これだけ多様な傾向の音楽を演奏しているくせに、「キース・ジャレット」という強烈な個性が、いやになるほど強く匂ってくること。この強烈な匂いは、キースを「ジャズの共同体」から峻別する徴《しるし》であり、一部の（いや、決して少なくない数の）ジャズ・ファンやミュージシャンから、「生理的」と言ってもいいレベルで嫌われる原因になった何かなのだろう。

しかしその正体を、僕はうまく言葉にすることができない。ここでは、その「匂い」が極端なかたちで濃縮された作品として、ギターの弾き語りで、まるでボブ・ディランのフォロワーのようなシンガー＝ソングライターぶりを披露した『レストレーション・ルーイン』（六八年）と、数多くの楽器を一人で演奏して、どことは言えない「民俗音楽風」サウンドを捏造《ねつぞう》した『スピリッツ』（八五年）を挙げておこう。僕個人の感想としては、前者はなかなかカワイイので許すが、後者はほとんど聴いている時間の無駄、としか思えないものだった。しかしほんとに妙なやつだなあ、キースって。

チャーリー・ヘイデン（ベース）、ポール・モチアン（ドラムス）とのトリオにデューイ・レッドマン（テナー・サックス）を加えた、いわゆる「アメリカン・カルテット」系統の作品群（その多くにはパーカッションが参加しているし、ギターのサム・ブラウンも前期のレコーディングでは準レギュラ

キース・ジャレット
サムホエア・ビフォー (Vortex, 1968)
Keith Jarrett(p), Charlie Haden(b), Paul Motian(ds)

ー的な扱いなので、「カルテット」と呼ぶのは不正確なのだが）についても、キースの多様性とそれぞれの質の高さ、そして、ジャズの内部にいるくせに「外部性」を強く感じさせるたたずまいは不変だ。ヘイデンに加えてレッドマンを得たことにより、オーネット的な要素はますます強くなり、キース自身が吹く竹笛やレッドマンのミュゼット、さらにはパーカッションの参加によって、地域を特定できない民俗音楽風の演奏が、トリオにはなかった要素としてつけ加えられた。

そして、左手の安定した響きが気持ちいい、あの地に足がついたアーシーなゴスペル〜ロック・フィーリング。あれは間違いなく、ザ・バンドやその周辺のアメリカン・ロックにインスパイアされたものであり、同時代的な「ジャズ」のフィールドで類似したものを探すとすれば、ゲイリー・バートンやラリー・コリエルよりも、意外なことにマイク・マイニエリを中心とした「幻の元祖フュージョン・バンド」ことホワイト・エレファントあたりなのかもしれない。もちろんのこと、ハード・バップ以降のジャズに現れた要素は、そこにほとんどすべて含まれているわけで、それらが複雑に絡み合って、しかしまったく折衷を感じさせない「キース色」の合金となって現れる音楽は、スタンダーズしか聴いたことのない聴き手にとっては、呆れるほど「ヘン」なものに聞こえるのではないか。

あまり注目されないが、当時のキースの音楽傾向がよく現れているアルバムとして、七一年の『エクスペクテイションズ』を挙げておこう。アメリカン・カルテットにギターのサム・ブラウン、アイアート・モレイラのパーカッション、さらにはストリングスとブラス・セクションが加わったこの作品で、キースは土のにおいがするロック的なサウンドやラテン風のハッピーなリズム、オーネットっぽいシンプルかつフリーなラインが入り交じる曲を書き、ストライ

キース・ジャレット

エクスペクテイションズ (Columbia, 1971)

Keith Jarrett(p), Dewey Redman(ts,ss,etc), Charlie Haden(b), Paul Motian(ds), Guilherme Franco(per), Strings and Brass

ド・ピアノからセシル・テイラーまでが混在する、しかし「ジャズ・ピアノの歴史早分かり」風の軽薄さはまるでないピアノを弾いている。

*

さて、スタンダーズだ。冒頭で述べたように、今や彼にとってソロ以外では唯一の「ジャズ活動」の場となっているこのトリオについて、キース本人は、トリオの三人にとって、スタンダード曲は「種族の言語」であり、三人ともが若いときに経験し、学び、「歌詞を知っている」基本的な文化である、と言い、スタンダーズを始めた理由として「種族の言語を使っている人間がまったくいなくなってきている」こと、そして「種族の言語をどのように保存し、その言語を使ってどのように新しいことが話せるか」を試みたかったこと、を挙げている（『キース・ジャレット　音楽のすべてを語る』一九八九年、立東社刊より）。

ジャズの中で「異物」であったはずのキースが、ふと気がつくと「ジャズの言葉」で話ができる、数少ないミュージシャンのひとりになってしまっていた、ということ。九〇年代に入ってからのジャーナリズムにおける発言、特にウィントン・マルサリスの「ジャズの継承」に対する挑発的とも言える反発をみても、キースが「ジャズの言語」の創造的継承ということについて、非常に大きな責任と危機感をもっていることが伺える。形式のなぞりではなく、新奇な仕掛けや技法に頼るのでもなく、種族の言語の「保存と発展」を実現させる、という難しい課題に見事に応えることによって、キースは「ジャズ」のあるべき姿を示唆しようとしているのだろうか。彼の多様性と強烈な音楽的エゴを濾過《ろか》するためのフィルターとして、スタンダードという枠組みは非常に有効なのだ。この枠組みの恩寵によって、キースのもつ「異物性」は、

チック・コリア

ナウ・ヒー・シングズ、ナウ・ヒー・ソブズ (Solidstate, 1968)

Chick Corea(p), Miloslav Vitous(b), Roy Haynes(ds)

コリアのクールで理知的な演奏が、ジャズ・ピアノの新しい時代の到来を示した。構造的にはブルースだが、出てくる音はまったく「ブルージー」ではない「マトリックス」の演奏がその典型。前へ突っ込むビートで鋭くピアノに反応するヴィトウスとヘインズのプレイもすばらしい。

ジャズの創造的な継承に寄与することになる。

ジャズの運動＝変化は、「ジャズ共同体」の豊穣な文化と、そこに突然現れる「異物」とのせめぎあいによって生じてきたものであるはずだ。しかし、共同体の文化が消滅しかかっている今、「異物」であるはずのキースは、まず共同体的文化の枠を自分で設定し、それを内側からずらし、食い破るという困難な役割を演じざるをえないのかもしれない。唐突な比較かもしれないが、ジョン・ゾーンが九〇年代のかなりの部分を費やしているプロジェクト「マサダ」もまた、ある意味でキースにとってのスタンダーズと同じ位相にあるものなのではないだろうか。「ヘブライ的旋律」という、ジャズにとっての「異物」そのものの枠組みを設定してはいるが、マサダの演奏もまた、実にまっとうな「ジャズ言語」を見事に話して、その発展的継承を試みたものなのだ。キースやゾーンがこうした役割を演じてしまうということ自体が、現在の「ジャズ」がクリティカルな局面にある、ということの証明であるのだろう。

＊

九七年、キースは「慢性疲労症候群」という病気で倒れ、九七、九八年の二年間、まったく公的な音楽活動をしなかった。そして九九年秋に発表された、自宅のスタジオで少しずつ録音されたというソロ作『メロディ・アット・ナイト、ウィズ・ユー』は、スタンダードの美しく可憐なメロディを、何の虚飾も仕掛けもなく、掌《てのひら》の中で大事に暖めるかのように弾いたものだった。かつてマイルスは、「メロディは俺にとって餌のようなものだ。俺はメロディを食って生きている」と言ったが、キースもまた、「美しいメロディ」を糧として生きていかざるをえない人間なのかもしれない。おそらく、彼にとっての「種族の言語」の最も根底にあるものは、

キース・ジャレット
メロディ・アット・ナイト、ウィズ・ユー (ECM, 1998)
Keith Jarrett(p)

スタンダード・ソングの旋律そのものである。

九九年九月二七日、東京文化会館大ホールでおこなわれたソロ・コンサート初日で、彼は短めのインプロヴィゼイションを六曲演奏し、アンコールでスタンダード・ソングを三曲（「マイ・シップ」「オールマン・リヴァー」「ダニー・ボーイ」）弾いた。たとえば彼のソロにおける最高傑作であるはずの『ラ・スカラ』（九五年）のような、とてつもないエゴと強度を感じさせる局面はなかったものの、従来の彼とはどこか異質な穏やかさとしなやかな軽さを感じさせるそのパフォーマンスは、病中のハードな時期を「スタンダードの恩寵」――その恩寵は「ジャズ」にとってではなく、あくまでも彼自身にとってのものだったのだが――のおかげで乗り越えたことと関係があるのではないか、という気がする。ここではひとまず、キースが無事に復活を遂げたことを喜びたい。そして、彼が「種族の言語」を最も見事に操れるミュージシャンでありつつ、「ジャズの共同体」にとっての異物であり続けることを望みたい。間違いなく、ジャズの歴史は偉大な「異物たち」によって書き換えられてきたのだし、今後もそうあり続けることが、「ジャズの明日」にとっての唯一の道なのだから。

キース・ジャレット
ラ・スカラ (ECM, 1995)
Keith Jarrett(p)

45分に及ぶ1曲目は、オリエンタルなよじれた旋律が延々と続き、聴き手は長い夢を見たような不思議議な感覚を覚える。その次はセシル・テイラーに匹敵するハードなフリー・ソロ。キースのソロ作の中で最も濃密なこれを聴くと、彼がこの後倒れてしまったのも無理はない、と思う。

13

オマージュとコラージュ
ハル・ウィルナー、キップ・ハンラハン

Hommage and Collage: Hal Willner and Kip Hanrahan

ハル・ウィルナー――ジャンルを超えたトリビュート

わくわくする。どきどきする。体の上に乗っていた重しがすっと外れたような、深刻な言い争いがふと口をついて出た一言で爆笑に変わったときのような、マルクス兄弟や「天才バカボン」の「おかしさ」が、ある臨界点を超えるあの瞬間のような、こちらの存在全体が解放される眩暈《めまい》を伴った喜び。僕にとって「モンクを聴く」ということは、この底抜けの快楽を受け入れることに他ならない。それは決して「しみじみ」「ほのぼの」したものではありえず、長い時間をかけて「了解」に達したのちの感動でもなく、あくまで唐突でプレイフルな「下半身モヤモヤ、みぞおちワクワク、頭クラクラ」（©細野晴臣）を呼び起こす体験なのだ。

ハル・ウィルナーのプロデュースした『セロニアス・モンクに捧ぐ』（八四年）は、モンクの音楽が持つそうした遊戯感覚を、まるで遊園地巡りのような気分で味わわせてくれるオムニバス・アルバムだ。一曲目は、ブルース・ファウラーのトロンボーン・アンサンブルによる「セロニアス」。モンクの曲を特徴づける、単純だが力強いメロディの反復を持つこの曲は、聴き

V.A.
セロニアス・モンクに捧ぐ (A&M, 1983/84)
Carla Bley Band, NRBQ, Steve Lacy(ss), Gil Evans(p), Charlie Rouse(ts), Todd Rundgren(arr,kb, etc), Steve Kahn(g), Donald Fagen(syn), Was(Not Was) and others. produced by Hal Willner

手を「モンクの世界」、ジョン・アーヴィングの小説『ガープの世界』の原題に倣って言えば"The World According To Monk"へと誘うファンファーレだ。

ド・ドドド・ドーシ・ド

ドドドドドドドーシ・ド

この『モンクに捧ぐ』には、多彩な顔ぶれによる二三のトラックが収録されているのだが、スティーヴ・レイシー（ソプラノ・サックス）、チャーリー・ラウズ（テナー・サックス）、バリー・ハリス（ピアノ）、ギル・エヴァンス（ピアノ）などのジャズ・ミュージシャンたちが、それぞれのモンクに対する思いを込めた静謐《せいひつ》な演奏を聴かせているのに比べ、ロック畑の演奏者たちの多くは、実にあっけらかんとした大騒ぎを繰り広げている。モンクとともに生き、同時代に音楽を作り出してきた者たちによる、感動的だがどこか寂しげな演奏と、実生活のレベルではモンクとの関わりを持たなかった若いミュージシャンたちの、ひたすら肯定的なパワーにあふれたプレイ。ハル・ウィルナーは、ある音楽＝音楽家の曲を採り上げる際の典型的な二つの行き方を提示し、それらを巧妙に組み合わせることによって、一面的ではない奥行きのあるトリビュート・アルバムを制作したのだった。

そして僕には、「追憶＝個体としてのモンク」ではなく、「可能性＝現象としてのモンク」を選択したロック・ミュージシャンたちの態度が、言葉に還元できる「感傷」とは無縁なところで音楽を作り出していたに違いない、この巨大な音楽家にトリビュートするのにふさわしい振る舞いであるように思えるのだ。

『モンクに捧ぐ』を聴いていて、まず気がつくことは、ここで演奏しているロック系ミュージシャンたちにとっての「モンク」が、何よりもまず執拗な反復、ぶっきらぼうですらある繰

V.A.

アマルコルド　ニーノ・ロータ (Hannibal, 1981)

Jaki Byard(p), Dave Samuels(vibes), Carla Bley(cond,organ,glockenspiel), Bill Frisell(g), Sharon Freeman(french horns,p), Muhal Richard Abrams(cond), Michael Sahl(kb), Chris Stein(g), David Amram(penny whistle,double ocarina,shanai,g,claves), Steve Lacy(ss,gong), William Fischer(cond) and others. produced by Hal Willner

り返しとして表現されている、という点だ。
シャッフルのリズムとペケペケ・ギターがばかばかしくも楽しいNRBQの「リトル・ルーティ・トゥーティ」、マーク・ビンガム、ブレンデン・ハーケイン、ジョン・スコフィールドのトリプル・ギターによる「ブリリアント・コーナーズ」と「ジャッキーイング」、トッド・ラングレンのシンセサイザーがほとんどファミコン的に表層を滑る「フォア・イン・ワン」、そして曲の骨組みだけが残り、メロディはぐしゃぐしゃに破壊されていながら、やっぱりこれは「反復」である、というしかないジョン・ゾーンの「シャッフル・ボイル」。

つまりは、モンクの曲の旋律が強力すぎる、ということなのだ。しかも通常の「いい曲」たちとは違って、モンクの作るメロディは人をただうっとりとさせるわけではない。「ラウンド・ミッドナイト」や「リフレクションズ」といった例外はあるにせよ、「ブルー・モンク」「ブリリアント・コーナーズ」「エピストロフィー」などをはじめとする、いわゆる「モンクらしい」曲たちには、聴く者を高揚させながらも、曖昧な幻想を抱くことを禁じるような、熱狂と覚醒がない交《ま》ぜになった不思議な感触がある。わらべ歌のようですらもある、少ない音で構成されたメロディ・ラインは、そこらにある物の名前をのっけては口ずさみたくなるような原初的な衝動を呼び起こし（僕には、「ブルー・モンク」を聴くたびに、「かにみそー・かにみそー」という言葉が聞こえてくるのだ、なぜか）、リズム的・和声的なはぐらかしが、聴き手の足どりをつんのめらす。反復によって生じる呪文のような陶酔は、同時に笑っちゃうしかないばかばかしさを喚起する。

言ってみれば、モンクの音楽は、子どもが徹底的なリアリストだ、というのと同じ意味での「リアリズム」なのだろう。自分が頭の中で聴いた音を、観念的なフィルターを通さずにごろ

V.A.

眠らないで〜不朽のディズニー名作映画音楽〜 (A&M, 1988)

Bill Frisell(g,banjo), Wayne Horvitz(p,syn), Mark Bingham(banjo), The Roches, Los Lobos, Bonnie Raitt(vo,g), Was(Not Was), Tom Waits(vo), Suzanne Vega(vo), Syd Straw(vo), Buster Poindexter(vo), The Banshees of Blue, Yma Sumac(vo), Aaron Neville(vo), Garth Hudson(kb,syn,accordions), NRBQ, Betty Carter(vo), Sun Ra and his Arkestra, Harry Nilsson(vo), James Taylor(vo,g,whistle), Ringo Starr(vo), Herb Alpert(tp) and others. produced by Hal Willner

りと外に出してしまう「ガキ的唯物性」。たとえば都会のおしゃれな音楽、たとえば苦悩する芸術の求道者、などといった、ありがちな「ジャズ」のイメージは、モンクの音楽の前では何とも陳腐なものに思えてしまうのだ。

　こういうとんでもない素材を採り上げて、ただコード進行をなぞっただけのアドリブ・ソロを取ったとしても、それはまったく「モンク的」な振る舞いではない。モンクの曲＝音楽の持つ構造、そしてそこから伝わってくるスピリット（それは「いかにも〜らしい」紋切り型を避け、イメージではなく「音」そのものを演奏しようとする態度だ）に自らを共振させること。モンクを聴いたときに感じた快楽や驚きを、それぞれのやり方で増幅・変奏して伝えること。モンクの音楽をより豊かに送信するためには、いわゆる「ジャズ」の枠組みを守る必要はまったくないはずだ。スタイルがジャズか否か、ではなく、演奏者の気分が「モンク」か「非モンク」か、ということが問題なのだ。

　ドラム・マシーンのメタリックなリズム、エリントンを思わせるレイジーなホーン・アンサンブル、ソウルフルで官能的な女性ヴォーカルといった異質な要素をダブ的感覚で組み合わせて、圧倒的なうねりに満ちた時空間を現出させた、ウォズ（ノット・ウォズ）の「バルー・ボリヴァー・バルースアー」は、モンクス・ミュージックを一度解体して自分の中で再構築することによって、「モンクを生きる＝モンクを生かす」音楽の創造に成功した典型だ。そして、カーラ・ブレイ・バンドの「ミステリオーソ」は、モンク・カルテットでこの曲を吹いたジョニー・グリフィン（テナー・サックス）をゲストに迎え、繊細で周到なホーン・アレンジにハイラム・ブロックのギターを効果音的に使ったユーモラスな仕掛けを施して、オーソドックスなくせに新鮮な感覚を持ったサウンドを作り上げている。これは、追憶しつつも楽天的に「モン

V.A.

ウィアード・ナイトメア〜メディテイション・オン・ミンガス (Sony, 1992)

Art Baron(tb,etc.), Bill Frisell(g,etc.), Greg Cohen(b,etc.), Micheal Blair(per,etc.), Francis Thumm(Harry Partch instruments), Don Alias(per), Elvis Costello, Robbie Robertson, Leonard Cohen, Ray Davis(voices,vo) and others. produced by Hal Willner

ク」を押し拡げていく、という、このトリビュート・アルバムの精神を象徴するトラックだ。

八二年のモンクの死後すぐに構想され、二年後に完成したこのアルバムは、真に可能性にあふれた「ジャズの遺産」の継承は、もはやこういう形であっけらかんと開放的におこなうことによってしか意味をなさないのだ、という事実をいち早く具体化したものとして、今や歴史的な意義を帯びた作品だ、とすら言えるだろう。特定の共同体の中で「密教的」に執りおこなわれる「ジャズの伝統の継承」ではなく、スタイルやジャンルを超えて、モンクの「気分＝スピリット」を発展的に、そしていささか軽薄になることをも恐れずに、明るくポジティヴに受け継いでいくこと。折しも日本のカルチュア・シーンに巻き起こった「ニュー・アカデミズム」ブームの最中にリリースされたこのアルバムは、「ジャズにおけるポスト・モダン」の到来を、同時代のリスナーにひしひしと実感させるものだった。

＊

伝説的なテレビ・ショー『サタデイ・ナイト・ライヴ』の音楽監督を務め、映画と映画音楽から深い影響を受けたウィルナーにとって、ひとつのアルバムに異なるジャンルのミュージシャンを混在させることや、さまざまな傾向の音楽をコラージュ状に組み合わせてひとつの「作品」を創造することは、ごく自然な行為であったに違いない。ニーノ・ロータがフェリーニの映画のために作った曲をジャズ・ミュージシャンたちが演奏した『アマルコルド』（八一年）で「リーダーとしてのレコード・プロデューサー」の仕事を開始したウィルナーは、このモンク・トリビュート作の後、クルト・ワイルの曲を集めた『星空に迷い込んだ男』（八五年）、ディズニー映画の音楽を題材とした『眠らないで』（八八年）と、より多彩で豪華なミュージシャ

ジョニ・ミッチェル

ミンガス (Asylum, 1978/79)

Joni Mitchell(g,vo), Jaco Pastorius(b), Wayne Shorter(ss), Herbie Hancock(el-p), Peter Erskine(ds), Don Alias(congas), Emil Richards(per)

晩年のミンガスと交流を持っていたシンガー＝ソングライター、ジョニが、ミンガスの曲とオリジナルで綴った、この上なく美しいミンガスへのオマージュ。ジャコの重く奔放なベースと、空間に飛翔するショーターのソプラノ・サックスが、ジョニの声と生ギターを引き立てる。

ンの組み合わせによる「オールスター・キャスト」のアルバムを制作し、新しいタイプの「クリエーター＝プロデューサー」としての評価を高めていった。

ロス・ロボス、ボニー・レイット、トム・ウェイツ、スザンヌ・ヴェガ、アーロン・ネヴィル、ベティ・カーター、シネイド・オコーナー、サン・ラのアーケストラ（！）、ハリー・ニルソン、ジェームズ・テイラー、リンゴ・スター、ビル・フリゼール、ウェイン・ホーヴィッツなどなど、信じられないような超豪華な面々が勢揃いした『眠らないで』は、確かに非常に楽しいゴージャスな作品だったのだが、その反面、豪華キャストのハリウッド大作を観たときのような虚しさがどこかに感じられたこともまた事実だった。

ウィルナー自身もそれに似た気持ちを抱いたのだろうか、九二年に発表されたチャールズ・ミンガスへのトリビュート作『ウィアード・ナイトメア～メディテイション・オン・ミンガス』は、一転してダークでシリアスな色合いを帯びた、統一感のあるサウンドを指向した作品となった。

ここでのウィルナーは「ハウス・バンド」というべきユニット（ビル・フリゼール～アート・バロン～グレッグ・コーエン～マイケル・ブライアー～ドン・アライアス）を設定し、そこに多彩なゲストが加わる、という手法を取っている。ここで特筆すべきは、ほぼ全曲に渡って、アメリカの現代音楽作曲家であるハリー・パーチ（一九〇一～七四）が考案した不思議な楽器類を参加させ、サウンドに立体的な陰影を与えていることだろう。さまざまな大きさの広口ガラス瓶をつるした「クラウド・チェンバー・ボウルズ」、演奏者が台に乗らないと叩けないような巨大なマリンバ「マリンバ・エロイカ」、一オクターヴを四三の音程に分割したオルガンである「クロメロディオンII」、飛行機の燃料タンクを改造した「ザ・コーン・ゴングス」などなど……。生

ミンガス・ビッグバンド

ブルース＆ポリティクス (Dreyfus, 1999)

Randy Brecker, Earl Gardner, Alex Sipiagin(tp), Akilli Jamal Mshauri Haynes, Conrad Herwig, Dave Taylor(tb), Alex Foster, Vinsent Harring, Bobby Watson(as), Seamus Blake, Mark Shim, John Stubblefield(ts), Ronnie Cuber(bs), John Hicks, David Kikoski(p), Boris Kozlov, Andy McKee(b), Johathan Blake, Gene Jackson(ds), Eric Mingus, Charles Mingus(vo)

前はまったく無関係だったミンガスとパーチの音楽を合体させる、という驚くべきアイディアを思いつき、それを見事に成功させたという点だけでも、ここでのウィルナーのクリエイティヴィティは冴えに冴えまくっている。

そして、霧の流れるモノクロームの画面のようなサウンドの上で、まるでスクリーンの名優たちのように、ミンガスの自伝『負け犬の下で』の一節を呟いたり歌を歌ったりしては消えていく、ロビー・ロバートソン、レナード・コーエン、エルヴィス・コステロ、ドクター・ジョン、キース・リチャーズ、レイ・デイヴィスなどの、年輪を重ねたさまざまな「声」たち。それまでのウィルナーのアルバムが「ヴィデオ・クリップ集」的な作りだったとすれば、この作品で彼は初めて「長編映画」を監督した、と言えるだろう。実はこの作品には、一曲にハミングで参加していたレイ・デイヴィス（キンクスのリーダーの、あのレイ・デイヴィスだ）が監督を務めた「映像版」が存在するのだが（『ウィアード・ナイトメア　チャールズ・ミンガスに捧ぐ』）、ミンガス自身のフィルムも挿入されるその映画より、ウィルナーの「音」のみによるこの作品の方が、はるかにスピリットが「映画的」なのだ。

ジャズ・プロパーのミュージシャンやプロデューサーには決して思いつけない「ミンガス・ミュージックの可能性」を掘り起こし、ジャンルを超えた「二〇世紀音楽としてのミンガス」を提示してみせたこのアルバムは、ミンガスの音楽に対する側面からの「愛ある捧げ物」として、ジョニ・ミッチェルの傑作『ミンガス』（七九年）と双璧をなすものだ。

ここでのウィルナーのアプローチが、あまりに知的すぎ、あるいは「文学的」すぎてストレートに音そのものを享受しにくい、という批判は当然ありうるだろう。しかし、ニューヨークの「タイムズ・カフェ」を拠点としてミンガスのレパートリーを演奏している「ミンガス・ビ

アストル・ピアソラ
タンゴ・ゼロ・アワー (Nonesuch, 1986)
Astor Piazzolla(bandneon), Fernando Suarez Paz(vn), Pablo Ziegler(p), Horacio Malvicino,Sr.(g), Hector Console(b)

ッグバンド」のような、ジャズ内部からの正攻法の「継承」だけでは、ミンガスの音楽が潜在的に持っている、もしかしたら本人も気づいていなかったかもしれない多様性や奥深さを発見することはできないのではないか、と僕は思うのだ。もちろん同じことが、モンクにも、エリントンにも、オーネット・コールマンにも、エリック・ドルフィーにも言えるはずだ。ウィントン・マルサリス的な生真面目で正統派のアプローチだけでは、「ジャズの偉大な遺産」は、ジャズの内部のみで縮小再生産されてしまいかねないのである。

キップ・ハンラハン――「肉で出来た都市」の音楽

ハル・ウィルナーのプロデュース作品は、まぎれもなく「都市」の匂いがする音楽だ。その「都市」とは、具体的に言えばもちろんニューヨークであり、多種多様な民族的・文化的バックグラウンドを持った人々が足早に行き交う冬の街（なぜか冬がしっくりくる）、というイメージを、僕はウィルナーの音楽から感じとってしまうのだ。

ここで紹介したい、もう一人の「脱ジャンル音楽」のクリエーター＝プロデューサー、キップ・ハンラハンの音楽からも、大都会の匂いが強烈に感じられる。ウィルナーとハンラハンの大きな違いは、ウィルナーの音楽からはほとんど感じられない恋愛の官能と苦さ、性愛の生々しい気配が、ハンラハンの音楽に描かれた都市からは強く立ちのぼってくる、ということ。ハンラハンの世界は、彼の作品のアルバム・タイトルによれば、「すべての道が肉で出来ている」(All Roads Are Made of The Flesh) 都市なのである。

ブロンクスのスパニッシュ・コミュニティに生まれ育ち、「ニューヨークのラテン」の乾い

V.A.

アンソロジー　アメリカン・クラヴェ (American Clave, 1980-90

Kip Hanrahan(produce,arr,per,etc) with Jack Bruce, Don Pullen, Steve Swallow, Milton Cardona and others.

ハンラハンの10年間の活動をＣＤ２枚にまとめたアンソロジー。ニューヨーク・ラテンとダウンタウンのアヴァンギャルド・シーンのスリリングな接点、ミュージシャンを多様な分野から集めて「都市のエロティシズム」を感じさせる音楽を創造するハンラハンの才能を痛感させられる。

た官能性を空気のように吸って生きてきたハンラハンは、七〇年代にはパリでジャン＝リュック・ゴダールの助手を務めるほどの、筋金入りの映画フリークだったという。七〇年代末に、詩人・小説家のイシュメル・リードと共に映画製作を企画するが予算が調達できずに挫折、そこからより低予算で実現できるレコード制作へと移行していった。リードとの企画は、八三年に録音された『コンジュア：イシュメル・リードのテキストによる音楽』で、レコードとして実現することとなる。

七九年から八一年にかけて録音されたハンラハンの初リーダー作『クー・ドゥ・トゥトゥ』には、テオ・マセロ（テナー・サックス）やカーラ・ブレイ（ピアノ）、チコ・フリーマン（テナー・サックス）、ジャマラディーン・タクマ（ベース）などのジャズ畑の面々、ジェリー・ゴンザレスやダニエル・ポンセなどのニューヨークに住むラテン・パーカッショニストたち、そしてアート・リンゼイ（ギター、ヴォーカル）やアントン・フィア（ドラムス）、ビル・ラズウェル（ベース）などの新世代のアンダーグラウンドなミュージシャンたちが参加している。このセッションをきっかけに、アントン・フィアのゴールデン・パロミノスが結成され、リンゼイのバンドであるＤＮＡのアルバムがハンラハンの持つ「アメリカン・クラヴェ」レーベルからリリースされ……と、八〇年代初頭の段階で、ハンラハンはすでにニューヨークのダウンタウンで起きていた新しいムーヴメントの仕掛人の一人となっていた。

それ以後、ハンラハンと彼のアメリカン・クラヴェは、次々に充実した内容のアルバムを制作・発表していく。プログレッシヴなタンゴの巨人、アストル・ピアソラのプロデュースを手がけ、畢生《ひっせい》の傑作『タンゴ・ゼロ・アワー』（八六年）をはじめとする三枚のアルバムを制作したことも忘れてはならないが、彼自身の名義による作品群における、ほとんどアナーキーと言

キップ・ハンラハン

千夜一夜物語 (American Clave, 1998)

Carmen Lundy(vo), Jack Bruce(vo), Puntilla Orlando Rios(quinto), Mike Cain(p,organ), Abraham Rodriguez(congas,clave), Kip Hanrahan(per), Robby Ameen(trap drums), DD Jackson(p), Alfredo Triff(vn), Paoli Mejias(congas,quinto), Eric Valez(congas), Brandon Ross(g,vo), Don Pullen(p,organ), Fernando Saunders(b), Milton Cardona(congas), JT Lewis(trap drums), Horacio Hernandez(trap drums), Henry Threadgil(fl), Andy Gonzales(b), Richie Flores(congas), Charles Neville(ts), Steve Swallow(b) and others.

うべきミュージシャンの選択ぶりと、それを自在に使いこなして見事に個性的な「ハンラハン・サウンド」をクリエイトする不思議な才能には驚くしかない。

九二年に録音されたハンラハンの『エキゾティカ』を聴いてみよう。クリームのベーシストだったジャック・ブルースの、やや高めで微妙にしゃがれた歌声、ジョージ・アダムズ（テナー・サックス）とのコンビで知られるジャズ・ピアニスト、ドン・プーレンが鍵盤をこねくり回してひねり出す暴力的なくせに哀愁に満ちた旋律、クールかつソウルフルなギターを弾いているのはニューオリンズのファンク・バンド、ミーターズ出身のレオ・ノセンテリで、ベーシストはNYラテン界の名手であるアンディ・ゴンザレス、パーカッション類の中心はやはりNYラテンの大物、ミルトン・カルドーナだ。ここに挙げた五人に、旧友のパーカッショニスト、ジェリー・ゴンザレス、ニューオリンズR&Bのベテラン・プロデューサーでピアニストのアラン・トゥーサン、ここ二〇年ほどはカーラ・ブレイのパートナーとして活動しているジャズ・ベーシストのスティーヴ・スワロウなどを加えた面々が、ハンラハンにとってのキー・メンバーというべき存在。

ラテンとソウル・ミュージックをベースにさまざまな音楽のスパイスを複雑に加えてぐつぐつと煮込み、深夜の大都会のダウンタウンを舞台にした架空の映画のサウンドトラックのような、クールなくせに実になまなましく人間の息づかいが聞こえてくる音楽を、ハンラハンは黙々と作り続けてきた。それは彼が愛してきた多様な音楽へのオマージュであり、それらをミックスしたコラージュでありながら、折衷主義の薄っぺらさはまるでない、見事に肉体化された強度を持つ音楽だ。

ハンラハンの音楽についての最良の入門編、と言える『アンソロジー／アメリカン・クラヴ

オーケストラ・ウォズ

フォーエヴァーズ・ア・ロング、ロング・タイム (Verve Forecast, 1997)

Don Was(produce,arr,b,g,kb,sax), Sweet Pea Atkinson, Merle Haggard(vo), Terrence Blanchard(tp), Herbie Hancock(p), Wayne Kramer(g), Harvey Mason(ds) and others.

ハンク・ウィリアムスのカントリー曲をドラム・サウンドを強調した現代の音に仕立て、しかもジャズ・ミュージシャンのソロを随所にフィーチュアする、という不思議な試み。アメリカ音楽の複雑な混淆を、学究的・実験的態度ではなく見事なエンターテインメントとして実現させている。

ェ』のパンフレットに掲載されているインタヴューで、アメリカン・クラヴェという特異なレーベルを二〇年間続けてきた理由を訊かれたハンラハンは、次のように答えている。

「病気だから仕方がない（笑）。落ち着かないんだよ。静かじゃだめなんだ。そして、そんな場所がどこにあるかは分からないんだよ」

確かにハンラハンの音楽は、何かを渇望している人間の音楽であるように僕には思える。冷静な手つきに情熱を込めるタイプのウィルナーとは違う、月に憑《つ》かれた男の夢想のような、危険な匂いが立ちこめ、そして本質的に孤独な音楽。

九九年末の時点で二作目まで発表されている『千夜一夜物語』を、ハンラハンは一二作まで続けるつもりだという。世紀末を超えて続く「甘美な悪夢」のサウンドトラックを、このダウンタウンの夢魔のような男は、どう織りあげていくのだろうか。［追記：二〇一八年二月までの時点で、『千夜一夜物語』の続編は出ていない］

セイゲン・オノ

コム・デ・ギャルソン (Saidera, 1987-89)

Seigen Ono(kb,g,per,etc.), Arto Lindsay(g,vo,voice,Sp12), Bill Frisell(g,voice), John Zorn(sax), Michael Blair(box marimba,per), Hank Roberts(cello) and others.

セイゲン・オノは、日本では珍しい「クリエイターとしてのエンジニア＝プロデューサー」だ。これはファッション・メーカー「コム・デ・ギャルソン」のために作られた音楽をまとめたもの。ＮＹダウンタウン・シーンの面々と日本のミュージシャンを組み合わせた「都市のためのＢＧＭ」だ。

14

ジョン・ゾーンから「ジャズ」を見る

明晰さとポジティヴな力

Watching Jazz through John Zorn: Insight and Positiveness

この一〇年間、「ジョン・ゾーン」という単語は、同時代のジャズ、いやそれに限らず「音楽」をめぐる言説の場で、いささかうんざりするほどに書かれ、語られてきた。八〇年代以降のアヴァンギャルド・ミュージックやオルタナティヴな音楽を語る人間は、その語り手の立脚点やホームグラウンドが何であれ、ゾーンの存在と彼の音楽を無視することができなかったのだ。場を「ジャズ」に限定して考えてみても、ここ二〇年ほどのジャズの動きを捉えようとする者は、ウィントン・マルサリスとジョン・ゾーンという、およそ両極端な考えと音楽的指向を持つ二人の幅の中で、「ジャズ」という音楽の現代的な意味を考えざるを得ないはずだ。

それにしても、である。ゾーンはあまりにも「現代の音楽」が直面している種々の問題を鋭くキャッチし、それに対するきわめてシャープで気の利いた解答を提示してしまっている。そして、現代における音楽について考える論者たちは、ゾーンがキャッチしては解答を与えた諸問題について、それが実に見事な手際であることを喜び、いわば嬉々としてゾーンの音楽を、「現代における問題意識を持った音楽」のサンプルとして解説してしまっている。つまり、ゾーンの音楽は、いくらでも「理屈」で語れてしまう側面を持っているのだ。

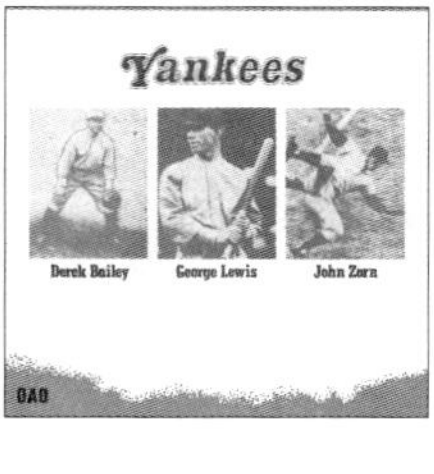

ジョージ・ルイス、ジョン・ゾーン、デレク・ベイリー
ヤンキース (Celluloid, 1983)
George Lewis(tb), John Zorn(as,ss,cl,game calls), Derek Bailey(acoustic,el-g)

たとえば、雑誌『ユリイカ』のジョン・ゾーン特集号（九七年一月号）を開いてみよう。ゾーン自身が執筆した文章や「砂の分与」の自筆楽譜なども掲載されているこの号には、さまざまな論者たちがゾーンの音楽のさまざまな要素についての論文を寄稿している。それらの多くは、現代の音楽と現代思想にある程度の関心と知識がある読み手なら容易に理解できるような明晰な言葉で書かれていて、僕は「アヴァンギャルド・ミュージック」についての書き手の質も昔に比べてずいぶん上がったものだなあ、などと感心しつつ読んだのだが、その明晰さのかなりの部分は、ゾーンの音楽が、より正確に言えば彼の問題意識と方法論が内包している「明晰さ」に負っているのではないか、という気もしなくはない。そして、それらの論文の大部分からは、僕がゾーンの音楽に特にライヴの場で接したときに感じる、アイロニカルなくせに肯定的なパワーや、尊大でもなくいじけてもいないフラットな気さくさ、自分のする極端な行為をいたずらっぽく楽しむユーモア感覚などが見えてこないのだった。

もちろん僕は『ユリイカ』と執筆者たちを批判しているのではない。ゾーンを語るために最良の構成と最良の書き手を揃えた、と言っても過言ではないこのゾーン特集号は、今後彼の音楽を語るための必読文献になるだろう。九八年に発行されたイタリアの雑誌『ＳＯＮＯＲＡ』のジョン・ゾーン特集号（イタリア語記事のすべてに英語対訳付き、という点がすばらしい！）は、ディスコグラフィやビブリオグラフィ、さらには未発表演奏のＣＤまで付いた充実したものだが、ゾーン自身の文章や楽譜、写真などを掲載したこの雑誌の構成は、おそらく『ユリイカ』を参考にしているはずだ。

とは言うものの、ゾーンの音楽が「小難《こむずか》しい言葉」で語られがちであり、その言葉でくくられたゾーンの音楽からは、明晰さや問題意識の明確さは伝わってきても、彼のライヴの場にみ

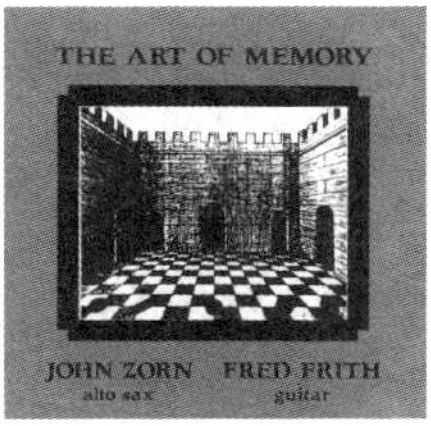

ジョン・ゾーン、フレッド・フリス
ジ・アート・オブ・メモリー (Incus, 1995)
John Zorn(as), Fred Frith(g)

なぎる、あのポジティヴなパワーや楽しさが匂い立ってこない、ということも事実なのだ。このことは「音楽とそれについての言説」に否応なしにつきまとう基本的問題だが、ゾーンについては、特にその乖離《かいり》が激しいように僕には思える。ゾーンのライヴは少なくとも東京においてはいつも満員だが、ゾーンが日本で何かをやる、という情報をゲットすると必ず駆けつける観客たち（僕もその一人だ）は、何よりもゾーンの音楽が持つポジティヴな力と明るい勢いに惹かれてやってくるのではないのだろうか。

ゾーンがビル・フリゼール（ギター）、ウェイン・ホーヴィッツ（キーボード）、フレッド・フリス（ベース）、ジョーイ・バロン（ドラムス）という強力なメンバーで結成したグループ、ネイキッド・シティが来日したのは九〇年一二月のこと。僕はその東京公演をすべて観に行ったのだが、その数週間後に加藤総夫氏、寒川光一郎氏と「ジャズライフ」誌九一年三月号のために行った鼎談の一部をここに再録してみたい。僕がゾーンの音楽について強く言っておきたいことのエッセンスは、ほぼここでの三人の発言に現れている、と思うからだ。なお、再録にあたっては出席者三名によるチェックをおこない、内容を一部手直しした。

*

加藤 （前略）ジョンは、二一世紀に音楽がどっちに向くかの布石を今打っているんだと思う。今二〇歳の人が、三〇歳になったとき聴く音楽は二一世紀の音楽になるわけだから、そういう意味でジョンは二〇世紀にあったことを全部わかりやすくわれわれに伝えているんだと思う。ジョンのエネルギーを受け止めることによって、いまだかつてこれほど音楽が生きている時代はないということを実感できるのではないかな。めんどうくさく筋道立てていろんな音楽を聴

ジョン・ゾーン

コブラ (Hat Hut, 1985/86)

Jim Staley(tb), J.A.Deane(tb-syn,electronics), Carol Emanuel(harp), Zeena Parkins(harp), Bill Frisell(el-g), Elliot Sharp(doubleneck g/b,soprano-g,voice), Arto Lindsay(el-g,voice), Anthony Coleman(p,harpsichord,celeste,organ), Wayne Horvitz(p,organ,celeste,DX7), David Weinstein(kb,celeste), Guy Klucevsek(accordion), Bob James(tapes), Christian Marclay(turntables), Bobby Previte(per,drum machine), John Zorn(prompter)

かなくても、まずジョン・ゾーンを聴いてしまえばいいということですね（笑）。

寒川　すばらしい。

村井　二〇世紀のコンピレーション。

加藤　きっとジョンはそういう意識を持っていると思う。

寒川　すごく持っていると思う。彼はミュージシャンの過小評価にすごく腹を立てるでしょう。そしてそれらを紹介する。すごく使命感持ってるでしょ？　本人は違うと言うと思うけど。

村井　ひとつ確実に言えることはさ、ジョン・ゾーンのCDを欲しいという人がいたら、まず「『ネイキッド・シティ』を買いなさい」ってことで、次には「ライヴに行くべきだ」と。ジョン・ゾーンは年に二〜三回は日本でライヴやるでしょ。東京だけかもしれないけどね。どうもジョン・ゾーンの音楽を語ろうとすると複雑なことを言いたくなりがちでしょ？　で、それによって（読者が）拒否反応を示してしまったりね。今回の五回のライヴすべて観たんだけど、すごく乗りがいいのね。意識がポジティヴなの。で、聴く方にもポジティヴな乗りと言うか、積極的な聴き方を求めているわけ。たとえば最近作られている聴きやすいフォービートのアルバムとか——まあこれは好き好きだけど——だと受け身な聴き方をしてしまうんですよ。作る方もそのつもりなんだろうけどさ。でもネイキッド・シティを聴きに行くとポジティヴな聴き方を強いられるんですよ。聴きながら寝られないんですから、絶対に。

加藤・寒川　（笑）。

村井　リスナーにも、ミュージシャンにも、自分にも、音楽とのポジティヴで能動的なかかわりを強いるわけですよ。気持ちいいフュージョン好きな人も、もちろんカシオペアやJIMSAKUのファンも、ぜひライヴ観てほしい。そこで拒否反応出ちゃったらそれはしようが

V.A.

ゴダール・サ・ヴ・シャンテ？ (Nato, 1985)

John Zorn(as,cl,narration,cond,direction), Anthony Coleman(p,kb), Carol Emmanuel(harp), Bill Frisell(g,banjo), Christian Marclay(turntables), Bobby Previte(ds,per), David Weinstein(kb,etc.), Luli Shioi(voice,narration), Wu Shao-Ying(narration), Richard Foreman(narration) and others.

ないけど、そこで「かっこいい。すごい」となってくれたら僕はうれしい。

加藤　一昔前は、「ジャズはライヴに限る」ってのがまかりとおっていたでしょう？　なぜならそれは即興だからと。でもね、そういう文脈じゃしようがない。たとえばいくら即興だから一瞬先はわからないといっても、たとえば演奏者が弾く次の瞬間のフレイズは何百かある彼のフレイズのひとつであったりするわけですよ。そうではなくて、それがわかった上で、「でもやっぱりジャズはライヴだ」ともう一回言わせる力がジョン・ゾーンにはある。広い意味での現場性というか、現場にいた者にしか絶対にわからないものがあるわけですよ。そりゃもう電話で口説くのと目の前で口説くのとが違うくらい違う。二〇世紀音楽が次から次へと耳にたたき込まれて行って、脳がオーヴァーフローしそうなぎりぎりの気持ちよさになっていく。スキーで、ものすごいスピードが出ていて転びそうなぎりぎりなんだけど、全然転ばないでどんどん加速していくときってあるでしょ。そういう現場で体験してみないとわからないあの力を感じるんだよね、ゾーンのライヴには。

＊

というわけで僕は、「ジョン・ゾーンは絶対ライヴに行くべし！　ＣＤ買うよりもまずライヴだ、ましてや理屈を読むのは最後でいい！」という、実になんとも野蛮で幼稚なことを声を大にして言っているわけだが、いくらなんでもそれだけでおしまい、というわけにもいかないので、ゾーンが今までやってきたこと、そして現在やりつつあることを、「テーマ別お薦めＣＤガイド」風にまとめてみることにしよう。

ジョン・ゾーン

スピレーン　(Elektra Nonesuch, 1986/87)

Jim Staley(tb), John Zorn(as,cl), Bill Frisell(g), Robert Quine(g,voice), Albert Collins(g,voice), Carol Emanuel(harp), Anthony Coleman(p,organ,celeste), David Weinstein(sampling keyboards,celeste), Big John Patton(organ), Wayne Horvitz(p,kb), David Hofstra(b,tuba), Melvin Gibbs(b), Bobby Previte(ds,per), Ronald Shannon Jackson(ds), Bob James(tapes,compact discs), Christian Marclay(turntables), John Lurie(voice), 太田裕美 *(voice), The Kronos Quartet*

[1] フリー・インプロヴィゼイション

即興演奏家としてのゾーンは、デレク・ベイリーやエヴァン・パーカーなどの「カンパニー」のメンバーたちが切り開いた、音を「もの」として唯物論的に取り扱う姿勢を発展的（というより解体的か）に継承している、と言っていいだろう。アルト・サックスから多種多様な「変な音」をひねりだし、楽器をコントロールする技術に関して、ゾーンは大変な名手であるのだが、それが決して（たとえばエヴァン・パーカーのように）ヴィルトオーソ的に聞こえず、痙攣《けいれん》的で「パンク」な音の撒き散らしに感じられるところがおもしろい。ベイリー（ギター）、ジョージ・ルイス（トロンボーン）とのトリオによる『ヤンキース』（八三年）、サックスだけでなくゲーム・コール（狩猟用に使う、鳥の鳴き声を模した笛）を駆使したソロ・インプロヴィゼイションを集めた『ザ・クラシック・ガイド・トゥ・ストラテジー』（八一、八五年）、フレッド・フリス（ギター）とのデュオ『ジ・アート・オブ・メモリー』（九五年）を聴いてみてほしい。

[2] ゲーム・コンポジション

あらゆる音楽には「ルール」がある。猫がピアノの上を歩いた音も、風が吹きすさんでいる音も、聴き手がそれを「音楽」と認識した瞬間、そこには聴き手によるルールが生まれてしまう。では、そのルールをゲームのように決めてしまったら？　多様なバックグラウンドを持つ即興演奏家たちを出会わせ、本人たちが思いもかけない過程と結果を導き出すためのツールとして、複雑なルールと瞬時に変化する「指示」はきわめて有効だ。その代表的なものは、やはり「コブラ」だろう。テンポ、音量、順序、雰囲気、編成、記憶と再現などに渡る様々な指示が、プラカードによってプロンプターから演奏者に提示され、演奏者はその指示を理解しつつ

ソニー・クラーク・メモリアル・カルテット
ヴードゥー (Black Saint, 1985)
John Zorn(as), Wayne Horvitz(p), Ray Drummond(b), Bobby Previte(ds)

演奏を遂行していく、という形式のものだ。

八六年にスタジオでおこなわれたセッションと、八五年のライヴを組み合わせた二枚組CD『コブラ』は、そのオリジナル・ヴァージョンと言うべき記録。NYダウンタウン・シーンを代表する即興演奏家が集合したここでの演奏は、音だけを聴いても十分に楽しめるが、実は「コブラ」は、演奏の場にいてそれを観た方が何倍も楽しいのだ。当初はルールがわからなくても、その場にいてプロンプターや参加者たちの動きや音を注意深く観察していると、終わるころには大体の見当は付いてくるはず。だから、「コブラ」は演奏者だけでなく、聴き手をも音楽の場に能動的に関わらせる装置なのだ。巻上公一を中心として、日本でもかなり頻繁に行われている「コブラ」セッションに、機会を見つけて出かけてみてほしい。そして、「コブラ」の演奏を広く体験できるように、「プラカード・キット付きルール・ブック」の発売を希望したい！

[3] ファイルカード・コンポジション

クラシック、ジャズ、ブルース、ハードコア・パンク、ワルツ、ダンス音楽などなど、ありとあらゆる種類の音楽が無秩序に、そしてめまぐるしく接続される、という手法は、いわゆるクラシック・ピアニストのためのピアノ曲「カーニー」から、五〇秒間に三〇種類以上の音楽が登場するネイキッド・シティの「スピードフリークス」(この曲をライヴで聴いたときは驚いた！)まで、ゾーンの基本的手法のひとつだと言えるだろう。たとえば四百チャンネル以上ある有線放送をでたらめにザッピングしたときのような、あるいは次々に意外な敵や罠が出てくるゲームをプレイしているような、頭の芯がくらくらしてくるあの感じ。多様な音楽による

ジョン・ゾーン、ジョージ・ルイス、ビル・フリゼール
ニュース・フォー・ルル (Hat Hut, 1987)
George Lewis(tb), John Zorn(as), Bill Frisell(g)

「場面」を記したファイル・カードを配列し、それに則って演奏＝録音される「ファイル・カード・コンポジション」は、その典型的なものだ。ジャン＝リュック・ゴダールに捧げられたコンピレーション『ゴダール・サ・ヴ・シャンテ？』に収録された「ゴダール」、ミッキー・スピレーンのヴァイオレンス探偵小説に題材をとった『スピレーン』を聴いていただきたい。

ここで注目したいのは、ゾーンはこれらの曲を録音するときに、一切のテープ編集をおこなわずに、「あるパートの録音→そのパートの再生に続いて次のパートを録音」という、実に肉体的かつ時間軸に忠実な、映画撮影でいうところの「順撮り」をしている、という点だ。テープやコンピュータによる編集を拒否し、どんなにめまぐるしく煩雑《はんざつ》な展開もかたくなに「その場で人間がやる」というポリシーを貫いているゾーンは、ある意味でたたき上げ職人のような「現場性」の人であるのだ。

これはゾーンが大学で映画学を副専攻とし、ミュージシャンと映画監督のどっちを選ぶか迷ったほどの映画好き（ヴィデオではなく）だ、ということと関係があるのだろう。他の章でフィーチュアしたハル・ウィルナーとキップ・ハンラハンも「映画の人」であり、この三人の先人に対するオマージュの捧げ方や、「現場で人間がやる」ローテク性にこだわる姿勢は、ほとんどゴダールやトリュフォー的な態度、と言ってもいい。

もちろんジャズは「現場性」の音楽なのだが、そのことをアプリオリに信頼することが難しくなった現在、「世界をあるフレームで切り取って提示しつつも、その過程はアナログでローテク」という映画的な考え方は、「ジャズ」を活かす術《すべ》としての有効な方法のひとつなのかもしれない。

ジョン・ゾーン
スパイVSスパイ (Elektra Musician, 1988)
John Zorn(as), Tim Berne(as), Mark Dresser(b), Joey Baron, Michael Vatcher(ds)

［4］「ジャズ」に対するオマージュ

ゾーンがジャズを特権的な音楽だとみなしているわけではないだろう。彼がリスペクトする対象となる音楽は他にもいろいろあるわけだし、アルト・サックスを吹いて即興演奏をする、ということで彼を「ジャズ・ミュージシャン」の中に分類しようとする傾向に対して、ゾーンは一貫して抵抗してきたのだから。

とはいえ、ゾーンはジャズを熱愛している。特にハード・バップのミュージシャンたち、ソニー・クラーク、ハンク・モブレイ、ケニー・ドーハムなどの愛すべき曲と演奏を。彼らは日本のジャズ・ファンの間ではビッグネームだが、本国アメリカではまったく顧みられないミュージシャンたちだ。だからゾーンたちがソニー・クラークの曲を採り上げた『ヴードゥー』や、ビル・フリゼール（ギター）、ジョージ・ルイス（トロンボーン）とのトリオ（この編成は五〇年代のジミー・ジュフリー・スリーの引用だろう）で、クラーク、モブレイ、ドーハムなどの曲を演奏した『ニュース・フォー・ルル』『モア・ニュース・フォー・ルル』は、日本で思われたような「ジャズ・ファンへの目配せ」ではなく、こんなにすばらしい曲を書いた彼らが忘れ去られていることに対する憤りの表明なのだと思う。これらの作品でのゾーンは、気持ちよく楽器をフルトーンで鳴らし、きわめて明快でよく歌うフレーズを吹きまくっている。特に「ニュース・フォー・ルル」ユニットでの、ハーモニーの天才としか言いようのないフリゼールのギターの上で、自由自在に吹きまくるゾーンとルイスの演奏は強力だ。

オーネット・コールマンに対するゾーンの態度は、より微妙で批評的なものがあるようだ。ティム・バーンとのツイン・アルトでオーネットの曲をハードかつ高速度に料理した『スパイVSスパイ』のけたたましさは、オーネットの音楽が持つのどかな部分をあえて切り捨てたとこ

ジョン・ゾーン
ネイキッド・シティ (Elektra Nonesuch, 1990)
John Zorn(as), Bill Frisell(g), Wayne Horvitz(kb), Fred Frith(b), Joey Baron(ds), Yamatsuka Eye(vo)

ろで何が見えてくるか、という実験なのだろうか。
ゾーンの「ジャズ」に対する態度については、九〇年代に入って延々と続く「マサダ」の活動が重要なのだが、それについては後ほど。

［5］ネイキッド・シティ

八〇年代の終わりに結成されたネイキッド・シティは、ゾーンのやりたい音楽をライヴの場で理想的に実現してくれる、恐るべき腕っこきミュージシャンの集団だった。スラッシュ・メタルも映画音楽も完全即興もフォービート・ジャズもサーフ・ミュージックも、とにかくあらゆる種類の音楽を技術的に完璧にこなしつつも、彼らは全員強固な個性を持った自立したミュージシャンたちであって、まったく「器用貧乏」でも「何でも屋」でもない、というところがすばらしい。ネイキッド・シティのライヴの場でのゾーンは、途中でミスがあると最初からやり直しさせたりしつつ、実に楽しそうにこの「スーパー・グループ」との演奏をエンジョイしていた。ビーチボーイズの「ペット・サウンズ」、寺内タケシ版の「ナポレオン・ソロのテーマ」、映画『タクシー・ドライバー』や『仁義の墓場』のテーマ曲などを織りまぜたステージの楽しさに最も近いCDは、やはり一作目の『ネイキッド・シティ』（九〇年）だろう。もう一枚選ぶとしたら、極端に短い、しかし濃密なトラックが四二曲並ぶ『拷問天国』（九〇年）かな。

［6］マサダ

ゾーンがジューイッシュとしてのアイデンティティを表面に出し始めたのは、九二年の『クリスタルナハト』からのことだった。デイヴ・ダグラス（トランペット）、グレッグ・コーエン

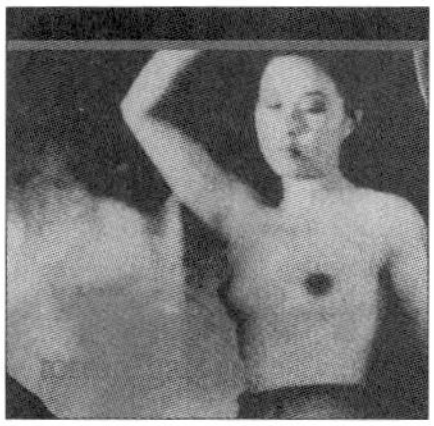

ネイキッド・シティ
拷問天国 (Toy's Factory, 1989/90)
John Zorn(as), Bill Frisell(g), Wayne Horvitz(kb), Fred Frith(b), Joey Baron(ds), Yamatsuka Eye(vo)

(ベース)、ジョーイ・バロン(ドラムス)というテクニシャンたちを集めて、ヘブライ的な旋律のオリジナル曲をアコースティック・ジャズ、特に初期のオーネット・コールマン・カルテット的なアプローチで演奏するグループ、マサダは、九四年以来現在に至るまで、ゾーンの活動の中心となっている。スタジオ録音のアルバムが一〇枚、他にエルサレムと台北でのライヴ盤もリリースされているのだから、このバンド=プロジェクトは、ゾーンにとってじっくりと持続するだけの意味があるものなのだろう。

「ユダヤ的旋律とオーネット的方法論」という点ばかり強調されがちなマサダだが、実際のところ、彼らの演奏の幅はもっと広く、ハード・バップ風だったりリー・コニッツっぽいクール・ジャズ的だったり、かと思うとフリーキーでラフなフリー・ジャズ風になったりもする。エキゾティックなマイナーのメロディが、たとえばケニー・ドーハムの「ロータス・ブロッサム」を思わせるところもあるし、「ジョン・ゾーン」という先入観(!)を抜きにして聴けば、オーソドックスなジャズ・ファンも楽しめることだろう。実際の話、この四人ほど見事に「ジャズ」を演奏できるミュージシャンは、現在のシーンにそう多くはいないのだから……。逆説的な言い方だと思われるかもしれないが、「本物のジャズ」を体験するために、マサダのライヴがあったらぜひとも足を運ぶことをお薦めする。いや、マサダじゃなくっても、ジョン・ゾーンのライヴは一度経験しておくべきだ。

しつこく言うが、こうした言葉による説明とCDでの聴取だけでは伝わらない「ポジティヴな現場性」の力こそが、ゾーンの音楽の最もすばらしい特徴なのだから。

ジョン・ゾーン

マサダ1 (DIW, 1994)

Dave Douglas(tp), John Zorn(as), Greg Cohen(b), Joey Baron(ds)

15

「夢のコラージュ」の作り方

パット・メセニーの音楽ヴィジョン

How to Make "Collage of Dreams": The Musical Visions of Pat Metheny

パット・メセニーは、現在コンサートが必ず満員になり、人気ロック・グループなみの規模でワールド・ツアーをおこなうことが可能な、数少ない「ジャズ・ミュージシャン」のひとりだ。もちろん、ミュージシャンの価値を人気だけで量るわけにはいかない。しかし、メセニーの場合、ギタリストとしての技術、インプロヴァイザーとしての能力、楽曲の完成度、サウンドの練り具合、グループ全体の質の高さ、そして常に前進するクリエイティヴィティと、あらゆる側面からみて間違いなくトップ・クラスにいるのだから恐ろしい。

メセニーの音楽を「ジャズ」というジャンルにのみこだわって捉えることは、彼の音楽の全体像をゆがめることになってしまうだろう。もちろん、メセニーは現代における最もすぐれた「ジャズ・ギタリスト」のひとりだし、彼のギター・プレイは、ウェス・モンゴメリーとジム・ホールを「二大巨頭」とするジャズ・ギターの王道をきっちりと踏まえ、現代に継承させたものだと言えるはずだ。しかし、メセニーは断じて「ただのジャズ・ギタリスト」ではないのだ。僕はメセニーのことを「二〇世紀音楽を代表する天才」のひとりだと考えているのだが、そのことは、彼が優秀なジャズ・ギタリストであるという事実と、実はあまり関係がないので

パット・メセニー
ブライト・サイズ・ライフ（ECM, 1975）
Pat Metheny(g), Jaco Pastorious(b), Bob Moses(ds)

はないか、とすら思う。メセニーの真の偉大さは、彼が自分の個人的な「夢」の具現化として作り出した音楽が、多くの聴き手にとっても「自分の夢の中で鳴っている音楽」に思えてしまう、という、「個人的なイメージを『普遍』に直結させる能力」にあるのではないだろうか。

こうした力を持つ音楽家を、われわれはそう多く知らない。たとえばビートルズ、たとえば七〇年代のスティーヴィー・ワンダー、たとえば六〇年代中頃のブライアン・ウィルソン、そして彼ら偉大な「ポップ・ミュージックの天才」の祖としての、ウォルフガング・アマデウス・モーツァルト。『イマジナリー・デイ』のライナーでメセニー自身が語っているように、彼の音楽、特に「パット・メセニー・グループ」名義での音楽は、つねに「聴き手一人一人が自分ならではのシナリオやストーリー、そしてそれに伴う情感を自由に思い描くことができる音楽領域へと誘う、深遠なる旅」を目指してきた。それを味わい、うっとりと身をゆだね、自分ならではの「夢」に投影するために、もしかしたら「ジャズ」という枠組みへの意識は邪魔にしかならないのかもしれない。そして、それとは対照的に、メセニーが一人の「ジャズ・ギタリスト」として取り組んできた音楽は、ジャズというジャンル、ジャズ・ギターの歴史への目配りをひしひしと感じさせるものであるのだ。おそらく、この二つの立場は、メセニーの中で相互補完的なものとして機能しているのだろう。

ここでは、この二つの側面が複雑に絡み合って、「パット・メセニー・ミュージック」が形成されていく過程を、彼が影響を受けた音楽やミュージシャンとの関係を中心に観察してみることにしよう。メセニーの「夢のコラージュ」のレシピ製作をめざして。

パット・メセニー＆ライル・メイズ
アズ・フォールズ・ウィチタ、ソー・フォールズ・ウィチタ・フォールズ (ECM,1980)
Pat Metheny(g), Lyle Mays(kb), Nana Vasconcelos(per)

［1］地名論

パット・メセニーはミズーリ州のリーズ・サミットという町の生まれだが、メセニーの比較的初期のオリジナル曲に登場する地名を拾って、アメリカの地図の上に印を付けていくと、その多くがリーズ・サミットを中心とした半径二百キロほどの円内に収まってしまうことに気づく。リーズ・サミットというのは、ミズーリ州がカンザス州と接するところにあるカンザス・シティの郊外に位置する町。メセニーによると「どこまで行ってもオープン・カントリー」で、ラジオではいつもカントリー・ミュージックが鳴っている、典型的なアメリカ中西部の田舎町であるらしい。

初リーダー作『ブライト・サイズ・ライフ』（七五年）に収録されている「ミズーリ・アンコンプロマイズド」は生まれ育った州が、「ミッド・ウェスタン・ナイツ・ドリーム」には、より広い範囲の「中西部」が登場し、「オマハ・セレブレイション」のオマハは、カンザス・シティの北北西にあるネブラスカ州東部の都市だし、ライル・メイズとの共作『アズ・フォールズ・ウィチタ、ソー・フォールズ・ウィチタ・フォールズ』（八〇年）のタイトル曲のウィチタはリーズ・サミットの南西二百キロほどのところに位置するカンザス州の町、やはり『ウィチタ・フォールズ』に入っている「オザーク」は、ミズーリ州、アーカンソー州、オクラホマ州にまたがる山地の名称であるのだ。

自分の生まれ故郷近くの地名をオリジナル曲のタイトルに付けるということは、特に問題視するに当たらない当然のことなのかもしれない。しかしパット・メセニーの場合、いや、メセニーを含む同世代のアメリカ人ギタリストたちを語る場合、彼らの多くがアメリカ中央部の地

パット・メセニー・グループ
オフランプ（ECM, 1981）
Pat Metheny(g), Lyle Mays(kb), Steve Rodby(b), Dan Gottlieb(ds), Nana Vasconcelos(per)

方都市に生まれ育ったということ（たとえばジョン・スコフィールドはオハイオ州デイトンの生まれで、ビル・フリゼールはコロラド州グリーリーで少年時代を過ごしている）を無視して、彼らの音楽に漂うゆったりとしたカントリー／フォークっぽい雰囲気を説明することはできないはずだ。メセニーの音楽的な師の一人であるゲイリー・バートン（ヴァイブ）は、こうした「アメリカの田舎の風景」をジャズという枠の中に取り込んで提示してみせたパイオニアのひとりであり、バートンが六〇年代半ばに顕在化してみせた「仮構された『アメリカ』の心象風景」（それは五〇年代のジミー・ジュフリーとジム・ホールを先駆者として、スティーヴ・スワロウやポール・ブレイなどの知的なミュージシャンへと継承されてきたものだ）は、七〇年代後半以降、メセニーやフリゼールやスコフィールドやジョン・アバークロンビーなどのギタリストたちによって、新しいジャズの文脈の中で決して小さくない位置を与えられることになった、と言えるだろう。

たとえばトランペットやサックスといった管楽器やピアノの奏者と違って、ギターという楽器がもともとカントリー、フォーク、ブルースなどとの親和性が強い、ということも、ジャズの枠を突き抜けた「アメリカの音楽」をクリエイトするミュージシャンの多くがギタリストであることの説明になるのだろう。ウェス・モンゴメリーのコピーを熱心にやっていたメセニーや、ジム・ホールに師事していたフリゼールが、「ジャズ・ギターの呪縛」にとらわれる必要はない、ということに気づいたとき、彼らの前にはカントリーやフォークやブルースやロックンロールといった、「学習」の以前に体に染み込んでいたアメリカン・ミュージックの沃野《よくや》が広がっていたのだった。

いかにもジャズ・ギターらしいジャズ・ギターという「しばり」を解き放ち、自分が手にしているギターという楽器で演奏できるさまざまな音楽を、それぞれが独自に組み合わせて新し

ジェームズ・テイラー

ワン・マン・ドッグ (Warner Bros., 1972)

James Taylor(vo.g), Danny Kortchmar, John McLaughlin(g), Craig Doerge(p,el-p), Leland Sklar(b), Russ Kunkel(ds), Michael Brecker(ts) and others.

テイラーの曲作りやギター演奏には、ソウルやラテンやジャズの要素が自然に溶かし込まれている。このアルバムは彼のそうした「フュージョン」的指向がはっきり見えてきた最初の作品だ。マイケル・ブレッカーやマクラフリンの起用も違和感なくはまっていて、今聴いてもなかなか新鮮。

い何かを創造すること。その背景には、ジョン・マクラフリンやラリー・コリエルといった彼らの先行世代による「ジャズ・ギターの革命」があり、ザ・バンドやカントリー・ロックの流行などに代表される、ロック側からの「アメリカ音楽の再発見」の動きがあったわけだが。

メセニーたちの、そうした「アメリカ音楽の再構築」をいち早く支持し、リーダー作を積極的にリリースした会社が、ドイツのＥＣＭだったということも興味深い。ヨーロッパ北部の澄んだ空気をイメージさせるＥＣＭのコンセプト（それは録音からジャケット・デザインに至るトータルなものだ）は、「都市ではないアメリカ」の広大な情景を提示しつつ、先進的なジャズの方法論を駆使したメセニーの音楽にぴったり対応したものだった。

だから、『ブライト・サイズ・ライフ』から『ウィチタ・フォールズ』あたりまでのメセニーの音楽は、アメリカの田舎と北ヨーロッパを結んだ線上に位置する「北国の青い空」の音楽である、と言うことができるだろう。『ウィチタ・フォールズ』には、ブラジルの特異なパーカッショニストであるナナ・ヴァスコンセロスが参加しているが、そこでのサウンドは未だ「北米」の範囲から抜け出てはいない。

メセニーの音楽に「南下」の兆しが見えてきたのは八一年の『オフランプ』からのこと。以前からブラジル音楽を愛好していたメセニーは、自己のグループに『ウィチタ・フォールズ』のゲストだったナナ・ヴァスコンセロスを迎え、ナナの多彩な打楽器と神秘的なヴォイスをフィーチュアした陰影のあるサウンドを構築しはじめた。「バルカローレ」「ついておいで」「オー・レ」に聴かれるサウンドは、たとえて言えば北ヨーロッパからブラジルに向かう途中の、ポルトガルの古い港町に流れているとぴったりするような複雑な味わいをもった音楽であり、これらの曲でのサウンドはメセニーのキャリアの中でもやや特殊な、過渡期に当たるものだと

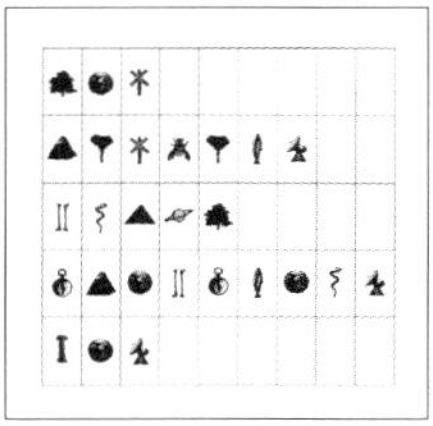

パット・メセニー・グループ

イマジナリー・デイ (Warner Bros., 1997)

Pat Metheny(g), Lyle Mays(kb), Steve Rodby(b), Paul Wertico(ds), David Blamires(vo,mellophone,g,vn,tp,recorder), Mark Ledford(vo,tp,fh,bass-tp), Mino Cinelu, David Samuels, Glen Velez, Don Alias(per)

言える。

もっとも、この『オフランプ』は、オーネット・コールマンの直接的な影響がもろに出たタイトル曲「オフランプ」、ミニマル・ミュージックの大御所であるスティーヴ・ライヒの「一八人のミュージシャンのための音楽」にインスパイアされたという「エイティーン」、シンガー＝ソングライターのジェームズ・テイラーの曲（たとえば『ワン・マン・ドッグ』に収録されている「ノーバディ・バット・ユー」あたりか？）を思い浮かべて作ったという「ジェームズ」など、メセニーがアイドルたちから受けた果実のオンパレード、という趣を持ったアルバムなので、はっきりとした「南下」の気配は見えにくいのかもしれない。

そして、八四年の『ファースト・サークル』で、メセニー・グループの音楽は一挙に南国の鮮やかな色彩を獲得する。アルゼンチンのマルチ・プレイヤー、ペドロ・アスナールをメンバーに加え、ブラジルだけとは限らない「南」の音を完全に自分のものとして消化したメセニーは、以後、『スティル・ライフ（トーキング）』、『レター・フロム・ホーム』と、南北にまたがる汎アメリカ的な、しかしどことは特定できない「夢の中の音楽」のような不思議なサウンドを深化させていった。カンボジアの民謡から始まるソロ作『シークレット・ストーリー』（九二年）での彼の音楽は、もはや地域性を超越した全地球的な普遍性を感じさせながら、メセニー個人の「夢のヴィジョン」の中により深く入り込んでいった印象を与えるものとなっている。

ミズーリ州リーズ・サミットから出発したメセニーの「音楽の旅」は、これからますます広い地域を覆い、そしてますます人間の無意識の深いところに向かっていくことになるのだろう。『ウィ・リヴ・ヒア』（九四年）では、今まであまり感じられなかったソウル・ミュージック的なリズムとサウンドを導入し、九七年の『イマジナリー・デイ』ではガムランやイランの音楽

パット・メセニー・グループ
ファースト・サークル (ECM, 1984)
Pat Metheny(g), Lyle Mays(kb), Steve Rodby(b), Paul Wertico(ds) , Pedro Aznar(per,vo)

からのインスピレーションを自在に加工した音楽をクリエイトし、メセニーの「旅」の範囲はまたひとまわりもふたまわりも広くなった。これからいったいどこに向かい、どんな冒険が待ちうけているのか、「パット・メセニー・ツアー」の乗客の期待はまだまだ続くのだ。

［2］人名論

『ウィ・リヴ・ヒア』のパンフレットに、メセニー・グループ全員のフェイヴァリット・アルバム／ミュージシャンのリストが載っている。パット・メセニーは、

マイルス・デイヴィス『フォア・アンド・モア』
ウェス・モンゴメリー『スモーキン・アット・ハーフノート』
オーネット・コールマン『チェンジ・オブ・ザ・センチュリー』
スティーヴィー・ワンダー『キー・オブ・ライフ』
ビートルズのすべて
トム・ジョビン、ミルトン・ナシメント、イヴァン・リンスのもの全部
イゴール・ストラヴィンスキー『オルフェウスとアポロ』
フレディ・ハバード『レッド・クレイ』
ポール・ブレイ『フットルース』
ハービー・ハンコックが入っているものなら何でも

をベストテンとして挙げているのだが、これによりベーシックな体験としてのカントリーやフォークと、今までのインタヴューなどで何度も尊敬の念を表明しているジム・ホール、これも

フレディ・ハバード
レッド・クレイ (CTI, 1970)

Freddie Hubbard(tp), Joe Henderson(ts), Herbie Hancock(p), Ron Carter(b), Lenny White(ds)

60年代の「新主流派」サウンドを、エレクトリック・ピアノを使って70年代風に仕上げた、と要約できる音作り。ホワイトのドラミングの乗りの新しさも、60年代とは明らかに違う感覚だ。テーマ部分のリズム・アレンジがかっこいい「イントレピッド・フォックス」がいちばんの聴きもの。

いろいろなところで言及し、共演作まで作ってしまったフリー・ミュージックのギタリスト、デレク・ベイリー、そしてこれまた大きな影響を受けたと本人が語るスティーヴ・ライヒあたりを加えると、メセニーの音楽に深い影響を与えたミュージシャンと音楽の基本的なリストが完成するのだろう。

他のメンバーたちのセレクションも実に興味深く、マイルス、ハンコック、ショーター、ウエザー・リポートの人気が高いことや、七〇年代のソウル・ミュージックを挙げている人が多いことに、ほぼ同世代人の僕としては深く納得してしまったのだが、特にメセニーに関しては、彼の音楽から感じとれるさまざまな要素とこの一覧が、非常にきれいに対応していることに驚いてしまうほどだ。

まず、コンテンポラリー・ジャズの基本的な方法論ということでは、メセニーは六〇年代のマイルス・バンドから多くを学んだのだろう。まあ、彼の世代のジャズ・ミュージシャンの大部分がそうなのだから、これは当然だと言っていいわけだが、インプロヴァイザーの資質として、マイルスとメセニーは共通の感覚を持っているように僕には思える。佐藤允彦氏がすでに指摘していることだが、たとえばチャーリー・パーカーやエリック・ドルフィー、ギタリストだとジョン・スコフィールドのような、エッジの立ったギザギザした感覚ではなく、半音系のアプローチを主体とした楕円形をイメージさせるような音楽的指向という点で、この二人のソロはどこか似ているのだ。

そのことを別にしても、マイルス・バンドでハンコックやショーター、トニー・ウィリアムスたちが開拓したリズムやスケール、和声についての考え方は、それ以後のジャズ・ミュージシャンにとっては基本的なものであり、その「新しいジャズの響き」を最も典型的に体現して

ウィントン・ケリー、ウェス・モンゴメリー.
ハーフ・ノートのウェス・モンゴメリーとウィントン・ケリー・トリオ Vol.2 (Verve, 1965)
Wes Montgomery(g), Wynton Kelly(p), Paul Chambers(b), Jimmy Cobb(ds)

いるミュージシャンがハンコックなのだから、メセニーの「ハンコックなら何でも」という答えは非常によくわかる。そしてハバードの『レッド・クレイ』(七〇年)は、六〇年代マイルス・バンド的な音楽を、ハンコックがエレクトリック・ピアノを弾いてよりクールに展開したアルバム。スティーヴ・ロドビーもこの作品をベストテンに入れているのだが、ハバードのリーダー作の中ではこれがいちばん好きな僕としては、彼らの選択についつい「あ、わかるわかる」と同世代的な共感を覚えてしまうのだった。

よりフリーなアプローチをするジャズ・ミュージシャンについて、メセニーがオーネットとポール・ブレイの名を挙げていることもおもしろい。ごく初期の段階からオーネットのレパートリーやオーネットっぽいオリジナルを数多く演奏し、『ソングX』で念願の共演を果たしたメセニーにとって、オーネットは最大のアイドルのひとりだ。メセニーがオーネットの「ハーモロディクス」をどう理解しているのか、といった議論についてここで深入りすることはしないが、全体のサウンドに対するリズミック＝メロディックなアプローチの自在な「向き」と、そのことによって生じるソロ・フレイズの浮遊感覚という点で、メセニーがオーネットから受けた影響は実に大きいはずだ。メセニーが多用するギター・シンセの音は、どう聴いてもオーネットのヴァイオリンやトランペットを意識したものとしか思えない。たとえば「オフランプ」と、オーネットの『アット・ザ・ゴールデン・サークル Vol.2』の「スノウフレイク・アンド・サンシャイン」を聴き比べてみると、オーネットのヴァイオリンやトランペットのトーンがメセニーに与えた影響の大きさが実感できるはずだ。

リズムに乗ったオンタイムで律儀に弾かない絶妙な「ずれ」ということでは、ブレイもその仲間に入る。メセニーの初レコーディングがブレイとのセッション(七四年)だったという事

ジミー・ジュフリー
ジミー・ジュフリー・スリー (Atlantic, 1956)
Jimmy Giuffre(sax,cl), Jim Hall(g), Ralph Pena(b)

フォーキーな「アメリカのルーツ」風の音をジャズの中で仮構する、という、70年代以降にメセニーやフリゼールたちが行なった作業は、50年代にジュフリーたちが始めたことの継承である。ホールの自在なバッキングを聴くと、彼がメセニーたちに与えた影響の大きさを改めて痛感させられる。

実はともかく、ブレイの音楽から強烈に発散される「耽美的・暴力的な危うさをはらんだ知性」が、メセニーの音楽の中にも確実に存在していることを、われわれは衝撃的なソロ作『ゼロ・トレランス・フォー・サイレンス』を聴いて痛感したのだった。

ウェス・モンゴメリーは、ジム・ホールとともに、ギタリストとしてのパット・メセニーの最も基本的な部分をかたちづくった存在である。ホールの面影がときとしてストレートに出てくるのに比べると、メセニーの演奏から「ウェスそのまま」のフレイズが登場することは稀《まれ》だと言えるだろう。

とはいえ、なにげないテーマの弾き方のニュアンスやソロのはしばしから、まぎれもない「ウェスの匂い」が立ちのぼってくる瞬間は確かにあるし、ウェスがヴァーヴやCTIの諸作でポップ・チューンの愛らしいメロディを慈しみながら弾いたときの「プリティなものへの愛着」を、メセニーもまたたっぷりと持っていることを、聴き手は彼のオリジナル曲を聴いて理解するはずだ。本人が「この曲は『ウェス・モンゴメリー学派』だ」と述べている「スプリング・エイント・ヒア」(『レター・フロム・ホーム』所収)は、ウェスのプリティな部分を継承したかのような、やさしくメロディを慈しむギター・プレイが美しい曲。八〇年代前半には、ステージでウェスの「ダウン・ヒア・オン・ザ・グラウンド」を演奏していたこともあった。

ジム・ホールからの影響については、もはや言うまでもないだろう。いっけんおだやかで地味なジャズ・ギタリストであるホールは、実はきわめて先進的なコード・ワークやソロ・フレーズを五〇年代から自分のものにしていた。ジミー・ジュフリー・スリーでのフォーク/カントリーをモダンにしたようなプレイ、ビル・エヴァンスとの『アンダーカレント』での繊細にして鋭い反応など、ホールの演奏は、後進のギタリストたちに「繊細な耳」でプレイすること

スティーヴ・ライヒ

18人のミュージシャンのための音楽 (Nonesuch, 1996)

Steve Reich(marimba,p) and musicians

単純なパターンの繰り返しによって、どうしてこんなに快楽的な音楽が作れてしまうのだ、という驚きを聴き手に与える、ポップでドラッギーですらあるモアレ状の反復が気持ちいいライヒの代表作。プロローグで挙げた、ＤＪたちによる『ライヒ・リミックス』も聴いてほしい。

の重要性を具体的に示した、と言っていい。
ジョン・スコフィールド、ビル・フリゼール、マイク・スターン、ミック・グッドリックなど、現在第一線で活躍しているジャズ・ギタリストたちの多くがホールからの影響の大きさを語っているが、メセニーはフリゼールと並んでその最右翼だと言える。九九年にリリースされた『ジム・ホール＆パット・メセニー』を聴くと、二人の音色やフレージングの共通点の多さに、改めて驚いてしまう。メインのギターをあくまでも厚いボディの伝統的なものにしておくメセニーは、レキシコンのデジタル・エフェクトを二台使う理由を、タイムをずらしてセッティングすると往年のギブソン175やL5の音がするから、などと言ってのけるほどに「ジャズ・ギター」を愛しているのだ。

「ジャズ・ギター」というくくりで語れるかどうかはわからないが、イギリスのフリー・ミュージックの大物であるデレク・ベイリーもまた、メセニーと共演を果たしたギタリストだ。スティール弦のアコースティック・ギターか、きわめてシンプルなセッティング（エフェクターはヴォリューム・ペダルだけしか使っていないようだ）のエレクトリック・ギターで、メロディとはもはや呼べない「音」の断片を完全即興で撒き散らすベイリーの演奏は、夾雑物をすべて捨て去った「インプロヴィゼイション」の極致である、と言えるだろう。

音の高低の連なりによって生じる「フレーズ」が存在しなくなると、聴き手はたとえば弦がきしむ擦過《さっか》音の生々しさに、いつもの数倍コンシャスにならざるを得なくなる。メセニー・グループの『カルテット』に収録されている「バッドランド」で、メセニーが執拗《しつよう》に弦のこすれる音を響かせているのは、ベイリーの影響なのかどうか。ニューヨークのニッティング・ファクトリーで九五年におこなわれた二人の共演の記録、『サイン・オブ・フォー』は、メセニー

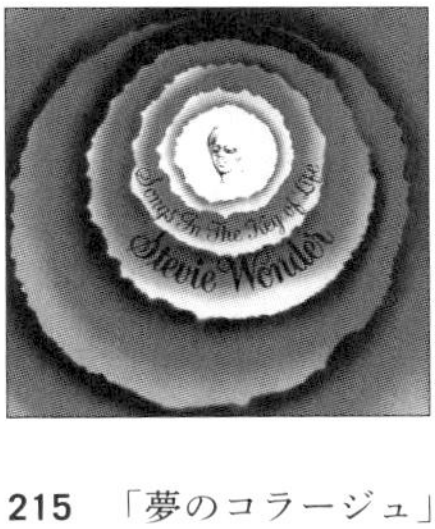

スティーヴィー・ワンダー

キー・オブ・ライフ (Motown, 1976)

Stevie Wonder(vo,arr,kb,ds,etc.), Mike Sembello(g), Herbie Hancock(kb), George Benson(g,vo) and others.

スティーヴィーの魅力のすべてがそそぎ込まれた渾身の大作。美しくポップなメロディ、ソウルフルであたたかいヴォーカル、緻密で多彩なサウンド……。「イズント・シー・ラヴリー」「サー・デューク」「アズ」「アナザー・スター」などなど、名曲がこれだけ並ぶアルバムも珍しい。

がこの孤高のギタリストと同じコンセプトでCD三枚分渡り合うという、よほどの覚悟がないと聴けない作品だ。しかし、ジム・ホールともデレク・ベイリーとも共演できてしまうのだから、メセニーの間口の大きさは大変なものがあるなあ。

ブラジル音楽からの多大な影響については言うまでもないだろう。ライヴの場で事あるごとにアントニオ・カルロス・ジョビンの曲を演奏し、メセニー・グループの「顔」となるほどの重要度でミルトン・ナシメント風のワードレス・ヴォイスをサウンドの中にフィーチュアし、ブラジルのギタリスト、トニーニョ・オルタとの交流を通じて相互に影響を与え合ったメセニーの、ブラジル音楽に対する愛情と情熱はひとかたならぬものがある。かつてあるインタヴューで、メセニーは「安易なエスニック指向」に対する批判を述べたことがあるが、それは自分がブラジルの音楽を本気で愛し研究し、十分に消化して自己の音楽の中に採り入れているのだ、という自負からの発言だったのだろう。

このフェイヴァリット・リストにはないが、メセニーがスティーヴ・ライヒの音楽を愛好し、かなり具体的に影響を受けていることは、本人の発言からも明らかだ。メセニーが初演を受け持ったライヒの曲「エレクトリック・カウンターポイント」はもちろんだが、メセニー・グループのサウンドに対する「一八人のミュージシャンのための音楽」からの影響は圧倒的に大きいのではないだろうか。メセニー本人が影響されて作ったと言っている「エイティーン」より、『スティル・ライフ（トーキング）』冒頭の「ミヌワノ」で、ライヒ的な響きが随所に聴ける。八分の六拍子のリズムで、マリンバ、ピアノ、パーカッション、ヴォイスが重なって生じるモアレ状のゆらぎと響き。「ファースト・サークル」イントロでの複雑な手拍子が、ライヒの「拍手の音楽」からの引用だ、とまでは強弁できないが……。

PAT METHENY
ORNETTE COLEMAN
X
CHARLIE HADEN
JACK DEJOHNETTE
DENARDO COLEMAN

パット・メセニー＆オーネット・コールマン
ソングX (Geffen, 1985)

Pat Metheny(g), Ornette Coleman(as,vn), Chalie Haden(b), Jack DeJohnette(ds), Denardo Coleman(ds,per)

そして、スティーヴィー・ワンダーとビートルズだ。僕はメセニー・グループや『シークレット・ストーリー』の音楽は、もはや「ジャズ」という名称ではくくれない、たとえばビートルズの『アビー・ロード』やスティーヴィーの『キー・オブ・ライフ』がポップスだ、というのと同じ意味での「ポップス」である、と思っている。それは、作り手が自分の中であたためてきたさまざまな種類の音楽を変形させ、自分の無意識の中へ降りていって、まるで「夢」のコラージュを作るように丹念に織りあげていったきわめて個人的な制作物としての音楽が、どういうわけか多くの聴き手の「夢のコラージュ」でもある、という奇跡を達成したときにのみ存在しうる音楽のことだ。

この稿で今まで列挙してきた、さまざまな地域の、さまざまな種類の、さまざまな人たちの音楽を体験して生きてきたメセニーの「無意識＝夢」の断片を、ライル・メイズをはじめとする信頼すべきパートナーたちの力を借りて丹念に貼りあわせ、変形を加え、「演奏の力」によってヴァイタルな「魂」を吹き込むことによってメセニー・グループの音楽は完成する。そうした、個人的なくせに普遍的な「夢のコラージュ」を作る稀有な才能を持っている、という点で、メセニーはウェス・モンゴメリーよりもポール・マッカートニーに、ハービー・ハンコックよりもスティーヴィー・ワンダーに、マイケル・ブレッカーよりもブライアン・ウィルソンに、より似ているのかもしれない。

＊

冒頭で触れたように、パット・メセニーにはふたつの顔がある。ひとつは稀有なサウンド・クリエーター＝真の意味での「ポップス」の作り手としての、ひとつは超一流ジャズ・ギタリ

ミルトン・ナシメント

アンジェラス (Warner Bros., 1994)

Milton Nascimento(vo,g), Pat Metheny(g), Herbie Hancock(kb), Ron Carter(b), Jack DeJohnette(ds), Robertinho Silva(per) and others.

アマゾンの森のような、陽光と影を同時に感じさせるミルトンの深い声は、ショーター、ハンコック、メセニーなどのジャズメンたちを魅了した。これはハンコックやメセニーがミルトンのバックを務めた作品。

ストとしてのメセニーは、今や技術的にも感覚的にも世界で一、二を争う存在であることは間違いない。しかし、やはりギタリストとしてのメセニーは、サウンド・クリエーターとしてのメセニーに内包されるものなのだろう。今や「世界屈指のギタリストとしてのメセニー」をもコラージュの材料として飲み込んでしまうほどに、「パット・メセニーの音楽」は大きく、深いものになってしまっている。

メセニー・グループの音楽を愛する聴き手が、ここに挙げた多種多様な音楽のすべてを好きになるとは限らないだろう。しかし、メセニーが教えてくれた、カントリーからミニマル・ミュージックまで、フリー・ジャズからガムランまでの幅を持った多彩な音楽のどれかが、あなたをより広く深い「音楽の感動」へ導くきっかけになる可能性は少なくないのだ。ミュージシャンとしてのメセニーがそうであるように、聴き手としてのわれわれも、それぞれの「夢のコラージュ」のためのレシピを充実させること。そのことのみが、ジャズを、そして音楽を、次の時代に向けて生き生きと輝かせる方法であるはずだ。

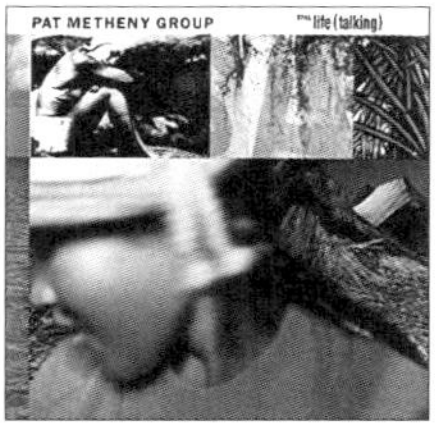

パット・メセニー・グループ
スティル・ライフ(トーキング) (Geffen, 1987)
Pat Metheny(g), Lyle Mays(kb), Steve Rodby(b), Paul Wertico(ds), Armando Marcal(per,vo), David Blamires(vo), Mark Ledford(vo)

16

「解読装置」としてのマイルス・デイヴィス

マイルスの死の後で

Miles Davis as a Decording Machine: After Miles Passed Away

いきなり何だが、「追悼文」をひとつお読みいただきたい。一九九一年九月三〇日から一〇月一日にかけて書かれ、一一月に発売された『ジャズ批評』七三号に掲載された、村井康司によるマイルス・デイヴィス追悼の文章だ。

『ジャズ批評』のこの号は「トランペット特集号」であり、九月上旬に僕がマイルスの項目の執筆依頼を受けたときには、当然のことながらマイルスはまだ生きていた。だから、本来ならばマイルスがどんなトランペッター＝ミュージシャンであるのか、について冷静に書くべき場所に、動転した僕は追悼文を書いてしまったわけなのだが、とりあえずそんなことはどうでもいい。

読み手を意気消沈させるような沈んだトーンの文だが、何と言っても追悼文だ、決して「底抜けにハッピー」ではないマイルスの音楽に免じてお許しいただけたらと思う。

＊

ここは追悼文を書く場所ではない。しかし、これを書いている九月三〇日から数えて二日前

マイルス・デイヴィス＆クインシー・ジョーンズ
ライヴ・アット・モントルー (Warner Bros., 1991)
Miles Davis(tp), Wallace Roney(tp,fh), Kenny Garrett(as), Gil Evans Orchestra, George Gruntz Concert Jazz Band conducted by Quincy Jones

にマイルス・デイヴィスがサンタモニカの病院で死去し、僕がそれを知ってから十数時間が経過した、ということはまぎれもない事実だ。だから僕がここに書こうとしていたことは、若干の変更を迫られざるをえないだろう。そして、この文章がどうしても追悼の色合いを帯びてしまうのは、やはり避けられないことであるのだと思う。

九月二〇日に発売された『スイングジャーナル』一〇月号を見たとき、あなたはマイルスが音楽の上で初めてあからさまに過去を振り返ったことを知って、小さな、しかし深いため息を漏らしはしなかっただろうか。クインシー・ジョーンズが指揮し、ギル・エヴァンス・オーケストラとジョルジュ・グルンツ・オーケストラが合体した四五人編成のオケをバックに、かつてのギルとのコラボレーションを「再現」してしまったマイルス。しかもマイルスのとなりには、影武者というにはあまりに堂々としたたたずまいで、ソロのサポート役としてウォーレス・ルーニーが寄り添っていたのだ。その上、まるで自らが参加した葬儀のようなこのモントルーのステージの数日後には、マイルスはかつてのサイドメンたち、マクリーン、ショーター、ハンコック、コリア、マクラフリン、グロスマン、スコフィールドらとの共演も実現していたのだった。

マイルスがその直後に肉体的な死を迎えることになるとは考えもしなかった僕は、その記事を読んだとき、それまで自分の中で認めようとしなかった「マイルスの象徴的な死」のことを、はっきりと認識してしまった。いや、あの自伝を読んだとき、『アマンドラ』を聴いたとき、八一年新宿西口でのライヴを聴いたとき、六年待った『マン・ウィズ・ザ・ホーン』に針を落としたとき、あなたは、そして僕は、マイルスの「象徴的な死」という、生身の人間に向けるにはあまりにも残酷な言葉が脳裏をかすめるのを覚えはしなかったか？　おそらく誰も三〇年

マイルス・デイヴィス

ブラック・デヴィル (BM, 1991)

Miles Davis(tp), Wayne Shorter(ss), Bill Evans(ss), Kenny Garrett, Jackie McLean(as), Steve Grossman(ts), John McLaughlin, John Scofield(g), Joe Zawinul, Herbie Hancock, Chick Corea, Deron Johnson(kb), Foley(lead bass), Dave Holland, Darryl Jones, Richard Patterson(b), Al Foster, Ricky Wellman(ds)

代以降のルイ・アームストロングや六〇年代後半以降のソニー・ロリンズや晩年のアート・ブレイキーの音楽を、「象徴的な死を遂げた後の音楽」などと呼びはしないだろう。

他の誰もが肉体的な死の前に語られないだろう「象徴的な死」を、多くのジャズ・ファンに意識させてしまうこと。そしてそれがジャズそのものの死と密接に関連づけられてしまうこと。マイルス・デューイ・デイヴィス三世が「ジャズ」というフィールドで担った栄光と不幸は、まさにそのことにおいてある。

コンパクトな「モダン・ジャズ史」の概観を、僕らはマイルスのレコードだけを使っておこなうことができる。『チャーリー・パーカー・オン・サヴォイ』→『クールの誕生』→『ディグ』→『ラウンド・ミッドナイト』またはマラソン・セッション四部作→『カインド・オブ・ブルー』→『フォア・アンド・モア』→『ネフェルティティ』→『ビッチェズ・ブリュー』→『アガルタ』と続く、一九四五年から七五年までの三〇年間のマイルスの軌跡は、驚くべきことにそのままジャズの「正史」たりうるのだ。そして、その「ジャズ史」の中でのマイルスのイメージは、つねに「熱狂」に対する「覚醒」であり、「盲目」に対する「明察」であり、「情念」に対する「知性」である。コルトレーンと「フリー・ジャズ」が過剰な意味を負わされていた六〇年代後半（僕はその時代のジャズ界の雰囲気を実感できはしないが）においても、「醒めた視線」としてのマイルスの存在の重さがどのように感じられていたかは、たとえば次の文章からも知ることができる。

「マイルス・バンドの完璧なフォルムは、フリー・ジャズに狂っていた少年の私にとって不気味な存在だった。皆んながホットに狂っている時代に、独り冷ややかに屹立するマイルスの美学が底知れない奥行を感じさせていた」（小野好恵『ファット・タイム／マイク・スターン』ライナ

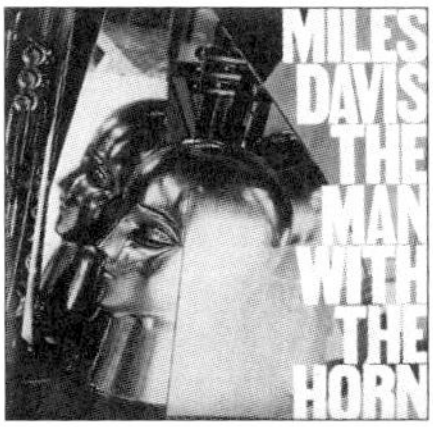

マイルス・デイヴィス

ザ・マン・ウィズ・ザ・ホーン (Columbia, 1980/81)

Miles Davis(tp), Bill Evans(ss), Robert Irving(kb), Randy Hall(g,kb.vo), Mike Stern, Barry Finnerty(g), Marcus Miller, Felton Crews(b), Al Foster, Vincent Wilburn(ds), Sammy Figueroa(per)

ーノーツより）

つねに音楽の中に「謎」をはらみ、その謎を解くことがジャズのゆくえを知るための鍵を握ることになるかのように、ジャズの聴き手＝書き手が「解読」を試みてきた「暗号書」としてのマイルス。カムバック以降はそうでもなくなったが（他のさまざまな「大きな物語」たちと一緒に、マイルスの「物語」もポスト・モダン的に解消されてしまった、ということなのか？）、マイルスの新作について何か言おうとすると、つい肩に力が入ってしまうという経験を、多くのジャズの書き手が体験しているはずだ。

そして、めでたく「解読」されたあかつきには（いや、実際には誰も解読などできなかったのだが）、今度はマイルスは「ジャズ」を解読するための便利な装置となる。さまざまの音たちが無秩序にざわめき騒いでいるジャズの現場を、僕らは「マイルス」というグリッドを通して見ることで、ある法則に貫かれた「ジャズ史」として把握してきたのではなかったか。そしてもちろん、その「法則」を司るべきメタ・レヴェルの座におさまるのは、「帝王」マイルス・デイヴィスであるのだった。

「解読すべき謎」でありながら、ジャズに対する「解読装置」として機能してしまうこと。いちばん目立つ場所にいながら、不可視のメタ・レヴェルで「シーン」を統御しているように感じられてしまうこと（「不可視の帝王」としてのマイルスの機能が最もあらわにされたのは、もちろん七〇年代後半の「隠遁生活期」だった。あの「クロスオーヴァー〜フュージョン」時代、ジャズ・ジャーナリズムの言説は奇妙なほど「マイルスの影」を意識していたのだから）。「時代」とのかかわりでジャズを語る「状況論的ジャズ受容」にとって、マイルスは最も精度の高い「装置」なのだ。そして、ジャズ評論＝ジャーナリズムとジャズ・ファンの共犯によって作動させられた「マイルスとい

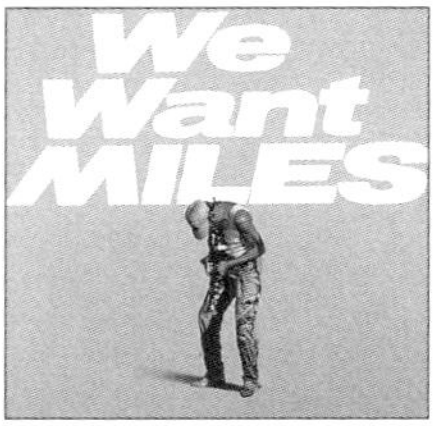

マイルス・デイヴィス

ウィ・ウォント・マイルス (Columbia, 1981)

Miles Davis(tp,el-p), Bill Evans(ts,ss), Mike Stern(g), Marcus Miller(b), Al Foster(ds), Mino Cinelu(per)

81年のマイルス復活公演は、吹きさらしの会場で足を引きずるマイルスが痛々しかった。しかしここでのパワフルなバンドの演奏とマイルスの繊細なプレイを聴くと、あのときの悲惨な印象は視覚的イメージが大きかったのだな、と思う。70年代の悪魔的求心力はもはやないが……。

う装置」を通して見たジャズの風景は、起伏に富みつつも決して常識人を不安にさせないだけの安定度を持ったものだ。

ジャズ・ファンの中でマイルスの音楽のすべてが嫌いだ、という人はごく少数だろうが、ある時期から後／あるいは前のマイルスは、「一応押さえておく」という程度で付き合っている人の数もまた多いのではないだろうか。「概観するために押さえておく」ことをする程度に熱心で、その分だけ凡庸な僕やあなたは、きっとこれからもジャズとうまく折り合いをつけていけるのだろう。そして多くのジャズ・ファンがジャズとうまくやっていくための強い味方（生きたジャズ史！）がマイルス・デイヴィスだということ――これはマイルスにとって幸福なことだったのか、それとも不幸なことだったのか？

だからといってどうなる、という問題ではこれはまったくない。「状況もジャズ史もない、俺はマイルスのこれにしびれるんだ！」という感情は皆が持っているはずだし、それはまったく正当なことなのだから。「ネフェルティティ」や「フォール」の異様な美しさに啞然とし、『アガルタ』『パンゲア』にぞくぞくし、『プラグド・ニッケル』や『ブラック・ビューティ』の凶暴な切れ味に衝撃を受け、「イフ・アイ・ワー・ア・ベル」や「マイ・ファニー・ヴァレンタイン」を聴いて幸せになり、『ジャック・ジョンソン』のA面に興奮し、「レイテッドX」の暴力的な迫力に快感を覚え、「バップリシティ」や「イスラエル」を愛で、『ダーク・メイガス』で頭がぐしゃぐしゃになり、『ミュージング・オブ・マイルス』でにっこりし、『デコイ』のイントロを聴いて「カッコいい！」と叫び――というふうに、僕は「後から来た者」の特権を利用して、順不同でマイルスをかたっぱしから聴いてきた。この間「夜逃げするときに持っていく二〇枚のレコード」（一枚じゃないところがリアルでおもしろいのだ）という話を何人かでし

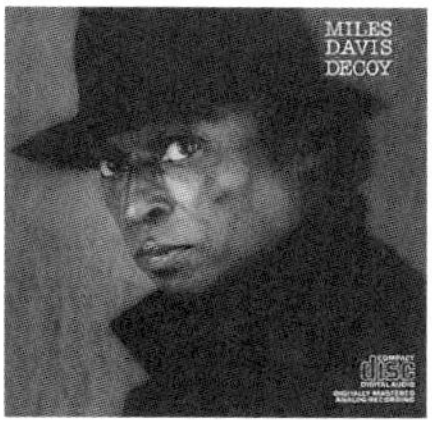

マイルス・デイヴィス

デコイ (Columbia, 1983)

Miles Davis(tp,syn), Branford Marsalis(ss), Bill Evans(ss), Robert Irving III(kb), John Scofield(g), Darryl Jones(b), Al Foster(ds), Mino Cinelu(per), Gil Evans(arr)

て盛り上がったのだが、そのうち半分以上をマイルスにしてもいい――ショーターとハンコックがカバーできるという特典もあるしね――、と思っているほどに、僕はマイルスが好きだ。

しかしそのこととは関係なく（本当は「関係ない」とは言い切れない。「好き」の根拠って何だ?）、ジャズをめぐる言説の中で、マイルスは圧倒的な「制度」である。いくら「帝王マイルス」というジャズ雑誌の見出しをせせら笑ってみても、僕がジャズを連続する「流れ」として把握してしまっている限り、僕はマイルスを「解読装置」として使い、そして無意識のうちに「帝王」の座に送り込んでいる。それだけのことだ。

八〇年代後半のマイルスは、自分の音色とフレーズをサンプリングして再生しているように、いわゆる「ジャズ」的な主体が希薄な演奏をしていた。たとえばスクリッティ・ポリッティの、きらきら光るポップ・サウンドに乗ったマイルスのミュート・トランペットが、実は（マイケル・ブレッカーやハンコックがマイルスのミュート・サウンドをサンプラーに入れているように）サンプリングによるものだ、と言われても、僕はあっさり信じてしまうだろう。不思議なことにそれは美しく、ときには感動的でさえあったのだが、それをいかにも八〇年代的な「ジャズ」のありようだ、と「解読」してはいけない。

*

モントルーでのオーケストラとの共演は、その後衛星放送（WOWOW）で放映され、九三年になって『ライヴ・アット・モントルー』というタイトルのCDが発売された。パリでのかつてのサイドメンたちとの再会セッションの模様も、衛星放送とブートレグCD『ブラック・デヴィル』によって、われわれは詳しく知ることができた。そこでのマイルスは想像していたよ

マイルス・デイヴィス

ドゥー・バップ (Warner Bros., 1991)

Miles Davis(tp), Easy Mo Bee(programing,sampling,rap), J.R.(rap), A.B.Money(rap), Deron Johnson(kb)

マイルス最後のスタジオ作はヒップホップ・サウンドとの共演だった。モントルーとパリのコンサートで「過去」を振り返ったマイルスは、やはり最後まで「時代のストリートな音」を求めていたのだった。ミュート・トランペットの音がハードで重いサウンドに不思議にマッチしている。

りもはるかに元気に見え（スティーヴ・グロスマンのソロを、「ガン」を飛ばして途中でやめさせ、思わずグロスマンが色をなすあたりは笑ってしまう）、そのプレイも意外とアグレッシヴなものではあったのだが、たとえば一九五一年に初演した「ディグ」を、ジャッキー・マクリーンとともに吹く姿を見てしまうと（その日の演奏の中では、その曲が最もいい出来なのだが）、やはりマイルスは自分の死期が間近いことを悟っていたのではないか、という感慨を抑えることはできなくなる。

そのことが有効だったかどうかはともかくとして、過去の再生産をあれだけ頑なに拒み続けてきたマイルスが、人生の最後に至って、あからさまに「過去の栄光」を振りかえってしまったという事実。他のミュージシャンが同じことをしても、僕はこれほどまでに複雑な気持ちにはならなかったはずだ。

そして、どうしても「複雑な気持ち」になってしまうということが、僕がマイルスに「ただの音楽」以上の何かを見てしまっている証拠であるのだろう。いったいおまえはマイルスを使って何を「解読」しようとしているのだ。「ジャズ」の歴史？「ジャズ」の未来予測？「果たしてジャズは死んだのか」？ それとも「時代」と「ジャズ」との関係？

マイルスが死んでから八年が経過した今でも、ここに書いた「解読装置としてのマイルス」という言葉が重くのしかかってくることには変わりはない。

17

エピローグ
「明日のジャズ」のために

Epilogue: For the Jazz of Tomorrow

　ふだんはとっちらかった音楽聴取をしている僕にも、夜中に一人でウィスキーなど呑みながらよく聴く、ごくごく私的な定番アルバムがいくつかある。たとえばジューン・クリスティ。実は僕は彼女のハスキーなくせにあたたかい声がすごく好きで、古いLPを集めたりもしているのだ。なんだか石が飛んできそうだな、こういうこと書くと。

　クリスティの声と、その後ろでゴージャスに鳴るスタン・ケントンやピート・ルゴロのオーケストラのサウンドは、豊かな「五〇年代のアメリカ」の象徴なのかもしれない。彼女の代表作である『サムシング・クール』(Capitol)(もちろんモノラル・ヴァージョンをLPで聴かなくてはならない)に最もふさわしいスピーカーは、JBLが五〇年代から六〇年代にかけて製造したハーツフィールドやパラゴンやハークネスやオリンパスといった、高級車が一台買えるほどの値段の、豪華な「家具調スピーカー」なのだろう。わが家にそんなものがあるわけもなく、一〇年ほど前にイギリスで作られた小さなスピーカーで聴いているんだけど。

　もちろん、いつもジューン・クリスティ(母親より二歳上だ)ばかり聴いているのではなく、僕より少しばかりおねえさんのリッキー・リー・ジョーンズのアルバムも夜中によく聴く。女

ジューン・クリスティ
サムシング・クール (Capitol, 1953/54)
June Christy(vo) with Peter Rugolo Orchestra

性ヴォーカルばっかりだって？　まあいいじゃない。

少女のようであり老婆のようでもあるリッキー・リーの声、あどけないくせに破滅願望が色濃く漂う彼女の歌は、明らかに「七〇年代以降」の感性によるものだ。チャーリー・ヘイデンの太いベースがすばらしいスタンダード集『ポップ・ポップ』（Geffen）も大好きだけど、ピアノを弾きながらスタンダードを歌ったライヴ・トラックが三曲入っている『Girl At Her Volcano（邦題は『マイ・ファニー・ヴァレンタイン』）』（Warner Bros.）が一番気に入っていて、とどめの一枚、という感じでつい手が伸びてしまう。そのアルバム（これはCDです）の最後に「サムシング・クール」が入っていて、僕はそれを聴くたびに、世界が、アメリカが、そして「ジャズ」が過ごしてきた五〇年代から現在までの時間のことを思ってしまうのだ。

この本は、ごく個人的には「ジューン・クリスティからリッキー・リー・ジョーンズまで」の間に、ジャズという音楽がどう変化してしまったのか、を考えてみようとしたものだ。ジャズの大きな変容がほぼ完了し、「差異」から「反復」へと時代が移り変わったあたりにジャズを聴きはじめた僕は、ジャズの幸せな時代のことも、ジャズの激動の時代のこともリアルタイムでは知らない。知らないだけに憧れも大きいのだが、知らないだけに冷静に観察することもできるのではないか、と自らを納得させて書きはじめた。

さて、ここまで「昨日」のことを書いてきて、「明日のジャズ」に向けての展望がいくらかでも見えてきたのだろうか。なかなか、難しいなあ。

どんなジャンルの音楽にも、いやすべての分野の「アート」に言えることなのだろうが、今のジャズ・シーンはきわめて「非歴史的」な、「王のいない時代」を迎えている。次の局面へとジャズを衝き動かすダイナミックな時代のうねりが感じられず、あらゆるものが認められつ

リッキー・リー・ジョーンズ
マイ・ファニー・ヴァレンタイン (Warner Bros., 1978-83)
Rickie Lee Jones(vo,p), Michael Ruff(el-p), Dean Parks(g), Nathan East(b), Art Rodriguez(ds) and others.

つあらゆるものがスポイルされてしまっているような時代。この本はジャズが「王のいない時代」に至るまでの道程を追ってきたようなものなのだが、だからと言って「いやあ、残念ですけど時代だからしようがないですねえ、はい終わり」を結論とするのは、あまりにも情けないではないか。

＊

一九九九年大晦日の夜、僕は「二一世紀にジャズは存在するか？」という恐ろしいタイトルが付いた「ミュージック・バード」の特別番組に出演した。一緒に出たのは寺島靖国・安原顯・後藤雅洋という、それぞれが一家言も二家言もある諸先輩方。四時間ぶっつづけで各人が好き勝手なことを喋り散らし、敵かと思えば味方だったり、二人が戦っているのを静観していたらその二人が突然タッグを組んでこちらを攻撃してきたり、というスリリングなバトル・ロイヤル的時間を過ごしてきたのだが、現在のジャズについての激論に忙しくって、最初に設定されたテーマの「二一世紀にジャズは存在するか？」についての話はほとんどしなかったようだ。困ったものだ。

今、改めて考えてみると、問題は「ジャズが存在するか」ではなく――内実がどうであれ、「ジャズ」と名が付く音楽は消滅しないだろう、ここ百年ぐらいは――、二一世紀のジャズが生き生きとしたものなのかどうか、「明日のジャズ」は聴き手を打ちのめしたり衝き動かしたり元気にさせたりうれしくさせたり興奮させたりする音楽でいられるのかどうか、なのだった。

五〇年代から六〇年代にジャズが獲得した形式的・技術的な果実を学習し、それをベースに新しい感覚を適度に採り入れていく、といったタイプの若手ミュージシャンが数多く登場し、それなりに充実した演奏を聴かせている、という状況を、僕は基本的に歓迎すべきことだと思っている。「普通のジャズ・ファン」が安心して日常的に聴ける演奏が新作としてどんどん現れ、シーンに厚みが出ないことには、それまでの「ジャズ」の概念をひっくり返すような驚天動地の天才＝異端は登場しようがないのだから。たとえばエリック・アレキサンダーのような、パワフルな楽天性と問答無用でぐいぐい突き進んでゆく勢いを持った若いミュージシャンが、これから続々と輩出してくればおもしろい。

むしろ問題は、輸入盤で大量に入荷する「オーソドックスな若手」のCDを、きちんと紹介し評価する媒体がまったくと言っていいほどない、ということだろう。最近の不況のせいもあって、国内のレコード会社がリリースする「ジャズの新作」の数はかなり少なくなってしまっている。そして、ジャズ雑誌で大きく採り上げられる国内盤の新作より、はるかに質が高い作品が輸入盤に多く存在していることは厳然たる事実なのだ。

プロローグで書いたように、輸入盤には輸入盤独自の「流行」があり、口コミ的なネットワークが秘密結社のごとく存在しているところがおもしろいのだが、インターネットによる輸入盤の販売や情報提供が増えてくれれば、より広範なジャズ・ファンが輸入盤を気軽に聴けるようになってくるはずだ。そうなったときに、ジャーナリズムが輸入盤やマイナー・レーベルのCDを「差別」していては、状況との隔たりがどんどん大きくなってゆくばかりだろう。オーソドックスなジャズばかりではなく、新しい表現へ向けての探究や実験を指向する音楽（それを「ジャズ」と呼ぶ必要はないのかもしれない）についても、現在世界のさまざまな地域で行なわれている試みの一端を、われわれはその気になれば輸入盤によってかなり広く聴くことができるのだ。それをきちんと紹介し、整理し、評価していく作業（それも読者が聴きたくてたまらなくなるような文章で！）を行なわなくてはいけない、と、自戒を込めて思う。僕が「明日のジャズ」のためにできることはそれぐらいしかないのだから。とまあ、これは個人的な今後の課題。

＊

ジョン・ゾーンの章で、ゾーンはライヴがいちばんおもしろい、と書いた。まあこれはゾーンに限らずすべてのジャズについて言えることなんだけど、あのわくわくしてどきどきして、終わった後に自分の体に充実感がみなぎってくる「現場の楽しさ」を、ジャズは忘れてはならない、と思う。あの章で引用した鼎談の中で加藤総夫さんが言っていたように、その「現場性」の意味は「即興だからいい」ということは微妙に違う。それは、演奏者どうしに、演奏者と聴き手に、聴き手どうしに、それぞれその場で生じる「生身どうしの交感」の集積なのだ。

だからと言って僕はライヴ至上主義者でもライヴ盤大好き男でもないのだが、テープ編集でしかできないような唐突で急激な変化や、コンピュータの打ち込みを綿密におこなった結果のような複雑怪奇なアンサンブルを、人間がその場でやってのけるのを観たときの不思議な喜び（これは曲芸を観たときの喜びに似ているけど、それとまったく同じではない、やっぱり「音楽的」喜びなのだ）や、ビッグバンドを狭い会場で聴いて、場の空気がサックス・セクションのハーモニーによってびりびり震えるのを感じたときのうれしさを考えると、「やっぱりジャズは現場だよな」と、したり顔でうそぶきたくなる。そして、本当にすぐれたジャズ・ミュージシャンの演奏は、録音されたものからでも「現場性」がひしひしと感じられ、こちらの生身に相手の「音という生身」が襲いかかってくるのだった。しかしパーカーやドルフィーの生って、どんなにすごかったのか、想像するだけでぞくぞくするよね。

ここ一〇年ぐらいかな、ブラス・バンドっぽいサウンドが好きになってよく聴いているのも、もしかしたら「現場性」とか「身体性」と関係があるのかもしれない。金管楽器が微妙にずれながらブレンドするときに感じる解放感や、いかにもカラダ使ってます、という感じのチューバのベース・ラインを聴いたときのうれしさはなかなか説明しにくいのだが、あれはやっぱりブラス・バンドのお気楽さが実に「現場っぽい」からなのではないか。まあ、クールなものやシャープなもの、あるいは電気的な響きに疲れていて、耳が「癒し」(どうも語感がよくないけど)を求めている、ということもあるのだろうけど。

というわけで唐突に「最近お薦めのブラス・バンド・ジャズ」ですが、一押しは大阪の「LIVE! LAUGH!」という、トロンボーンの大原裕率いるなんともけったいなバンドであります。CD『風ヲ切ッテ進メ！』(Offnote) ではヴォーカル入りで「インターナショナル」や「道頓堀行進曲」をやってて、これが実にファンキーかつ元気よくってすばらしいのだ。対抗馬としてはイタリア、ナポリを根拠地とするダニエレ・セペのアルバム『限界労働』(Ahora) はどうだろう。ブラスだけでなく曲によってはストリングスも入って、中世の「カルミナ・ブラーナ」からブレヒト、どういうわけかウェザー・リポートの「ブラック・マーケット」までやってしまう根の明るさが実にいい。八〇年代に人気者になった、ニューオリンズのダーティ・ダズン・ブラス・バンドも元気に続いているけど、ニューオリンズだったら、より若くワイルドな乗りの、ラップとブラス・バンドが一体化したオール・ザットというバンドがかっこいいです。

空気がびりびり震える管楽器アンサンブルの気持ちよさ、ということでは、ワールド・サキソフォン・カルテット以来ひとつの定型となった、サックス四本のみによる編成もおもしろい。

プロローグで触れた、ミニマル曲ばかりを演奏するデルタ・サキソフォン・カルテットもよかったけど、竹内直や岡淳など、日本の若手サックス奏者四人によって結成されたサキソフォビアの、フルートやバス・クラリネットも使った多彩なサウンドが最近のお気に入りだ。

ヴァイタルなパワー、複数の生楽器がその場で鳴る気持ちよさ、アンサンブルとソロの多様な組み合わせ、さまざまなジャンルの音楽を取り込める雑食性などの点で、ブラス・バンドやサックス・アンサンブルは、「明日のジャズ」の器として、まだ大きな可能性を秘めているはずだ。そして今挙げた特徴は、「モダン」以前のアーリー・ジャズが持っていた大らかさにつながるものであるだろう。ライ・クーダーが初期のジャズと南北アメリカの多彩な音楽をミックスさせて、「あり得たかもしれないもうひとつのジャズの形」を提示してみせた七八年の傑作『ジャズ』(Waner Bros.) の意義は、発表から二〇年以上を経た現在でもまったく色褪せていないのだ。

＊

この本の中でも何度も言ってきたことだが、「伝統の発展的な継承」がどのように行なわれていくか、によって、ジャズと呼ばれる音楽の未来は大きく異なっていくだろう。ミュージシャン本人が意識するかどうかにはかかわらず、「明日のジャズ」は「昨日のジャズ」を読み換えることによってしか始まらないし、未だに可能性を十分に汲み尽くされていない「偉大な遺産」が、ジャズとその周辺にはいくらでも存在しているのだから。

その継承のしかたにはさまざまな方法がある。たとえばウィントン・マルサリスのようにアーリー・ジャズの要素をストレートに採り入れ、しかもある種シンフォニックな構成をとるアプローチ、エリック・アレキサンダーやジョシュア・レッドマン、ブラッド・メルドーなどに代表される、オーソドックスな「モダン・ジャズ」の枠組みの中で自分なりの個性を拡張し、その歴史に何かを付け加えていこうとする姿勢、ダーティ・ダズンやライ・クーダーの『ジャズ』のような、アーリー・ジャズ的な編成や素材をもとに自由な発想で伝統を再生させていこうとする方法、ゾーン、ハンラハン、ウィルナーなどが示した、自分の中に蓄積された種々の音楽を高速度で攪拌して現代に提示するやり方、やはり多様なジャンルの音楽にインスパイアされてメセニーが実現する壮大な「夢のコラージュ」、サーフ・ロックからノイズ・ミュージックまでの幅をギター・プレイの中に織り込みつつ「終わりの季節」の色合いを帯びた音楽を作り上げ、ここ数年はアメリカン・ルーツ・ミュージックへの旅を続けているビル・フリゼール……。

あまりにそのままの「なぞり」はつまらないし、かと言って観念的すぎるアプローチは疲れてしまうが、僕は「伝統の継承」の形態は、なるべく多様であってほしい、と思っている。ここで重要なのは、さまざまなミュージシャンたちが多様な方法でおこなっている「伝統の発展的継承」を、なるべく幅広く紹介し、聴き手のアクセスが容易にできるようにするための、ジャーナリズムや音楽の送り手側の努力なのだと思う。もちろん、幅広く紹介することは、すべての音楽をただ肯定することではない。アプローチの多様性を基本的には肯定しつつ、個々の作品についてはきちんとした評価を下し、そのことを通じて多様なものがざわめく世界の上に、自分なりのパースペクティヴを描いていくこと。もし批評家という存在になにがしかの意味があるのだとすれば、それはそのことを措いて他にないはずだ。

そして、もしかしたらミュージシャンの努力以上に「明日のジャズ」のために大切なものは、聴き手の「耳の姿勢」なのだと思う。もちろん聴き手は自分の好きなものだけを好きなように聴く権利を持っているのだし、一種類の「指導的ジャズ雑誌」と数人の「指導的批評家」の意見によって聴き手の嗜好《しこう》が決定されていく、などという状態（そんな時代がこれからやってくるとも思えないが）は決して歓迎すべきではないだろう。

僕がここで言いたいのは、多様な試み、多様なジャンル、多様なタイプの音楽を先入観なく聴いて、そこから自分なりの新たな音楽聴取の喜びを見いだし、そうすることによって以前聴いた音楽にも新しい意味を聴きとる……という「耳の更新」をたえずおこなう聴き手が増えることによって、「明日のジャズ」は生き生きとした豊かなものになるはずだ、ということだ。パーカーやコルトレーンやマイルスのような「王」がいない時代を、ただ嘆いているだけでは何も始まらないしおもしろくならない。明日のジャズをおもしろくする責任を持っているのは、僕の「耳」であり、あなたの「耳」なのである。

*

ジューン・クリスティ、リッキー・リー・ジョーンズとともに、九〇年代における我が「深夜のパートナー」だったのはカサンドラ・ウィルソン。九三年の『ブルー・ライト・ティル・ドーン』（Blue Note）以来、『ニュー・ムーン・ドーター』（九五年）、『トラヴェリング・マイルス』（九九年）と続いたカサンドラのアルバムを、僕は「ジャズの世紀をしめくくる声」として聴いてきた。ロバート・ジョンソンのブルースからジョニ・ミッチェルまでの幅広い選曲、アコースティックな弦楽器群とパーカッションを巧妙に組み合わせたブランドン・ロスとカサンドラによる新鮮なアレンジ、そして褐色のブルースを色濃く感じさせながら、凛《りん》とした強さを

カサンドラ・ウィルソン
ブルー・ライト・ティル・ドーン (Blue Note, 1993)
Cassandra Wilson(vo), Brandon Ross(g), Charlie Burnham(vn,mandocello),Kenny Davis, Lonnie Plaxico(b), Lance Carter(ds,per) and others.

たたえて聴き手の中に浸透してくるカサンドラの歌。『ブルー・ライト』を初めて聴いたときの驚きと喜びを、僕は未だに鮮明に覚えている。

カサンドラのマイルスへのオマージュである『トラヴェリング・マイルス』は、たとえばジョニ・ミッチェルの『ミンガス』がそうであったように、実にしなやかで自由な、カサンドラならではの個性的なサウンドが全編に響き、それでいてマイルス・ミュージックに対する心からの敬意がひしひしと感じられる作品だ。彼女はマイルスの創造した音楽を尊敬はしていても、その偉大さの前に萎縮していないし、かと言って、やたらにいじくり回してはしゃいでいるわけでもまったくない。そこに僕はジョニ・ミッチェルと同質の「真に自立したフェミニティの持つ強度」を感じるのだが、これは深読みというものだろうか。

さあ、カサンドラをもう一度聴こう。サン・ハウスの「デス・レター」やロバート・ジョンソンの「カモン・イン・マイ・キッチン」といった古いブルース、「ユー・ドント・ノウ・ホワット・ラヴ・イズ」や「スカイラーク」などのスタンダード、ビリー・ホリデイの「ストレンジ・フルーツ」、ジョニ・ミッチェルの「ブラック・クロウ」やモンキーズの「恋の最終列車」やニール・ヤングの「ハーヴェスト・ムーン」、「セヴン・ステップス・トゥ・ヘヴン」や「ラン・ザ・ヴードゥー・ダウン」などのマイルスのレパートリー、そしてカサンドラ自身のすばらしいオリジナル曲たちを。

二〇世紀にアメリカに現れたさまざまなジャンルの曲を自分の中で熟成させ、アメリカン・ミュージックの原点を意識した、それでいてきわめて新鮮なアレンジに乗せて、カサンドラは深々とした声で淡々とうたう。それはまさに「伝統の発展的継承」そのものであり、ジャズの世紀である二〇世紀をしめくくりつつ、次の「はじめ」をも予感させるものなのだ。

Part 4

ジャズの現在地

2018

18

二〇一八年二月、ジャズはどこにいるのか？

二〇年後のジャズのゆくえ

Where is Jazz Now? : An Impression in February 2018

ほぼ二〇年経ってみると……

この本の元版である『ジャズの明日《あした》へ——コンテンポラリー・ジャズの歴史』は二〇〇〇年の四月に刊行された。その元になった原稿を、僕は一九九〇年代に書いていて、それらを九九年の秋ぐらいから二〇〇〇年の一月にかけて再構成・加筆した記憶がある。

とはいえ、読んでくださった方はおわかりのように、主に言及されているトピックは一九八〇年代までのことが多く、九〇年代にデビューしたミュージシャンの話題はほとんど出てこない。具体的に言うと、ジョシュア・レッドマン、ブラッド・メルドー、ブライアン・ブレイドといった、現在ジャズ界のメインストリームにいる人たちについて、これを書いている二〇一八年二月から一八年前の自分は、ページを割かなかったのだった。

どうしてなんだろう、と、再刊にあたって読み返してみて考えたのだが、つまりは当時の僕が彼らの音楽に「ひっかかり」を感じていなかったということなのだろう。ひっかかり、というのは肯定的な評価だけではなく、たとえばウィントン・マルサリスに対してのように一章を

ジョシュア・レッドマン
ジョシュア・レッドマン (Warner Bros., 1993)
Joshua Redman(ts), Kevin Hays, Mike LeDonne(p), Paul LaDuca, Christian McBride(b), Gregory Hutchinson, Clarence Penn, Kenny Washington(ds)

使ってディスる、ということもしなかったのだから、よくも悪くもジョシュアとメルドーに対しては強い関心がなかったわけだ。

一九九六年、ジョシュアのアルバム『フリーダム・イン・ザ・グルーヴ』のレヴュー（『スイングジャーナル』九六年一〇月号）で、僕はこう書いている。

「ジョー・ヘンダーソンやショーターやコルトレーンの影を感じさせつつ、全体としてはくっきりとしたメリハリをもったソロを構成するジョシュアの演奏は、スタイルとしてはジャズの伝統に立脚しているのだが、本質的には非常に『ポップ』な感覚のものだと思う。今回のサウンド作りが、そのポップさ、決して手に汗を握らせない『サンプリング感覚』を今まで以上に際立たせていることで、全体の印象は実にクールな、聴き手を没入させない肌触りを感じさせるものとなった。この作品の評価は、音楽に漂うその冷静さ（個々の演奏が熱くない、ということではない）をどう受けとめるかにかかっている。僕としては、おそらくベテランのジャズ・フリークには理解され得ないその『サンプリング感覚』を、より戦略的に提示することがあってもいい、と思う。はっきり言ってこれはいかにも中途半端な行き方ではないか、という発想がもう古いのかもしれないが……」

二〇年以上も前の古文書だが、その後のジャズの動きを知った今となっては、なかなかにおもしろいことが書かれているように思える。ジョシュアの音楽について僕は、

＊技術的にはジャズの先達たちの「伝統」に立脚している。
＊しかし本質的には「ポップ」な感覚を持っている。
＊そのポップさ、クールな「サンプリング感覚」がこの作品には出ている。

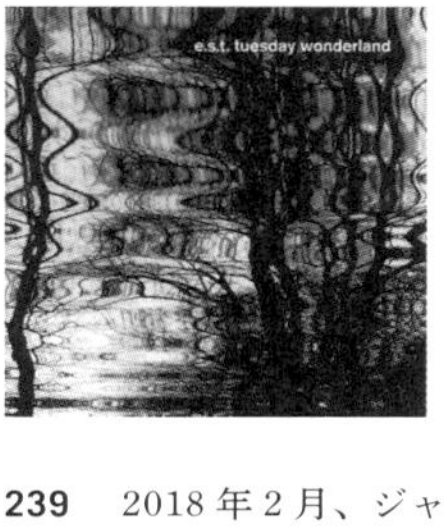

E. S. T.
チューズデイ・ワンダーランド (Emarcy/Umgd, 2006)
Esbjörn Svensson(p), Dan Berglund(b), Magnus Öström(ds)

＊しかしもっと「戦略的」に提示する方がおもしろいはず。
＊この作品でのジョシュアの行き方が「いかにも中途半端」だと思う一方、自分のその発想は古いのかもしれないと疑ってもいる。

と思っていたのだろう。

ポップさやサンプリング感覚を戦略的に、よりはっきりと提示することによって新しい何かを見いだす、という発想は、実に「八〇年代的」であり、たとえばジョン・ゾーンやハル・ウィルナーやキップ・ハンラハンのことを思い浮かべてもらえばいい。彼らは自覚的にさまざまなジャンルや時代の音楽を極端なかたちで接合し攪拌して、六〇年代的な「ジャズの進歩史観」を無効にする動きを活発に行なった。それを「ポストモダン的」と呼ぶことも、かなり乱暴だが可能だろう。

しかし、その「ポストモダン・ミュージック」も、当然のことながら「時代の子」だった。僕は今でもゾーンやウィルナーやハンラハンの音楽が大好きだが、二〇一八年の先端にそれらが位置する、とは思っていない。もちろん、その時代の先端にいることと、音楽そのものがすばらしいかということは、言うまでもなく関係はないのだけれど。

ジョシュア・レッドマンは、デビュー当時から「伝統の継承」ということについてきわめて自覚的でまっとうな意見を持っていた。彼はデビュー作『ジョシュア・レッドマン』のライナーノート（一九九二年一二月執筆）で、こんなことを述べている。

「ジャズは、永遠に過去に閉じこもり、昔の偶像に盲目的な敬意を表することではありません。それはまた、未来に向かって猛然と突き進み、それ以前にあった過去の芸術性の全てを捨

ブラッド・メルドー＆マーク・ジュリアナ
テイミング・ザ・ドラゴン (Nonesuch, 2014)
Brad Mehldau(syn, el-p, p, voice), Mark Guiliana(ds,electronics)

てるということでもありません」

「無意識なインプロヴィゼイションは常に革新の要素を含んでいます。（略）それと同時に、忠実なインプロヴィゼイションは常に伝統に関与しているのです」

ここでジョシュアは、「伝統と革新」（それは「過去と未来」でもある）が対立することの無意味さを語り、インプロヴィゼイションという「現在」の中に、伝統と革新、過去と未来を統合する力があるのだ、と高らかに宣言している。

その考えはまったく正しい。九〇年代にジョシュアが発表してきたアルバムが、その美しく格調高い「宣言」に見合うだけの力を持っていたか、は別にしても。

現代ジャズを特徴づける要素とは

ジョシュアがデビュー作をリリースしてから二五年の歳月が過ぎ、二三歳の若者だった彼は今年四九歳になる。九〇年代のジョシュア・レッドマン・バンドのメンバーたち――ブラッド・メルドー（ピアノ）、クリスチャン・マクブライド（ベース）、ブライアン・ブレイド（ドラムス）――も、それぞれがジャズ・シーンをリードするビッグネームとなった。

そして二一世紀に入ってしばらくして、彼らの一世代下のミュージシャンたちが台頭し、現在ジャズはある意味とても「元気」なのだと言えるだろう。その中心にいるミュージシャンは、一九七八年生まれのピアニスト、ロバート・グラスパーだ。

ここ数年のジャズを特徴づけるファクターとして、以下のような項目を挙げることができる。

ゲイリー・バートン
鼓動 (Atlantic, 1969)
Gary Burton(vib,p), Richard Greene(vn), Jerry Hahn(g), Steve Swallow(b), Bill Goodwin(ds)

[1] DJカルチャーとヒップホップを子どもの頃から体験した世代の台頭

あらゆる音楽のジャンル分けや権威付けを無視して、ひたすら「気持ちいいこと」「踊れること」を目的とするDJ的な音楽観の登場は、それまでの音楽聴取の価値観を根底から覆すほどにラディカルなことだった。最近のジャズに顕著なジャンル横断的（ジャンルというものを非常にゆるく捉えている、と言った方が的確かもしれない）な傾向は、DJ的な音楽観が当たり前になったことと密接な関係があるはずだ。

ヒップホップ～ビート・ミュージックが何を世の中にもたらしたか、を論じることは僕の能力では無理だが、音楽的な面に限れば、「サンプリングという行為の一般化」「楽器の音色に対するコンシャスネス」「リズムの多様化、複雑化」を挙げることができると思う。ピアノ～ベース～ドラムスによるトリオ、という伝統的なスタイルをとりながらも、それぞれの楽器のトーンを電気的に変化させたり、ベースとドラムスのビートをうんと強調したり、ということを行なった先駆的存在としては、九〇年代末に注目を浴びたE.S.T.と、二一世紀初頭にデビューしたバッドプラスがいるが、現在のロバート・グラスパー・トリオやイギリスのバンドであるゴーゴー・ペンギンを聴くと、そうしたスタイルが洗練され、きわめて完成度の高い「現代のピアノ・トリオ音楽」として提示されていることがわかる。

ヒップホップ～ビート・ミュージックからの影響を最も直接的に受けた楽器は、当然のことだがリズム楽器であるドラムスだ。トラック・メイカーたちが打ち込みで作り出した、複雑でどこか「揺らぎ」があって、しかも実にかっこいいビートを、現代のジャズ・ドラマーたちの多くが「人力」で叩き出す。グラスパー・トリオのダミアン・リード、グラスパーのもうひとつのバンドであるロバート・グラスパー・エクスペリメントのドラマーだったクリス・デイヴ

ジュリアン・ラージ
アークライト (Mack Avenue, 2016)
Julian Lage(g), Scott Colley(b), Kenny Wollesen(ds,vib)

とその後任のマーク・コーレンバーグ、自己のいくつかのグループやダニー・マッキャスリンのバンド、ブラッド・メルドーとのデュオなどで活躍するマーク・ジュリアナなどがその代表格だ。

〔2〕ジャズについての学校教育の充実とミュージシャンの「技術」のレベルアップ

ボストンのバークリー音楽大学に代表される「ジャズの学校」を卒業したミュージシャンは以前から少なくなかったが、一方では強力なリーダーのバンドに加入して、実践の中でスキルをアップさせていく「徒弟制」もジャズ界には根強く存在していた。先輩ミュージシャンから個人的にいろいろな技術や理論などを習うという例も多く、精神的な面も含めて、そうした「秘伝の継承」によって、ジャズの系統樹はその枝を伸ばしていった、と言えるだろう。

現代のジャズ・シーンでもそうしたことはあるのだが、ジャズの高等教育機関が質量ともに増えてきたこともあり、今第一線で活躍している二〇～四〇代のジャズ・ミュージシャンのほとんどが、バークリー、ザ・ニュースクール、マンハッタン音楽学校、ニューイングランド音楽院、ジュリアードなどのジャズ科や、一般大学のジャズ・コース出身だ。きわめて高い演奏技術と、インプロヴィゼイションや作編曲のために必要な音楽理論の習得が要請されるジャズという音楽を学ぶためには、良質の教育機関で学ぶことが最も効率がいいのだから、これは当然のことなのだろう。

そしてまた、百年を超えるジャズの歴史の中で生まれ、育まれてきた実に多様なスタイルやサウンドを身につけるためにも、ジャズを教育機関で学ぶことは非常に便利なのだ。そうした教育をしっかりと身につけた結果、今の若いジャズ・ミュージシャンの演奏能力や作曲能力の

カート・ローゼンウィンケル

カイピ (Heartcore, 2017)

Kurt Rosenwinkel(g,b,p,ds,per,syn,voice), Pedro Martins (voice,syn), Frederika Krier(vn), Andi Haberl(ds), Antonio Loureiro(voice), Ben Street(b), Mark Turner(ts), Amanda Brecker(voice), Eric Clapton(g) and others.

平均点は非常に高くなっている。もちろん、そのレベルを出発点として、どこまで自分だけの個性的な音楽を生み出すことができるかが本当の勝負なのだが……。

[3] 主にネットによる多様な音楽へのアクセスの容易化

さまざまな時代、さまざまなスタイル、さまざまな地域、さまざまなジャンルの音楽に接することが、自分の新しい音楽をクリエイトするために重要であることは言うまでもないが、YouTubeやアップルミュージック、スポティファイなどによって、ありとあらゆる音楽を気軽に聴くことができる時代になった。そのことによって、今のミュージシャンとリスナーたちが、音楽の時代やジャンルや地域の狭い枠にとらわれることなく音楽を聴き、そしてそこから新しい音楽をクリエイトするようになれば理想的なのだが、それは今後の課題だ。

[4] ジャズにおける「アメリカーナ」的アプローチの顕在化

北米大陸で生まれたさまざまな音楽を、ジャズ・ロック・カントリー・R&Bなどのジャンルで分けるのではなく、「アメリカ産の音楽」として広いくくりで捉えようとする動きが、一九九〇年代ぐらいから盛んになってきた。そうしたムーヴメントは「アメリカーナ」と呼ばれているが、ジャズ・ミュージシャンの中にも、広い範囲のアメリカ産音楽を融合することによって新しい音楽を作り上げようとする人たちがいる。

「ジャズ・アメリカーナ」前史としては、一九五〇年代からカントリーやフォークとジャズを結びつけるユニークな音楽を演奏していたジミー・ジュフリー（サックス）、カントリーの聖地ナッシュヴィルでプロとしてのキャリアをスタートさせ、やはりカントリーやフォーク、ロ

グレッチェン・パーラト
ライヴ・イン・NYC (Obliq Sound, 2013)
Gretchen Parlato(vo,per), Taylor Eigsti(p,kb), Alan Hampton, Burniss Earl Travis II(b,voice), Kendrick Scott, Mark Guiliana(ds)

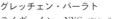

ックなどとジャズとの融合を試みたゲイリー・バートン（ヴァイブ）、バートン・グループのサイドマンとして活動したのち独立したパット・メセニー（ギター）などを挙げることができる。

そして、「ジャズ・アメリカーナ」の代表的ミュージシャンと言える存在が、一九五一年生まれのギタリスト、ビル・フリゼールだ。フリゼールについては後ほどインタビューを掲載するが、彼が『ハヴ・ア・リトル・フェイス』（一九九二年）で採り上げた曲の多彩さは、まさに「アメリカ産音楽総まくり」だった。

スティーヴン・フォスター、チャールズ・アイヴス、アーロン・コープランド、ジョン・フィリップ・スーザ、ソニー・ロリンズ、マディ・ウォーターズ、ボブ・ディラン、ジョン・ハイアット、マドンナ……。ギター、クラリネット（ドン・バイロン）、アコーディオン（ガイ・クルセヴゼク）、ベース（カーミット・ドリスコール）、ドラムス（ジョーイ・バロン）というおもしろい編成で、アメリカ音楽だけでなく、ポルカやクレズマー（これらもヨーロッパ産アメリカ音楽なわけだが）などの香りも感じさせるサウンドになっている点も、フリゼールのセンスのよさを感じさせる。

ブライアン・ブレイドのリーダー・バンドであるフェローシップや、ジョシュア・レッドマンがアーロン・パークス（ピアノ）、マット・ペンマン（ベース）、エリック・ハーランド（ドラムス）と結成したジェームズ・ファームも、ジャズとアメリカのさまざまな音楽をスケールの大きなサウンドスケープの中で融合させたサウンドを持っている。

ギタリストでは、一九八七年生まれのジュリアン・ラージが、フリゼール直系というべき、アメリカ音楽ならなんでもありのギターを聴かせる才人だ。ラージは「ニュー・ブルーグラス」を代表するバンドであるパンチ・ブラザーズのギタリスト、クリス・エルドリッジとのデ

ブラッド・メルドー

ラーゴ (Warner Bros., 2001)

Brad Mehldau(p,vib), John Brion(g-syn), Larry Grenadier, Darek Oleszkiewicz(b), Matt Chamberlain, Jorge Rossy, Victor Indrizzo(ds), Jim Keltner(ds,vib,per) and others.

ユオでも活動していて、アコースティック・ギター二本だけでの彼らの演奏は、まさにジャンルの壁が存在しない「アメリカのギター音楽」そのものなのだ。

また、パンチ・ブラザーズの中心人物であるクリス・シーリー（マンドリン）は、ブラッド・メルドーとのデュオ作品をリリースしている。そのアルバムでの彼らの音楽は、よくありがちな「ジャズとブルーグラスの名手同士の共演」（たとえばチック・コリアとバンジョー奏者ベラ・フレックのデュオのような）ではまったくなく、歌もうたうシーリーとそれを美しくサポートするメルドーによる「新たなバンドの結成」である、とさえ言えるものだった。

ジュリアン・ラージは、ジャズ評論家柳樂光隆とのインタビューでこんなことを語っている。

「二〇世紀初頭の音楽はラジオと現代的な録音技術が同時に発展していたこともあって、カントリーやジャズ、ヴォードヴィルにブルース、クラシックといったさまざまな音楽が影響を与え合うことで、想像力を膨らませていたんだと思う。ビバップ期に入るとそれも収束して、すべては過去の話になるわけだけど」（ウェブサイト"Mikiki"二〇一七年一月）

アメリカーナの考え方は、ジャンルだけではなく時代の壁も超えて、「アメリカ産音楽」を捉えようとする動きだ。ラージは柳樂に、二〇一七年の音楽シーンは一九一七年の音楽シーンに似ている、とも語ったという。さまざまな音楽が相互に影響を与え合い、混ざりあうことで、二一世紀のジャズは「新たなスウィング」や「新たなビバップ」を生み出すことになるのだろうか？

＊

今まで述べてきたことすべてに関連して、

大友良英ニュー・ジャズ・オーケストラ

アウト・トゥ・ランチ (doubt music, 2005)

Yoshihide Otomo(g,conduct), Sachiko M(sinewaves,contact mic), Axel Dörner(tp), Aoki Taisei(tb), Tsugami Kenta(as,ss), Mizutani Hiroaki(b), Takara Kumiko(vib) and others.

［5］アンサンブルと「サウンド」の重視
［6］ヴォーカル（人声）の重視

という二つも、現代ジャズの大きな特徴だと言える。マリア・シュナイダーに代表されるラージ・アンサンブルのみならず、たとえばブライアン・ブレイド・フェローシップ、ダニー・マッキャスリン・バンドといった比較的小編成のバンドや、ロバート・グラスパー・トリオやゴーゴー・ペンギンなどのピアノ・トリオ、さらにはクリス・シーリーとブラッド・メルドーのデュオに至るまで、「セッション」ではなく「アンサンブル」指向が強く感じられるのだ。

　モダン・ジャズの時代、ジャズはインストゥルメンタルとヴォーカルが、ある意味別の分野として扱われてきた。マイルスやロリンズと、エラ・フィッツジェラルドやサラ・ヴォーンは、同じジャズの世界にいるものの、たまにジャズフェスなどで共演するだけの関係なのだ、とみんなが思っていたわけだ。

　アンサンブルの要素として人声を使う試みは、二〇年代のデューク・エリントンが「クレオール・ラヴコール」で先駆的に試み、四〇年代のスタン・ケントン楽団がジューン・クリスティを起用して行なったこともあったが、それ以後は成功した例はほとんどなかった。ジャズの世界でワードレス・ヴォイスを積極的に使って成功したバンドは、七〇年代初期のリターン・トゥ・フォーエヴァーでのフローラ・プリム、七〇年代後期以降のノーマ・ウィンストンとケニー・ホイーラー、ジョン・テイラーのコラボレーション（アジマスなど）、そして八〇年代以降のパット・メセニー・グループまではきわめて少なかったのだ。

　今のジャズにヴォイスが使われることが多くなったのは、この三つの成功例、特にメセニ

マリア・シュナイダー・オーケストラ
スカイ・ブルー (Artist Share, 2007)
Maria Schneider(compose,arr,conduct), Steve Wilson(as,ss,cl,fl), Donny McCaslin(ts,cl), Ingrid Jensen(tp,fh), Ryan Keberle(tb), Ben Monder(g), Clarence Penn(ds) and others.

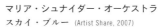

ー・グループの大成功の影響が大きいのだろう。カート・ローゼンウィンケルのギターとユニゾンのヴォイス（まさかジョージ・ベンソンの影響ではないよね！）は明らかにメセニーの影を背負ったものだし、レベッカ・マーティン、ベッカ・スティーヴンス、グレッチェン・パーラト、ペトラ・ヘイデンといった新しい女性歌手たちのヴォイスは、ウィンストンの声とよく似ている。エスペランサ・スポルディングのヴォイスは、メセニー・グループにおけるペドロ・アスナールのヴォイスを想起させつつ、もともとメセニーがヴォイスを起用するきっかけとなったブラジル音楽（ミルトン・ナシメント、トニーニョ・オルタなど）からの影響も強く感じられる。そういえばリターン・トゥ・フォーエヴァーもアジマスもメセニー・グループも、もともとはECMレコーズのアーティストで、フローラ・プリムは言うまでもなくブラジル人、というあたりの因縁話も興味深いですね。

「アメリカーナとヴォーカル」ということでは、ノラ・ジョーンズの大ブレイクを忘れるわけにはいかない。小さい頃からジャズ、リズム・アンド・ブルース、カントリーなどの古いレコードを祖母や母親のコレクションからたくさん聴いて育ったというノラは、デビュー作の時点ですでに「アメリカーナ」的な、ジャンルを軽々と超える音楽性を持っていた。もともとジャズ・ピアニストを志し、それでいて一九九六年と九七年に、雑誌『ダウンビート』主催の学生音楽賞で「最優秀ジャズ・ヴォーカリスト賞」を受賞したノラは、たとえばダイアナ・クラールのような「ジャズ歌手兼ピアニスト」になる可能性も十分にあったと思えるのだが、そうはならなかったのがおもしろいところ。

ジャズの素養とジャズへの愛をたっぷり持ちながら、狭い意味での「ジャズ」にまったくとらわれないこと。カントリーやR&B、ヒップホップ、ロック、中南米音楽など、さまざまな

エスペランサ・スポルディング

ラジオ・ミュージック・ソサエティ (Heads Up, 2012)

Esperanza Spalding(vo,b,arr,produce), Leo Genovese(kb), Lionel Loueke(g,voice), Joe Lovano(ts), Darren Barrett(tp), Jeff Galindo(tb), Terri Lyne Carrington, Billy Hart, Jack DeJohnette(ds), Gretchen Parlato, Becca Stevens, Justin Brown, Alan Hampton, Chris Turner, Algebra Blessett, Lalah Hathaway, Leni Stern, Q-Tip,Savannah Children's Choir (vo,cho) American Music Program big band arranged and conducted by Thara Memory and others.

音楽要素を自在に組み合わせて自己表現を行なうこと。ノラ・ジョーンズ以降のジャズから出てきた歌手たち、グレッチェン・パーラトやベッカ・スティーヴンスに、ノラの姿勢は大きな影響を与えている。

二一世紀ジャズの一〇枚を選ぶ

以上、六つのファクターを挙げて、二一世紀のジャズの特徴を考えてみた。ジャズがこれからどう変化していくのかは想像しにくいし、もしかしたら「ジャズ」というくくりが無効になってしまう可能性も十分にあるのだが、音楽を演奏する行為、曲を作る行為、そして音楽を聴いて楽しみ、感動することはなくなりはしないだろう、と僕は楽観している。

この原稿を書いている二〇一八年二月までに世に出た二一世紀のアルバムの中で、これだけは聴いてもらいたいと思っている一〇枚を挙げてみよう。

ブラッド・メルドー『ラーゴ』二〇〇一年

メルドーとプロデューサーのジョン・ブライオンが作り出した、凝りに凝った音響デザインがすばらしい。個人的にはメルドーの最高傑作。レディオヘッドの「パラノイド・アンドロイド」が圧巻。

大友良英ニュージャズ・オーケストラ『アウト・トゥ・ランチ』二〇〇五年

エリック・ドルフィーの名作をまるごとカヴァーし、フリー・ジャズ、ハードコア・パンク、

ロバート・グラスパー・エクスペリメント
ブラック・レイディオ (Blue Note, 2012)

Robert Glasper(p,syn,arr,etc), Derrick Hodge(b), Chris Dave(ds), Jahi Sundance(turntables), Casey Benjamin(vocoder,fl,sax,syn,arr), Erykah Badu, Lalah Hathaway, Bilal, Lupe Fiasco, Ledisi, KING, MeShell Ndegeocello(vo) and others.

ノイズ・ミュージック、「音響派」的アプローチなどが渾然一体となったサウンドで再生させた強力な作品。

マリア・シュナイダー・オーケストラ『スカイ・ブルー』二〇〇七年

ギル・エヴァンス最後のアシスタントだったマリアの音楽は、ギルの「不安定の美」とは違う雄大で典雅な美しさが特徴。ここでは二一分を超える大作「セルリアン・スカイ」がその典型だ。しかしデヴィッド・ボウイとの共演後、彼女は新たな世界を探究しているという。その成果が聴ける日が楽しみだ。

ビル・フリゼール『ディスファーマー』二〇〇八年

古いカントリーやブルースなどと、ミニマル・ミュージック的な反復、アイヴスを思わせる不協和音などが入り混じって現前する「アメリカの神話と悪夢」。フリゼールの繊細な耳が際立つ。

エスペランサ・スポルディング『ラジオ・ミュージック・ソサエティ』二〇一二年

エスペランサはベーシストとしても凄腕だが、シンガー＝ソングライターとしての能力も大変なもの。これはその作曲力とキュートな歌いっぷりを全開にした作品で、キャッチーなメロディが次々に登場する。天才としか言いようがないです。

ロバート・グラスパー・エクスペリメント『ブラック・レイディオ』二〇一二年

ノラ・ジョーンズ
デイ・ブレイクス (Blue Note, 2016)

Norah Jones(vo,g,kb,p), Vicente Archer, John Patitucci(b), Brian Blade(ds), Jon Cowherd, Lonnie Smith(org), Wayne Shorter(ss) and others.

グラスパーがR&B～ヒップホップの人脈を総動員して、ほぼ全曲でゲスト・ヴォーカルを大々的にフィーチュアしたアルバム。非常にセンスのいい音作りとバッキング・プレイが聴ける。

ダニー・マッキャスリン『ビヨンド・ナウ』二〇一六年

デヴィッド・ボウイの遺作『★（ブラックスター）』に参加したマッキャスリンのバンドが、ボウイの死後に初めて録音したアルバム。ダークな色合いを帯びた緊密なアンサンブルの上で、ジャズ的な「フレーズ」を回避して「声」としてのサックスを吹くマッキャスリン、という音作りだ。

ノラ・ジョーンズ『デイ・ブレイクス』二〇一六年

ウェイン・ショーター、ジョン・パティトゥッチ、ブライアン・ブレイドなどが参加して、ほどよくジャズ的でセンスのいいサウンドが聴ける作品。ジョニ・ミッチェルがジャズメンを起用したのと同傾向の音楽と言える。ノラは「ジャズ・スタンダード作は今のところ作りたくない」とインタビューで述べていた。

ベッカ・スティーヴンス『レジーナ』二〇一七年

ベッカの声の力強い美しさと、複雑にデザインされた複数の「声」たちのざわめき、そしてリヴァーブを絶妙に使った広くて深い音場。「アメリカーナ」を離れてより独自の世界に向かった作品だ。

ベッカ・スティーヴンス
レジーナ (Core Port, 2017)
Becca Stevens(vo,g,etc), Troy Miller(ds,syn,etc) Michael League(cho,g,ds,etc), Chris Tordini(b), Jordan Perlson(ds,per,etc), Liam Robinson(b,etc), Oli Rockberger(b) and others.

MAST『セロニアス・スフィア・モンク』二〇一八年

MASTことティム・コンリーがLAのミュージシャンたちを起用してクリエイトした「現在のモンクス・ミュージック」。モンクの楽曲が持つ強靭な個性は、どのような形態にアレンジされても消されることなく、新しいサウンドになればなるほど輝く。

MAST
セロニアス・スフィア・モンク (Rings, 2018)
Tim Conley with Jonah Levine Collective, Dan Rosenboom, Gavin Templeton, Brian Marsella, Chris Speed, Jason Fraticelli, Makaya McCraven

ビル・フリゼールとダニー・マッキャスリン
ふたつのインタビュー

19

Two Interviews: Bill Frisell & Donny MaCaslin

最後に、僕が今最も好きな二人のミュージシャンとのインタビューを掲載しよう。一人目はビル・フリゼール。一九九〇年に来日したときに初めて会い、何度かインタビューをしたり楽屋でおしゃべりしたりしてきて、もう二八年もの付き合いになる。ジャズ・サイト「コンポスト」のために、二〇〇九年五月に行なったインタビューの抄録だ。

「ビル・フリゼールとの対話」

村井康司（以下村井）　あなたの音楽はとてもハイブリッドで、さまざまなタイプの音楽──ジャズ、ロックンロール、カントリー・ミュージックや、フォーク・ソング、クラシック音楽からサーフ・ミュージックに至るまで──がミックスされ、スタックされたものに思えるのですが、そういう音楽の作り方をいつからするようになったのですか？

ビル・フリゼール（以下BF）　たぶんそれは次第にそうなっていったんだと思います。自分が演奏する時、自分のそれまでの全経験を考慮することが、とても自然に感じられるんです。自分の知識の全てが音楽の中に浸透してくるんです。どちらかと言うと私は、様々なスタイルを分離して考えたりすることをしないようにしていたのだと思います。それはまさにひとつの全体であって、すべてのものが、例えて言うと、大海の中を漂っているというか……。私が演奏するもの全ては、あなたがいま指摘してくれた全てのもの——つまりサーフ・ミュージックに始まり、ロックンロール、ブルースなどあらゆるもの——から得た知識のまさに総合といっていいものです。全てが混合されているんです。これら全てが私には自然なことに感じられます。

村井　ギターを弾き始めたのはいつからですか?

BF　たぶん一二歳ぐらいの時に、ギターを買ったんだと思います。小さなアコースティック・ギターでした。でもそれよりずっと前から、いつもギターにはただならぬ興奮を覚えていました。たぶん三歳ぐらいの時に、祖父と一緒に撮った写真があるのですが、小さなウクレレを手に持って、弾くふりをしています。とにかく小さい頃からギターが好きだった。テレビを見るときは、いつも決まってギターを見つめて、「うわーカッコイイ」なんて言ってましたから、常にギターには興味を覚えていたようです。そしてついに、一四歳の時だったか、エレクトリック・ギター——それはフェンダー・マスタングでしたが——を買いました。いま私たちが持っているのと何ら変わりのない、まさに本物のすばらしいギターでした。それからたくさんの友だちと一緒になってよく演奏しました。すぐに私たちは色々なバンドをつくり、パーティーなどの場で演奏しました。一九六五年のことです。

村井　サーフ・ミュージックはやりましたか?

BF　もちろん。最初の曲は「パイプライン」でしたよ。先日、飛行機で東京に来る途中、オールディーズを流していたら、「パイプライン」がかかったんです。気分よかったですね。

ビル・フリゼール

ハヴ・ア・リトル・フェイス (Elektra Nonesuch, 1992)

Bill Frisell(g), Don Byron(cla,b-cl), Guy Klucevsek(accordion), Kermit Driscoll(b), Joey Baron(ds)

村井　一九九〇年にジョン・ゾーン率いるネイキッド・シティの公演で来日した際、あなたがサーフ・ミュージック・ヴァージョンの「ナポレオン・ソロ」を弾いたのを覚えています。あの時、あなたに「あなたはサーフ・ミュージックの巨匠だ」と言ったら、フレッド・フリスが大笑いしていましたね。

BF　そうでしたね。ジョン・ゾーンはそれまでも日本の多くのサーフ・バンドと共演していて、どれもみな信じがたいほどに素晴らしいバンドでした。でも実は私は知らないんですが、そうしたサーフ・バンドの人気って、もっとずっと古くから、つまりジョン・ゾーンたちよりもずっと前からのことなんでしょうか。また今でもサーフ・ミュージックって、日本では人気があるんでしょうか？

村井　今はそれほどではないです。

BF　CDショップにいった時、日本のサーフ・ミュージックのコーナーありますか？　ってきいたら、店員に、知らないっていわれました（笑）。

村井　でも四〇年前にはサーフ・ミュージックは本当に人気があったし、多くの日本人ギタリストはサーフ・ミュージックを演奏していたものです。

BF　ヴェンチャーズがよく日本に来てましたね。

村井　ええ、ですからまるで日本のバンドみたいでしたよ（笑）。ギターという楽器はさまざまなジャンルで世界中で使われています。そういう意味で、管楽器よりもギターの方が、色々なジャンルを横断する音楽をやるには、適していると思うのですが、どう思われますか？

BF　考えてもみてください。（クラシックの）セゴビアから（ロックの）ジミ・ヘンドリックスにいたるまで、全く違ったジャンルのギタリストたちが、同じ楽器を弾いているんです。それ

ビル・フリゼール
ヒストリー、ミステリー (Nonesuch, 2008)
Bill Frisell(g), Ron Miles(cor), Greg Tardy(ts,cl), Jenny Scheinman(vn), Eyvind Kang(va), Hank Roberts(cello), Tony Scherr(b), Kenny Wollesen(ds)

は想像以上に素晴らしいものです。質問であなたが言われているのもそういうことですよね。

村井　ええ、ではギターはどうしてこのような汎用性を獲得したのでしょうか。

BF　よくわからないです。つまり理由はわからないということなんですが、でもなぜ私がそれほどにギターが好きなのかということはたぶん分かります。つまり、ギターがイマジネーションをかきたててくれるということなんです。あらゆることができる。ギターを使うとあらゆる種類の音楽が可能になるのです。言い方をかえると、他の楽器では、もうすこし個別的・限定的なものになるということです。私は、どんな楽器でも何かになりうるとは思いませんが、ギターはオーケストラに匹敵すると思います。

村井　先日あなたの「スルーアウト」をチャーリー・ヘイデンのリベレーション・オーケストラが演奏している映像をYouTubeで見ました。編曲はカーラ・ブレイだと思います。あなたの曲がビッグバンド、つまりホーンによる大編成アンサンブルで演奏されるのを聴いて、とても興味深かったのですが、あなたは、ストリング・アンサンブルや、大編成アンサンブルには興味はおありですか。

BF　ええ、ある程度はあります。つまり時々自分でもやっているということです。私自身が編成した、そうしたアンサンブルのグループがいくつかあるのですが、そうしたグループとすでに一緒に演奏をやっています。ひとつはカルテットなんですが、ギター、ヴァイオリン、ヴィオラ、チェロという完全に弦楽器だけのアンサンブルです。わずか四人ですが、四声以上のライン、四声部以上の和声を書くことができます。私の最新アルバムは『ヒストリー、ミステリー』(二〇〇八年)ですが、それほど大きくはありませんが、弦楽器、管楽器、打楽器からなる八人編成のアンサンブルです。

ビル・フリゼール
ディスファーマー (Nonesuch, 2009)
Bill Frisell(g), Greg Leisz(steel guitar,mandolin), Jenny Scheinman(vn), Viktor Krauss(b)

言いたいことは、ギターがよく私を助けてくれるということです。他の様々な楽器のために曲をつくるという場合、自分がギターを演奏できるということは、曲作りをよりエキサイティングなものにしてくれ、結果として、作品がより豊かな楽器編成として聞こえるようになります。今年の一一月にマイク・ギブスとのプロジェクトが予定されています。彼をご存じですか。彼は私の音楽学校時代の恩師です。これまでイギリスでオーケストラ関係の仕事をしていましたが、これから私の曲のアレンジを担当する予定になっています。今から楽しみでワクワクしています。

村井　マイク・ギブスによるアレンジメント、楽しみですね。

BF　音楽大学時代、私はバークリーに通っていたのですが、マイク・ギブスのクラスでアレンジと作曲を学んでいました。彼はアレンジを担当していました。またハーブ・ポメロイも実に偉大な教師でした。そんなわけで私の勉学の大半は作曲法だったんです。ギターのことをあれこれ考えていた当時、私は作曲のクラスで学んだことを採り入れて、ビッグバンドのために曲を書くつもりだったんですが、しかしほんとうは、それをギターの中に封じ込めたかったんです。ギターをビッグバンドのように響かせたかったのです。しかし、もちろんそれは行きつ戻りつの困難な道のりでした。

村井　あなたの音楽は、ある意味でとても「アメリカ的」だと思います。それも東部のニューヨークではなく、コロラドあたりの中西部の、大農場の建物の破風《はふ》や、広大な風景とか、三〇年代から五〇年代ぐらいの時代を感じさせたりもするのですが、ご自分ではそれを意識していますか？

BF　そうですね、と言うか、自分自身は特に自分を一人のアメリカ人に仕立てようと考えている訳ではありませんが、今ではそれを意識しています。と言うのも、アメリカは、まさに私の出身地だからです。出身地であり、かつ私の全てなのです。でもそのことについて何か特別に考察するというようなことではありません。私がアメリカ人であるということは、単純に生まれ持って身についた自然なことなのです。私は、テレビやエレクトリック・ギターと共に、五〇年代に成長しました。その間に、フェンダーのテレキャスターが誕生し、また私が誕生したというわけです。ですから相互の影響関係というものは、まったくもって自然なことのように思えます。

村井　最後に、現在進行中の、あるいは予定されているプロジェクトについて教えてください。次のアルバムの予定はありますか？

BF　ええ、あります。写真と関係したものなんです。「彼」は一九五九年に死んだんですが、アーカンソーの山間部のたいへん小さな町の出身でね。非常に変わった男でした。三〇年代から四〇年代にかけて、その小さな町のあらゆる人の写真を撮っていたんです。彼は、昼間から窓を閉ざした、小さなスタジオを持っていました。そしていつも同じタイプの写真を撮っていました。町のふつうの人々の写真をたくさんね。それからその写真を小さなカードにしていました。ほとんど一人か二人の人が衝立《ついたて》を背にただ立っているだけの写真です。そして彼は死に、まったく忘れ去られたのです。

十数年の時がたって、それは再び見いだされ、その素晴らしさが評価されました。そこで私は、この一件に関して、曲を書いてみたのです。ある部分は写真を素材にしました。しかし彼はまた誰にも好まれないといった変人でもありました。彼はまったく孤独でした。彼は一晩中起きていることがありました。真夜中に木陰に隠れて、とつぜん飛び出して来たり、小さな子供たちをおびえ上がらせたのです。本当に奇人でした。そんな訳で、これは彼にまつわる風変わりなお話の一端です。まあとにかく、私はこの男に刺激されて曲を作りました。それと同時に、彼の写真やその他の素材を使った小さな本が作られました。書名は『ディスファーマー（非＝農民）』です。これが彼の名前なんです。七月に出版される予定です。

＊

二人目はサックス奏者のダニー・マッキャスリン。マリア・シュナイダー・オーケストラのキー・メンバーとして以前からファンだったのだが、デヴィッド・ボウイの遺作『★』は、ボウイとダニー・マッキャスリン・バンドの「共演作」とも言える作品だったので驚いた。これは二〇一六年、『ビヨンド・ナウ』リリース後に自身のバンドで来日したときのインタビュー。これは「CDジャーナル」に掲載されたものと同じインタビューだが、ここでは構成を一問一答の形に戻した。

「ダニー・マッキャスリンとの対話」

村井　『★』や最新作の『ビヨンド・ナウ』のお話を聞かせていただく前に、マッキャスリンさんは非常にユニークなスタイルのサックス奏者でいらっしゃいます。そのバックグラウンドから教えてください。音楽を始めたのはいくつからですか？

ダニー・マッキャスリン（以下DM）　小さいときに両親が離婚したんです。父はジャズ・ミュージシャンなんですが、いつも僕を迎えてきてくれて、毎週サンタクルーズの野外モールに連れていってくれました。彼はそこで演奏する仕事をしていたんです。僕はステージや席のセッティングを手伝いながら、父が演奏するのを聴いて過ごしていました。

村井　お父さんの楽器は？

DM　ピアノとヴィブラフォン。ラテン・ジャズ、ファンキー・ソング、グレイト・アメリカン・ソングブックといったレパートリーがたくさんありました。それを長年聴いて、一二歳でサックスを始めました。

村井　サックスを選んだ理由は？

DM　父のバンドにヒッピーで髭面のファンキーなサックス奏者がいて、外見も演奏もワイルドでホット。モールでも観客が踊りだしたり、歓声が上がったりして、とてもカリスマ性がありました。僕はそれにやられちゃったんです。ほかに選択肢はなかったんです。

村井　最初にサックスを始めたときは先生について習ったんですか？

DM　はい。さっき話した人が父のバンドを去ってしまって、その後に入ったサックス・プレイヤーに教わりました。

村井　最初からジャズ・ミュージシャンになろうと思っていたんですか？

DM　そう、初めからでしたね。ジャズのインプロヴィゼーションが自分を表現するのにいちばん向いているんじゃないかと思っていたんです。

村井　その頃のアイドルは？

DM　チャーリー・パーカー、ジョン・コルトレーン、マイケル・ブレッカー、ポール・ゴンザルベス。

村井　ビッグ・ネームが並びましたね。ポール・ゴンザルベスはエリントン楽団のサックス奏

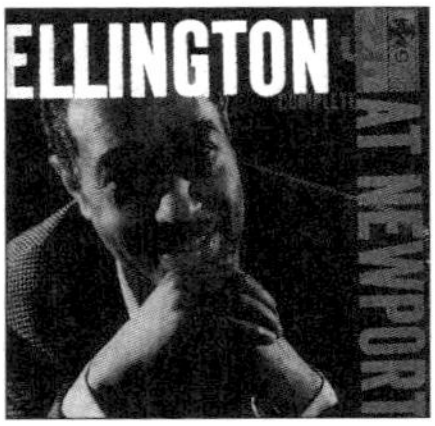

デューク・エリントン

アット・ニューポート 1956 (Columbia, 1956)

Duke Ellington(p), Cat Anderson, Willie Cook, Ray Nance, Clark Terry(tp), Quentin Jackson, John Sanders, Britt Woodman(tb), Johnny Hodges, Russel Procope(as), Paul Gonsalves(ts), Harry Carney(bs), Jimmy Hamilton(cl), Jimmy Woode(b), Jimmy Grissom(vo), Sam Woodyard(ds)

者でちょっとオールド・スタイルなプレイヤーです。

DM　一四歳から一八歳までハイスクール・バンドに在籍していて、その顧問の先生がエリントン楽団のトランペッターと親友だったんです。彼が譜面をコピーして先生に渡してくれて、普通だったら手に入らないものなのに、それを週五日、四年にわたって演奏させてもらえたのはスペシャルな経験でした。そこからポールへの尊敬の念も生まれました。

村井　あなたの演奏にはテナー・サックスの歴史がすべて入っていると思っています。マイケル・ブレッカーはもちろんですが、スウィング・スタイルもお好きなのではと思っていましたので、それを聞いて合点がいきました。

DM　ありがとう。

村井　ゲイリー・バートンのバンドでは小曽根真さんとバンド・メイトだったんですよね。

DM　まだバークリーの学生だったころ、真のバンドで初めて日本に来たんです。一九八八年だったかな。たぶんその一年後にゲイリーのバンドに入りました。真とはゲイリーのバンドでも二年くらい一緒でしたね。

村井　ゲイリーから受けた影響はありますか？

DM　彼は最初の一音から最後まで、一瞬たりとも気を抜かない。たいていは音を探りながら演奏に入るけど、そういった迷いが一切なく、最初から集中して歌いたいことを歌う。また、そういったことをつねに意識することや、モチーフやテーマをどうふくらませていくかを説明するのがとても上手でした。ほかにもバンド・リーダーとしての考え方やマネージメントの方法をリハからツアー中までずっと教えてくれました。

村井　すばらしい先生ですね。

DM　そうなんです。抽象的になりがちな音のことでも明確に伝えることができる人で、ミュージシャンとして優れていたことはいうまでもなく、先生としても傑出していました。

村井　ステップス・アヘッドに四年間在籍されました。あなたのアイドルであるマイケル・ブレッカーの後釜としての加入ですが、どういったきっかけで？

DM　誰かが僕のことをマイク・マイニエリに推薦してくれたんだと思います。マイケルがやっていた曲を演奏する機会が多くて、いままで何百回と聴いてきた曲を自分が演奏することで、自分のアイディンティティを発見できたと思います。とてもいい経験になりました。

村井　いまのあなたのバンドはとてもコンテンポラリーで新しいサウンドです。僕はステップス・アヘッドのアップデイト版と感じるところがあります。

DM　エレクトロニック・ミュージックというところでは、とても影響があると思います。僕のバンドはインプロヴァイズとエレクトロニカの交差点を探すという感じでやっていますから（笑）。ステップス・アヘッドで学んだことのひとつに、いかに記憶に残るメロディを書くかということがあります。あのバンドでやっていた強いメロディから学んだことがたくさんあります。だからアップデイト版っていうのはとてもよくわかります。

村井　あなたが在籍しているマリア・シュナイダーのコンポジションはとても素晴らしいですよね。彼女の曲を演奏することで得られることはありますか？

DM　とてもたくさんのことを学びます。まず、彼女が書く曲はすべての音、楽器、パートの一つひとつに目的や意味がある。またオーケストレーションの構築の仕方が上手で、一緒に音を出している人たちの位置関係や、音がどう重なってアンサンブルが厚みを増していくかを把握していて、いつも驚かされます。作曲家としても自分の確固たる信念を持っていて、バンド

デヴィッド・ボウイ

★（ブラック・スター） (Sony, 2015

David Bowie(vo,g,hca), Donny McCaslin(fl,sax), Ben Monder(g), Jason Lindner(kb), Mark Guiliana(ds,per), Tim Lefebvre(b), James Murphy(per), Erin Tonkon(vo)

として個々がしっかり見えるように妥協しないで曲を作り、いろんなスタイルを消化して自分のものにしている。作曲家としてもとても学ぶことが多いですね。

村井　あなたのサックス・プレイを聴くと、とくに音のレンジが広いと思います。超高音から低音まで、これは早くからやっていたことですか？

DM　大学に入ってからインターヴァルを広く取ってスケールを練習したんです。それがとても楽しくて、セロニアス・モンクの「ミステリオーソ」なんか面白そうだと思って、どうやったらサックスで演奏できるかを考えながらやってみたんです。

村井　なるほど。モンクの「ミステリオーソ」は管楽器だととても難しいと思います。

DM　たくさん練習しましたよ。

村井　とくに『★』と『ビヨンド・ナウ』はとてもレンジが広いというか、普通のテナーのソロのフレージングとは違う、音響的というかエレクトロニクスのような響きに聞こえます。これはそのことに関係しているのでしょうか？　サックスは人間が息を吹き込むアコースティックな楽器なのに、機械的なサウンドを作り出すというのは意識しているのでしょうか？

DM　新しい表現方法を探したんですね。というのも、『★』はエレクトリックなサウンドだったので、生の音を入れてもうまく混ざらない。それでどうブレンドするか、まず技術的なところで楽器のコントロールの仕方を研究しました。それを自分のスタイルとして確立するために日々追求しています。

村井　マッキャスリン・バンドの三人（ティム・ルフェーブル、マーク・ジュリアナ、ジェイソン・リンドナー）とはどういうきっかけでバンドを始めたんでしょうか？

DM　二〇一〇年のことですが、プロデューサーのデヴィッド・ビニーからもっとエレクトロ

ダニー・マッキャスリン
ビヨンド・ナウ　(Motéma Music, 2016)
Donny McCaslin(ts,fl,cl), Jason Lindner(kb), Tim Lefebvre(b), Mark Gulliana(ds), David Binney(syn,vo,produce), Jeff Taylor(vo), Nate Wood(g)

ニックなサウンドをやってみたらと提案されて、どうやろうか話し合って、ティムとマークが候補にあがりました。これが『パーペチュアル・モーション』の始まりです。ドラムにはマークとアントニオ・サンチェスが半分ずつで参加してくれて、とてもいい感じになりました。それでツアーもやったんですが、これも楽しくて、あとは自然に物事が進んでいったような感じなんです。そこにジェイソンを招いていまの編成になりました。とにかく楽しくてずっと続いています。

村井　アルバムは一枚ごとに進化していて、ひとつのトラックにさまざまなアイディアが盛り込まれていて何度聴いても発見があります。このアイディアはみんなで出しあうのですか？

DM　まずは大まかな枠だけ決めておいて、そこにみんなのアイディアや表現を持ちよります。プリプロの段階で音を重ねてみたり、各自で作ってみたりして、レコーディングするときまでにできるだけ完璧なかたちにします。デヴィッド・ビニーは時間をかけて音を重ねていって、ポスト・プロダクションでさらに大きなサウンドにしていきます。

村井　『★』についてはあちこちでストーリーを読んでしまったから、聞きにくいけど……。

DM　ＯＫです。ときどき間違ったことが書かれているので、気にしないで聞いてください。

村井　ＮＹのジャズ・クラブ、55バーにボウイがライヴを観にきたそうですね。

DM　じつはその前段階があるんです。マリアとデヴィッドのコラボレーションの計画があって、デヴィッドがリズムに根ざしたかっこいいサウンドで誰かいないかってマリアに相談していたんです。それでマリアが僕らをリコメンドしてくれて、『キャスティング・フォー・グラヴィティ』を聴いたデヴィッドが僕らに興味を持ってくれた。それで、55バーでのライヴにマリアがデヴィッドをつれてきてくれたんです。

村井　小さな店だからみんな驚いたでしょうね。
DM　けっこうなじんでいましたよ。気付いていない人もいたと思います。
村井　気配を消すことができるんでしょうか。京都で電車に乗っていても気づかれなかったらしいし。
DM　できると思います（笑）。
村井　『★』を最初に聴いたとき、これはボウイのアルバムだけど、間違いなくダニー・マッキャスリン・バンドのサウンドだと思いました。
DM　アリガトウ！　とても嬉しい。聴くたびにこれは自分たちがやっている音楽だと確信できて、それが数多あるポップ・ミュージックのなかで認められるなんてめったにないこと。とても光栄で幸せなことだと思っています。
村井　『★』の後から発表された『ビヨンド・ナウ』を聴くと、ボウイのカヴァー曲が収録されているだけでなく、サウンド自体が変化したと思います。『★』の影響はありましたか？
DM　もちろんです。『★』を一緒に作った経験はバンドにとって非常に大きいものです。バンドの結束もさらに強くなりました。『ビヨンド・ナウ』のレコーディングでは、『★』のサウンドに近づけるためにセッティングを変えてみたりして、『★』での方法を試してみたりしました。そういった試みで、サウンドとしてはかなり変わったと思います。

＊

フリゼールもマッキャスリンも、世界最高のジャズ・ミュージシャンであるのに、音楽に対する姿勢はとても真摯で誠実で、そして謙虚だ。だからこそ、二人はその位置にまで登ることが出来たのだ、とも言えるわけだが。

この二人に代表される素晴らしい音楽家たちがいるかぎり、そしてその後に続き、彼らをいつか乗り越える若いミュージシャンたちが世に出てくるかぎり、ジャズは、そして音楽は元気でありつづけるはずだ。

村井康司（むらい・こうじ）

一九五八年函館生まれ。上智大学文学部新聞学科卒。中学一年でロックを、高校一年でジャズを聴き始め、大学時代はジャズ・ビッグバンドでギターと編曲を担当。編集者として働く傍ら一九八七年よりジャズ・ライターとして執筆を始め、『ジャズジャパン』『ジャズ批評』『CDジャーナル』などの音楽誌に寄稿。CDのライナーノーツも多く手がける。著書に『あなたの聴き方を変えるジャズ史』（シンコーミュージック、二〇一七）、『JAZZ 100の扉』（アルテスパブリッシング、二〇一三）、『ジャズ喫茶に花束を』（河出書房新社、二〇〇二）、共著に『100年のジャズを聴く』（シンコーミュージック、二〇一七）ほかがある。尚美学園大学音楽表現学科講師。

ARTES
artespublishing.com

現代《げんだい》ジャズのレッスン
1959年《ねん》から考《かんが》える

二〇一八年三月三〇日　初版第一刷発行

著者……村井康司

発行者……鈴木 茂・木村 元
発売……株式会社アルテスパブリッシング
〒一五五－〇〇三二
東京都世田谷区代沢五－一六－二三－三〇三
TEL 〇三－六八〇五－二八八六
FAX 〇三－三四一一－七九二七
info@artespublishing.com
印刷・製本……太陽印刷工業株式会社
装丁・カバー写真……名井昌代
ISBN978-4-86559-180-4 C1073 Printed in Japan

【人名・グループ名索引】

＊はリーダー・アルバムを本文下で紹介しているページです。